戦後日本のアジア外交

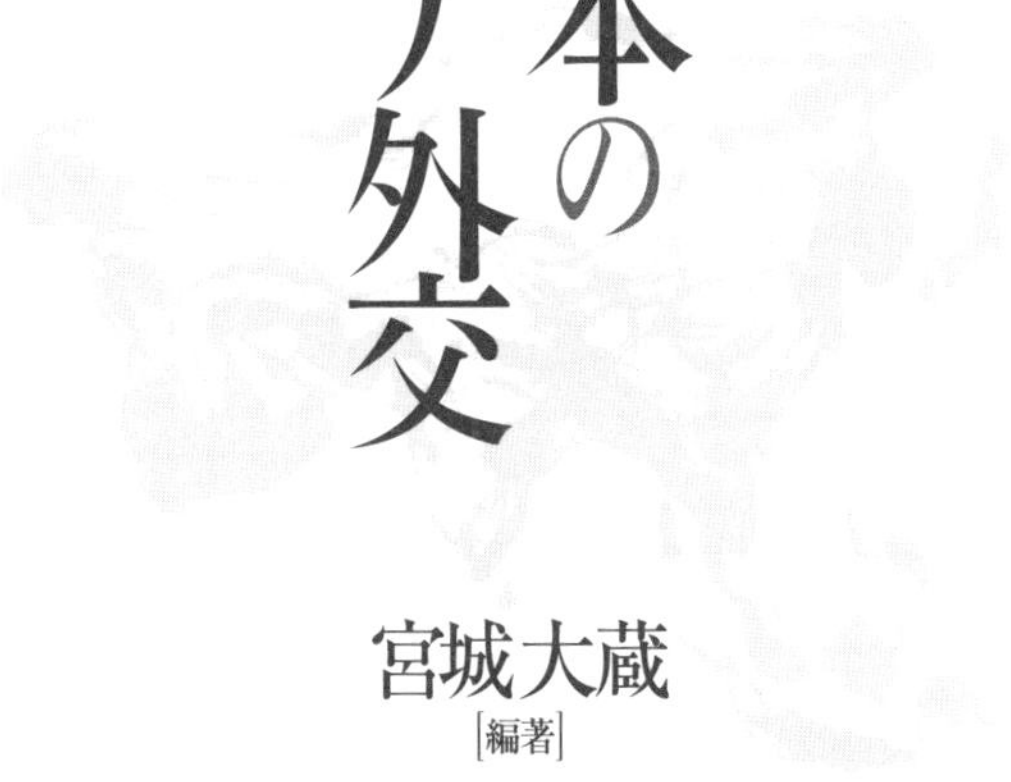

宮城大蔵
[編著]

ミネルヴァ書房

はじめに

従来、戦後日本外交の歩みは日米関係を中心に叙述されることが多かった。サンフランシスコ講和から日米安保条約改定、沖縄返還と、戦後外交の主要な出来事はそのまま日米関係をめぐるものであった。また国内政治においても、自民党と社会党からなる「五五年体制」の下では、憲法と結びついた安保問題を筆頭に、日米関係をめぐる論戦が政治の中心を占めた。「対米協調」か「対米自主」かと、戦後歴代政権の外交政策について対米姿勢を基準として性格づける試みもなされた。

そのような中にあってアジアとの関係は、東南アジア諸国との賠償交渉や日韓交渉、日中国交正常化のように広い意味での戦後処理が中心であり、戦後外交の通史においては、網羅的、継続的に扱われるというよりは、問題として浮上した際に個別に言及されることが多かった。また、絶え間ない戦乱と混乱で彩られた戦後前半期のアジアと、「一国平和主義」の道を歩んだ日本とはおよそ共有するものはないかにも見えた。そして日本は戦後版の「脱亜入欧」さながらに、日米欧の一員として先進国の地位を占めるべく、経済発展に猛進したのであった。

しかし二一世紀の今日、アジアとの関係は紛れもなく日本の対外関係において主役の座を占めている。日米同盟が日本外交の主軸であり、足場であることに変わりはないが、勃興著しい中国との関係を筆頭に、アジアとどう向き合うかが今後の日本の命運を左右するといっても過言ではあるまい。

戦争の過去や領土をめぐる軋轢などもあるだけに、アジア近隣諸国との関係は、時に日本と相手国、相互のナショナリズム感情を刺激し、事態が混迷することもある。現代を形作っている近い過去にどのような問題があり、どのような知恵と努力によって解決・収束されてきたのか。戦後日本とアジアについて、バランスのとれた通史が今ほど必要とされる時はないのではないか。

本書の企画は、ミネルヴァ書房編集部・田引勝二氏の発案を受けて始められたものだが、各章の執筆者はいずれも、当該分野において内外の資料を駆使した最新の成果を発表している研究者ばかりである。本書はそのような学術的成果を社会に還元する試みでもある。各章とも最新の研究成果を盛り込みつつ、多面的な見方や平明な表現を用いることにも留意した。

本書が二一世紀の日本とアジアを構想するうえで、まずは知るべき「近い過去」を知る手がかりとして、いささかなりとも役立つならば、執筆者一同にとって望外の喜びである。

二〇一四年一二月二一日

宮城大蔵

戦後日本のアジア外交　目次

第6章　「経済大国」日本とアジア――一九八〇年代――……佐藤　晋……181

1960年代半ばのアジア

序章　戦後日本とアジア

宮城大蔵

「アジアと日本」から「アジアの中の日本」へ

本書は第二次世界大戦の終結から今日までを中心に、起伏に富んだ日本とアジアの関係について、その全体像を把握しようとするものである。本書をひもといてみれば、この七〇年あまりの日本とアジアの関係がいかに大きく変化したか、改めて思い知らされることになるであろう。

かつて「アジア的停滞」という言葉があったように、戦後初期のアジアは浮上の気配すら見えない停滞と貧困、終わることのないかに見えた混乱と戦乱で覆われた地であった。一九四五年八月一五日に終戦／敗戦を迎えた日本が、ほとんど一日にして「戦前」から「戦後」へと移行したのに対して、アジアはそうではなかった。朝鮮戦争、中国内戦、そして東南アジアにおける独立戦争と、第二次世界大戦終結直後のアジア一円は、新たな戦火に覆われることになったのである。「戦後」という「長い平和」の始まりに立った日本に対して、新たな激動を迎えることになったアジア。戦後の日本とアジアはその歩みの出発点からして、およそ異なるものであったかに見える。

しかし、戦後直後のアジアを覆うことになった激動は、決して日本と無縁なものではなかった。第二次世界大戦末期、欧州戦線でドイツが降伏した後もなお、「一億玉砕」「本土決戦」を掲げて激しく抗戦する日本に対して、米国を筆頭とする連合国側は、一九四五年秋からの日本本土侵攻作戦を立案していた。しかし二回の原爆投下やソ連の参戦も受け、日本は八月半ばに降伏する。連合国側にとっては、大日本帝国壊滅後のアジアの国際秩序について、十分に構想を練る時間がないままの日本降伏であった。戦後の中国では、共産党と国民党のどちらが主導権を握るのか、朝鮮ではどうか。そして東南アジアには植民地を復活させるのか否か。こうした点について十分に詰められないままに大日本帝国が潰え、アジア一帯に広大な「力の空白」が生じることになった。このような「空白」が出現したことで、アジア各地における諸勢力間の闘争が始まったのであった。

こうしてみれば、一九四五年夏の日本降伏と、その後に続くアジアの戦乱は、一つの歴史の表裏といってもよかろう。しかし、占領下におかれ、同時に植民地を失い、さらに時をおかずして冷戦の分断線によって中国などアジア諸国の多くと隔てられることになった日本にとって、アジアは一挙に遠い存在として視界の後景に退いたのであった。

その後も、日本とアジアの歩みは別個のものとして見なされる局面が続いた。復興に成功した日本は一九五〇年代後半には高度成長の軌道に乗り、やがて自らを先進国と位置づけるようになる。「日米欧」の一角を自認するようになった日本にとって、文化大革命を奉じる毛沢東の中国、韓国や台湾の軍事政権、そして戦乱に喘ぐ東南アジアと、アジアはどこを見ても遠い存在であった。

だが、やがてアジアの側にも転機が訪れる。一つの節目は一九六五年という年であろう。植民地主義の一掃を掲げて急進的路線を突き進んでいたインドネシアのスカルノ大統領が一九六五年にクーデタ未遂、九・三〇事件をきっかけに失脚すると、「北京＝ジャカルタ枢軸」を掲げ、スカルノを盟友に見立てて構築された中国の階級闘争的な世界戦略は行き詰まる。中国は事態打開の見通しを失う一方、米国との冷戦に加え、中ソ対立の激化に直面した。その重みに耐えかねた中国は、一九七〇年代に入ると米中接近に踏み切る決断を下す。他方で米国にとっての米中接近は、泥沼化したベトナム戦争から抜け出すために、中国の助力を得たいというのが動機の一つであった。米国のねらいは実現したとは言い難いまま米軍はベトナムから撤退し、サイゴン陥落（一九七五年）によって南ベトナムは消滅、長きに及んだベトナム戦争は終わった。

こうして一九六五年に始まり七五年に終わる「転換の一〇年」ともいうべき政治的変動の時代をくぐり抜けた時、独立闘争や革命の色合いを帯びた戦乱の多くはアジアから姿を消していた。戦後アジアに「政治の季節」から「経済の季節」へという転換が訪れたのである。

一九七〇年代以降、「開発体制」の下でアジアが今日に繋がる経済成長の道を本格的に辿り始めると、日本とアジアの関係も、イデオロギーによる分断や戦争の傷跡に覆われたものから、経済関係を軸とするものへと変化し始める。一九八〇年代後半には、急速な円高を背景に日本企業はこぞってアジア諸国へ生産現場を移し、そこで日本企業が生産した物品が日本に逆輸入されるなど、日本とアジアは経済的な一体化の様相を見せるようになる。かつてアジアにおける革命勢力の中心であった中国も、鄧小平《とうしょうへい》の下で改革開放路線に転じてこの流れに加わった。

戦後日本のある時期まで、「日本はアジアか」という問いは、論壇でしばしば取り上げられるテーマであった。地理的には確かにアジアに位置する日本だが、貧困と戦乱のアジアを脇目に一人先進国としての地位を享受する日本は、明治以来の歩みを見ても、はたしてアジアの一員と見るのが妥当なのかという疑問がその根底にあった。

二一世紀の今日、同様の問いを発する者は希であろう。アジアの経済的な一体化傾向はとどまることなく、そのような潮流の下で中国の経済規模は日本を超え、アジアの中産階級が日本でのショッピングを楽しむ時代である。「日本とアジア」から「アジアの中の日本」へ。それがこの七〇年余りの日本とアジアの関係を言い表している。

「アジア」概念の変遷

日本とアジアの距離感がそのような変化を遂げてきた一方で、「アジア」として意識される範囲や力点も時代とともに移り変わってきた。そもそも「アジア」という言葉自体が、伸縮自在とも言える。地理的な定義で言えばアジアとは、ユーラシア大陸から欧州を除いた地域、すなわち、トルコやイスラエルを西端とし、ウラル山脈以東のシベリアを含む広大な地域を意味する。しかし今日の日本でトルコやイスラエルを「アジア」と捉えることはまず、ないであろう。「アジア」という言葉の語源は、東地中海を拠点とした古代フェニキア人が、そこから東方を指した言葉であるとも言われるが、そうであれば「アジア」と称されることになった地域が一体性や共通性を欠くのは当然だと言うべきかもしれない。

日本において「亜細亜」の語は一七世紀、明代の中国で活躍したイエズス会士、マテオ・リッチが作成した世界地図である『坤輿万国全図』の伝来などに伴ってもたらされたとされる。当時の日本の知識人にとって、「亜細亜」という語は西洋由来の外来の概念であったがゆえに、当時文明の中心視された中国も周辺の日本も客観的に並置できる利便性があったという（松田宏一郎『江戸の知識から明治の政治へ』）。

明治以降になると、日本政府が欧米列強の一員に並ぶことを目指して「富国強兵」の道をとる一方、民間では西洋の進出に圧迫されるアジアとの連帯を訴える風潮も生まれてきた。後者において「アジア」は単なる地理的呼称を超えて、西洋帝国主義に蹂躙される地と人々を意味し、その中で例外的にいち早く近代化を遂げた日本こそがアジア連帯の盟主たるべきだという「アジア主義」を生み出すことになった。そこでは「アジア」は、地理的概念を超えて一種のイデオロギーと化したわけだが、それも敗戦に伴う大東亜共栄圏の瓦解とともに灰燼に帰した。

第二次世界大戦後の日本においては、戦前にアジア方面を指す際に用いられた東亜、南洋といった呼称は一般的ではなくなった。占領期に米国が持ち込んだ「極東」もあったが、主として用いられたのは「アジア」であった。そのアジアにおいて戦後初期、それまでの日本帝国に代わって主役の座を占めたのは、非暴力運動で独立を勝ち取り、建国後は中立主義を高々と掲げたガンディーやネルーのインドであり、また共産主義革命を成就させた中華人民共和国（中国）であった。とりわけ当時、インドの声望は日本においてひときわ高かった。中国や東南アジアが冷戦の分断線や戦争の傷跡によって日本に対して閉ざされる中、インドは当時の日本人にとって最も身近なアジアの一国であったといってよかろう。また、当時の地域概念ではインドやパキスタンは「南アジア」ではなく、「東南アジア」に含まれていた。東南アジアと南アジアをまたぐ大英帝国の残滓がその背景とも考えられるが、いずれにせよ当時の日本から見て、インドは紛れもなくアジアの中心の一つであった。

だが一九六〇年代に入ると、ベトナム戦争をめぐる米国の軍事戦略によって東南アジアと日本・韓国は強く結びつけられ、一方でインドは印パ戦争などで内向きの様相を強めた。東南アジアが冷戦の文脈で日米と結びつけられる一方、インドは日本から見て遠い存在となっていく。

一九七〇年代から八〇年代になると、「環太平洋」「アジア太平洋」といった新たな地域概念が登場する。いずれも鍵になったのは日豪の提携関係であった。かつて大英帝国の偉容を誇った英国が各地の植民地を失い、一九七〇年代にＥＣ（欧州共同体）加盟に踏み切ると、英連邦の一員という意識の強かったオーストラリア、ニュージーランドは南太平洋に取り残される形となった。そのオーストラリアと、同じようにアジアとの距離感をめぐって逡巡する日本が手を取り合ったことが、「太平洋」を冠した新たな地域概念を誕生させたのである（大庭三枝『アジア太平洋地域形成への道程』）。

そして一九九〇年代に入って一般化することになったのが、「東アジア」という地域概念である。従来、東アジアといえば日本、中国、朝鮮半島などからなる「北東アジア」を指すことが多かった。これに対して九〇年代に一般化した「東アジア」は、北東アジアに東南アジアを加えた「広義の東アジア」であり、この範囲における経済活動の活発化と一体化傾向がその背景であった。

こうして見れば日本にとって「アジア」とは、その範囲も力点も時代によって伸縮を繰り返した可変的なものであったことが見て取れる。

「現代史」という手がかりと

本書の主題に立ち返るなら、日本とアジアの戦後史は、その全体像を把握することが容易ではないテーマである。ここまで述べてきたように、その理由の一つは日本とアジアの関係があまりに大きく変化したことであり、二つ目には戦後アジア自体の変化の激しさである。また研究の世界について言えば、戦後国際政治は米ソを中心とした冷戦史として把握されることが一般的であり、日本外交研究においても日米関係が中心的な問題であった。その中で日本とアジアの関係を包括的に論じる試みは決して多くはなかった。また冷戦下の時代にあって「日本とアジア」は、日本国内における政治的主張やイデオロギー対立が濃厚に投影されるテーマであったことも、議論の際の難しさであった。

そこで本書の意義である。合計七人の著者からなる本書だが、執筆に際してはそれぞれの分野における最新の研究成果を踏まえ、適切なバランスをとりながら、国際関係の広がりを意識しつつ戦後日本とアジアをめぐる歴史の全体像を提示することを心がけた。

歴史をめぐる不思議というものがあるとすれば、その一つは、今日起きている事象が、過去からずっと継続してそうであったかのように見えることであろう。近年でいえば日中関係がその典型例である。摩擦が絶えない昨今の両国関係を見れば、日清戦争、日中戦争といった過去の戦争から今日の領土や歴史認識をめぐる対立まで、近現代の日中関係とは、一貫して対立と摩擦の連続であったと捉える向きがあっても不思議はあるまい。

しかし、戦後日中関係をめぐって特に日本側において特徴的、すなわち他国との関係においては見られなかったのは、遮断された中国大陸との関係回復を求める、どこか倫理的な色彩すら帯びた「日中友好」への思いであった。その結果として一九七〇年代の日中国交回復後には、日本全土を熱狂的ともいえる「中国ブーム」が覆ったのであった。今となっては、それを経験しなかった世代にとっては、想起することすら困難かもしれない。日中をめぐる昨今の局面だけを見て、日中対立を運命論的に論じるのは一面的に過ぎるであろうし、他方で過去の「友好の時代」を賛美し回顧するだけでも生産的ではあるまい。その双方をバランスよく包含する視座を持つこと、それが「歴史的視座」というものであろう。

振り返ってみれば近現代日本のアジアに対する視座は常に、「連帯か、蔑視か」といった「感情過多」を特徴としてきたように見えるし、その傾向は今でも否定できない。二一世紀は、「西洋の優位」というここ数世紀に及ぶ潮流が反転するとも見える歴史的大変動期であり、なかでも日本が位置するアジアはその最前線になる。長らく「アジア唯一」を自らの枕詞にすることに慣れ親しんできた日本人にとって、この変化に向き合うことは大胆な自己変革を必要とする。日本とアジアをめぐる現代史をまず、しっかりと把握することが、過去を経て未来へと向かう潮流の核心を見抜き、それに沿った賢明な選択を行ううえでの出発点となるに違いない。

以下では簡潔に各章の内容を約言し、本書の骨格を示すこととする。

戦前から戦後へ

第1章では戦後日本のアジア外交の前史として、幕末から第二次世界大戦に至る日本とアジアの関係を俯瞰するが、それは大日本帝国拡大の歩みと軌を一にするものであった。

西洋由来の近代的な国際秩序の前提として、まず問題になったのが国境画定である。「日清両属」であった琉球国を沖縄県に組み替える際には清国との摩擦が生じた。やがて明治政府は同様に清国の朝貢国であった朝鮮の開国をめぐって清国と対立し、ついに日清戦争に至る。日本の勝利によって清国は朝鮮への影響力を失い、台湾は日本に割譲された。一九一〇年には日韓併合に至る。

その後、一九一〇年代には辛亥革命による清朝瓦解と中華民国の成立、第一次世界大戦、ロシア革命とソ連成立といった大事件が続発する。その中で日本は中国大陸への勢力拡大に注力するが、そこに新しい勢力として登場したのが新興大国・米国であった。第一次世界大戦後には米国主導で東アジアの新たな国際秩序であるワシントン体制が構築され、日本も幣原外交と呼ばれた対米英協調路線の下、これに順応しようと努めた。

しかし軍閥などによって割拠状態にあった中国の再統一運動が起き、やがて満洲にも及ぶ形勢となると、これを阻止しようとしたのが関東軍である。満洲における日本権益の根幹を成す南満洲鉄道（満鉄）防衛などのために駐留していた日本軍である関東軍は、満洲事変を引きおこす（一九三一年）。世界恐慌の直撃を受けた農村の疲弊や腐敗した政党政治への失望を背景に、日本の国内世論はこれを歓迎し、やがて日本政府も満洲国建国が認められなかったとして常任理事国であった国際連盟からの脱退に踏み切る。朝鮮は日本の安全保障に直結するが、満洲や中国大陸はそうではない。満洲事変後の日本は、歯止めを失って軍事行動そのものが自己目的化し、際限のない膨張を始めたことを本章は指摘する。

その結末が日米開戦であった。しかし一貫性のない場当たり的な膨張を重ねた大日本帝国に総力戦体制は整っておらず、交通・物流システムの不備などで、結局満洲は対米総力戦ではほとんど役に立たなかったのである。

第2章は、サンフランスコ講和会議を中心とした占領期の日本とアジアの関係を扱う。事実上、米国による単独占領となったことで、占領下の日本は米国の強い影響下におかれ、冷戦の本格化とともに米国を中心とする自由主義陣営に組み込まれていく。占領下の日本では、独立回復後の日本がいかなる形で国際社会への復帰を果たすか種々の構想が模索された。その最たるものは、中ソを含めた全面講和か、それらを含まない米英主導の単独講和で早期の独立回復を達成するかという問題であった。この議論には、単独講和なら中ソとの戦争状態が残り、日本はこれら共産圏からの軍事的脅威にさらされるといった主張や、朝鮮戦争の勃発と米国の介入など、同時代のアジアの国際情勢が大きく影響した。

結局、対日講和は冷戦を背景に、日米安保条約をセットにした米英主導の「寛大な講和」となった。賠償についても原則無賠償とされたが、フィリピンなどアジア諸国の反発で戦時中に日本軍に占領された国は賠償請求ができるとされた。だが現金賠償は否定され、額も日本経済の実情に見合うものとされた。サンフランシスコ講和会議には大陸に成立した中華人民共和国と、内戦に敗れ台湾に移転した中華民国の双方とも招かれなかった。また朝鮮戦争中であった南北朝鮮や日本を米陣営に組み込むことに異議を申し立てたインドも参加しないなど、アジア諸国の多くは不在の講和会議であった。東南アジア諸国との賠償交渉や「二つの中国」（中国・台湾）との関係など、戦後日本のアジア外交は、この講和条約では未解決となった問題に取り組むことから出発せねばならなかったのである。

第3章は、ナショナリズムが高揚した一九五〇年代のアジアと日本の関係を対象とする。講和条約の発効によって独立を回復した日本で一世を風靡したのが「東南アジア開発」であった。戦前の大市場であった中国大陸が冷戦の分断線によって閉じられるなか、市場として、また資源の供給地として東南アジアと日本を結びつけようという構想が米国でたびたび持ち上がり、これを受けて日本でもにわかに東南アジアへの関心が高まったのであった。しかし現実には賠償交渉の妥結が先決という状態で、掛け声倒れに終わったのであった。インドが対日賠償を放棄していたため、賠償問題のないインドが注目されたのもこの時期であった。

一九五五年には新興独立国が集うバンドン会議（アジア・アフリカ会議）が開催されることになり、日本も招かれた。日本にとっては独立回復後、初の国際会議でもあり、世論は「アジア復帰の絶好の機会」として歓迎した。「対米自主」を掲げていた鳩山一郎首相も当初は乗り気であったが、やがて会議の左傾化を警戒する米国との板挟みとなる。結局、政治問題には深入りせず、経済問題に活路を見出そうとした日本の対応は、戦後外交の一つのパターンの先駆けとも見えるものであった。

一九五〇年代後半には東南アジア諸国との賠償交渉も妥結に向かい、賠償事業を一種の「橋頭堡」として東南アジアへの経済的再進出が始まることになる。その一方、韓国とは国交回復を目指した交渉が始められたものの、植民地時代の評価や、在日朝鮮人の北朝鮮への「帰国運動」に対する韓国の猛反発などでしばしば中断した。また中国とは民間貿易が再開され、中国承認とは切り離した「政経分離」によって貿易も増えるかに見えたものの、一九五八年に起きた「長崎国旗事件」で日中関係は一挙に途絶した。南アジアや東南アジアとの関係回復が進む一方、近接する朝鮮半島や中国との関係は依然として本格的には再開できないこの時期の日本であった。

アジアの変容と日本

第4章は一九六〇年代を扱う。それは日本が高度経済成長を経て「経済大国」を自認するようになる一方、ベトナム戦争を筆頭にアジアが緊張で覆われた時代であった。一九六〇年代前半の池田勇人政権の下では、一九五〇年代に停滞した中韓との関係で進展が見られた。まず中国との関係である。中ソ対立によるソ連からの技術供与途絶など、苦境に立たされた中国は政治戦略優先の対日姿勢を転換し、「準政府間貿易」ともいえる枠組み（「LT貿易」）で日中貿易が再開された。一方、池田政権の側では、これが日本の中国承認につながる動きではないことを米国に強調する必要があり、併せて日中接近に猛反発する台湾の国民政府への対応に追われることになった。依然として冷戦による分断線は強固であった。

他方で米国は、同じ自由主義陣営にありながら国交回復ができない日韓関係を憂慮し、日韓交渉の妥結に向けて強い圧力を行使した。それに加えて韓国側で対日強硬姿勢の李承晩《イスンマン》大統領が失脚し、クーデタによって朴正熙《パクチョンヒ》将軍が実権を握ると、日韓交渉の妥結に動いた。そこで焦点となったのは植民地支配の清算とも言える韓国の対日請求権問題で、朴はこれを賠償ではなく、日本の主張する「経済協力」として受け入れる方針を固めたのであった。

冷戦の分断線が明瞭であった北東アジアに比べると、日本は東南アジアに対しては、より積極的な外交を展開する余地があった。一九六〇年代前半に英国主導で形成されたマレーシアに隣国インドネシアが反発し、マレーシア紛争が勃発すると、池田政権下の日本は積極的な仲介工作に乗り出す。しかしこのようなアプローチも佐藤栄作政権下でベトナム戦争が激化すると、冷戦の色彩が濃いものとなっていく。佐藤政権では沖縄返還が一大事となるが、返還合意に際しても、日本は韓国と台湾に対する安全保障上の関心を表明するなど、米国の冷戦戦略に協力する姿勢を明らかにすることを迫られたのであった。

第5章が扱う一九七〇年代、日本は米中接近やベトナム戦争終結といったアジア国際環境の激変に対応を迫られることになった。米中接近に触発された日本では田中角栄政権が成立し、田中は一気呵成の勢いで日中国交樹立に踏み切る一方、台湾と断交した。この動きに対して、中国と激しく対立していたソ連が日中接近を警戒して日本に接近するなど、米中接近を契機に日米中ソの関係は流動的な動きを見せ始める。中ソはそれぞれ日本を取り込もうと動き、一方で日本国内では自民党内の親台湾派が巻き返しの機会をねらうなど、事態は複雑な様相を呈した。田中、三木武夫に続いて政権を担当した福田赳夫は、自派閥の親台湾派を抑え込んで日中平和友好条約を締結する一方、一九七七年に東南アジアを歴訪した際には「福田ドクトリン」を発表し、日本の東南アジア政策の基軸を打ち出したものとして大きな反響を呼んだ。ASEAN（東南アジア諸国連合）諸国とベトナムなど共産圏のインドシナ三国の橋渡しがその眼目の一つであったが、一九七〇年代末から米ソの新冷戦が本格化すると、日本のねらいも、壁に突き当たることになる。続く大平正芳首相は「環太平洋連帯構想」を打ち出し、「アジア太平洋」という地域概念が定着するうえで、少なからぬ影響を残した。

第6章は一九八〇年代である。日本は世界的な経済大国としての地位を盤石なものとし、その一方で日米中はソ連を共通の脅威として結束を強めた。他方でNIES（新興工業経済地域）と呼ばれた韓国、台湾、香港、シンガポールは輸出志向型の経済発展を遂げ、これにASEAN諸国が続き、また中国も鄧小平の指導力の下で改革開放政策を着実に進めていった。日本は円借款の供与などで、これらアジア諸国の経済発展を支援した。また一九八二年には中国・韓国との間で日本の歴史教科書の記述をめぐって摩擦が発生し、今に続く歴史認識問題の走りとなった。一九八二年に中曽根康弘が首相に就任すると、まず韓国と懸案となっていた対韓経済援助問題を借款等四〇億ドルの供与によって解決し、それを新冷戦下での日韓結束を喜ぶ米国への手土産として訪米した。しかし中曽根が敢行した靖国神社参拝は、中国の胡耀邦《こようほう》総書記と盟友ともいえる親密な関係を築いた。中曽根はまた、中国指導部における胡の地位を危うくしかねないものであり、これを察知した中曽根は、以後の参拝を控えることとなった。

一九八五年には米国の貿易赤字を解消する手立てとして先進国間で為替レートの調整が話し合われ（プラザ合意）、その後二年あまりで一ドル＝二四〇円が一二〇円にまでなった。急激な円高に悲鳴を上げた日本国内の輸出産業は次々に生産拠点を東南アジアなどに移し、結果として日本とアジアは、より深い経済関係で結びつけられることになった。

第7章は一九九〇年代を扱う。日本ではバブル経済の崩壊で経済の低迷が続き、アジアでも一九九七年のアジア通貨危機によって経済のみならず各国の政治体制までもが大きくゆさぶられた。その一方で、日豪が主導したAPEC（アジア太平洋経済協力）、安全保障問題を話し合うASEAN地域フォーラム（ARF）、そして通貨危機を契機に形成されたASEAN＋3（日中韓）など、従来にはなかった形でアジアの地域統合が進んだのもこの時期であった。

また米ソ冷戦の終焉を受けて、一九九〇年代初頭にはその代理戦争という性格もあったカンボジア内戦が終息した。新生カンボジア誕生のために総選挙が行われることになり、選挙実施に向けた情勢安定化のためのPKO（平和維持活動）に参加するため、自衛隊は初めて海を渡ることになった。

他方、北東アジアでは北朝鮮が冷戦後の体制生き残りをかけて核開発を進め、これを阻止しようとする米国との緊張が激化した。一度は事態鎮静化の枠組みが構築されたものの、結局北朝鮮は核開発を続行し、今日に続く北東アジアにおける緊張の種となっている。また台湾では民主化の進展によって一九九〇年代半ばには総統の直接選挙による選出が行われるようになったが、これを台湾独立に向けた第一歩と見なした中国がミサイル演習などで威嚇を加える緊張状態も発生した（台湾海峡危機）。このような北東アジアにおける緊張状態の続発は、日米政府をして日米同盟の軍事的実効性の強化を進めさせることとなり、「日米安保再定義」とともに有事の際の日米軍事協力強化のためのガイドライン関連法案の整備が進められた。

そして終章では二〇〇〇年代以降という同時代における日本とアジアの関係を概観し、その意味が論じられる。このように各章を辿ってみれば、本書が絶え間ない変容で彩られる戦後日本とアジアの関係を、幅広くかつ多面的に再構成していることが見て取れるであろう。今日のイメージから過去を捉えるのではなく、それぞれの時代を内在的に理解して初めて、「現在」という時代の特徴と課題が明確になるはずである。

第1章　近代日本とアジア
——大日本帝国の時代——

加藤聖文

現在、海外に在留する日本人は一一八万二五五七人である。このうち、アジア地域は三三万一七九六人と全体の二八％を占める。この数字は多いように見えるかもしれないが、実は戦前に当てはめてみると、台湾に在住していた日本人の数とほぼ同じにすぎない。

戦前海外に居住していた日本人は、北米（ハワイを含む）や南米地域の移民を除くとアジア地域が圧倒的に多かった。敗戦によってアジア太平洋地域から本土へ引揚げてきた日本人は、三〇〇万人を超えた。地域別では、最も多いのが今の中国東北である満洲の一二七万人、次いで満洲を除いた中国八二万人（本土の四九万人・台湾の三三万人）、さらに朝鮮半島の七二万人、樺太（サハリン）の三九万人と続く。

彼らは、植民地支配と結びついていたため必然的に官公庁（学校や病院も含む）や国策会社関係者が多かったが、日本を離れて現地に定着し、二～三世代にわたっていた中小商工業者のような人々もいた。さらには、満洲国が建国された一九三二年以降は、満洲移民と呼ばれる農民も激増した。

このような日本人の海外移動は、わずか一五〇年ほど前から始まったにすぎない。そして、日本人が海外、とくに東アジアへ進出していくなかで、それを支える交通網が整備され、交易圏が拡大し、日本を中心とした東アジア経済圏が形成されていった。それは、大日本帝国の拡大の歴史ともいえよう。

戦前の日本とアジアは、現在のような経済や文化だけの繋がりではなく、政治や軍事が密接に関連したより濃密な繋がりをもっていた。現在のアジアと日本を理解するためには、近代から始まる日本との関わりを知っておくことは重要であろう。

1　明治国家の形成と国境画定

幕末以降、日本にとって欧米列強との外交関係の樹立と安定化が重要な課題であったが、なかでも国境画定が最初の懸案事項であった。近代国民国家の成立要素として、領土・国民・主権の三つが挙げられるが、その中でも領土の確定は徳川幕府時代から外交課題であった。

樺太・千島交換条約の締結

幕末維新期の日本にとって領土問題は、ロシアとの間で樺太（サハリン）と千島列島（クリル）の帰属が懸案となっていた。日本と樺太との関係は、樺太アイヌとの交易という形で一七世紀から始まるが、一九世紀に入るとロシアが樺太に関与し始める。一九世紀に入って本格化するロシアの南下は樺太と千島列島に及び、しばしばロシア軍艦による日本船襲撃事件が起きたため、幕府は本格的な北方調査を開始し、樺太と千島（北方領土と言われる南千島）の支配権の確立を目指した。

一方、ロシアの樺太進出も本格化し、幕府に対して国境画定を求めるようになった結果、一八五四年の日露和親条約で千島は得撫島《ウルップ》と択捉島との間が国境となり、樺太は日露雑居地とされた。しかし、一八六〇年にロシアが清国から沿海州を割譲させ、樺太を含めた行政区域を設定すると、ロシアによる樺太支配は強化されていった。

結局、樺太の帰属をめぐる問題は未解決のまま明治新政府に引き継がれた。近代国民国家の完成を目指した明治新政府は、徳川幕府以上に国境画定に積極的であった。とくに明治初期においては、ロシアとの国境問題が最大の課題となっていた。日露雑居地となっていた樺太に関しては、積極的な進出を図るロシアとは正反対に、明治政府内部では北海道開拓で手一杯である以上、これを放棄すべきとの意見が強まり、一八七五年に樺太・千島交換条約によって樺太を放棄し、その代わりとして北千島を含めた千島全島を領有化するに至った。これによって、ロシアとの外交懸案事項は一応の解決を見た。

また、北方での国境画定の翌一八七六年に明治政府は、領有が曖昧であった小笠原諸島を正式に領土に編入した。

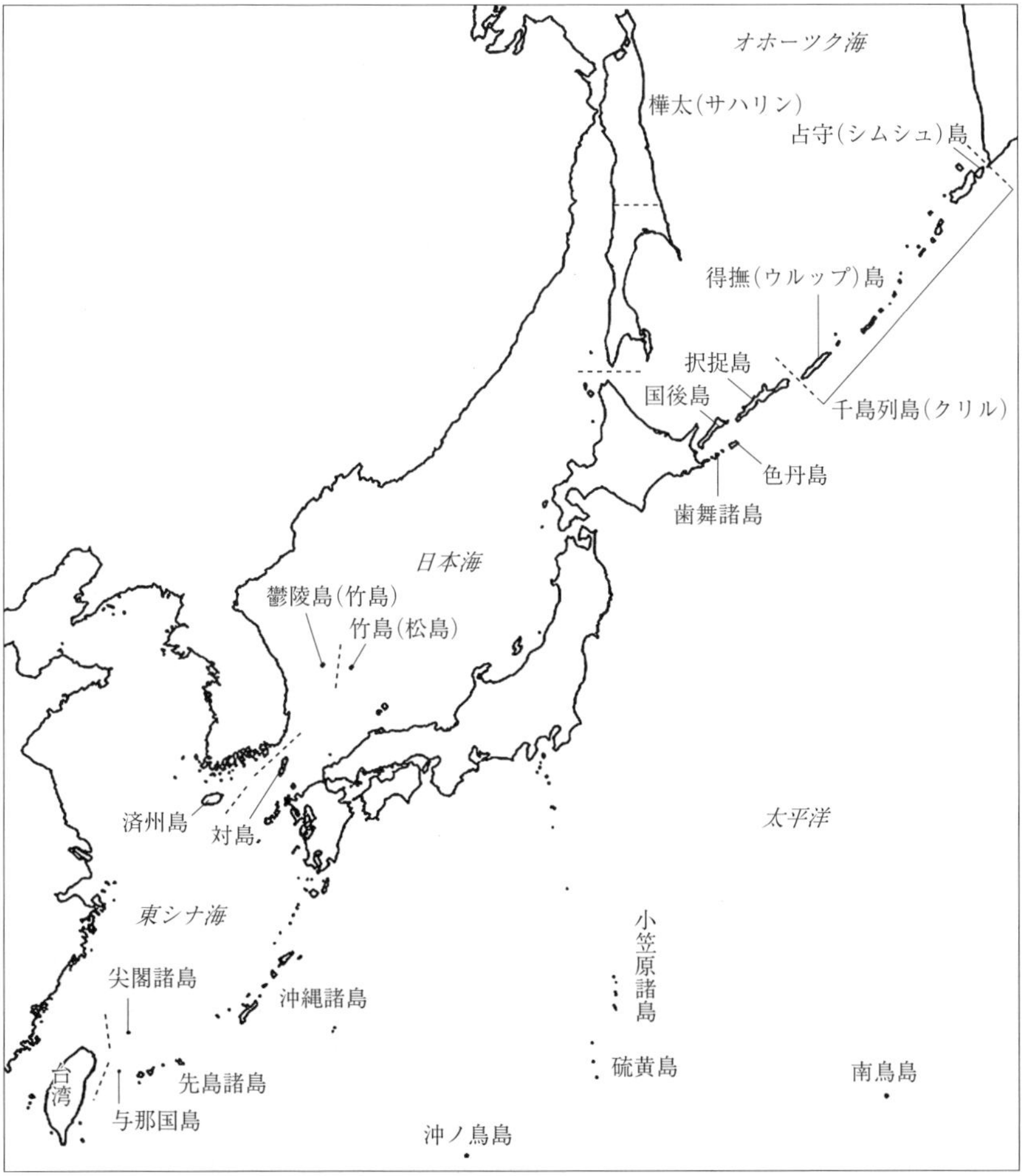
オホーツク海
樺太（サハリン）
占守（シムシュ）島
得撫（ウルップ）島
択捉島
国後島
千島列島（クリル）
色丹島
歯舞諸島
日本海
鬱陵島（竹島）
竹島（松島）
済州島
対島
太平洋
東シナ海
小笠原諸島
尖閣諸島
沖縄諸島
台湾
先島諸島
与那国島
硫黄島
南鳥島
沖ノ鳥島

日本の国境

小笠原はもともと無人島であり、一九世紀初頭から欧米の捕鯨船の寄港地となり、一時は英国が領有を宣言したこともあったが、日本の領有権が確定したことにより北方に続いて南方の国境線も明確となった。これによって欧米諸国との間の国境問題はとりあえず解決したが、その一方で清国との間に未解決の問題が浮上することになった。

台湾への出兵と領有

中国を中心としたアジア地域においては、冊封《さくほう》体制による国際秩序が存在し、東アジアでは朝鮮王国と琉球王国が清国との朝貢関係にあって伝統的な国際秩序を構成していた。しかし、琉球王国の場合、一七世紀初頭から薩摩藩による支配が行われており、一方で清国による冊封体制、もう一方で薩摩藩を経由して日本の幕藩体制に組み込まれるという特殊な存在であった。こうした伝統的国際秩序の曖昧さは徳川幕府時代においては鎖国の抜け道としてむしろ必要とされていたが、国民国家の形成と西欧型国際秩序への参加を指向する明治政府にとっては放置できない問題になっていた。

琉球帰属問題が顕在化したのは、一八七一年一一月に宮古島の漁民が台湾に漂着し、原住民に殺害されるという事件がきっかけであった。殺害された宮古島民を日本国民と位置づける必要があった明治政府は、翌年には琉球王国を琉球藩とし、国王尚泰《しょうたい》を華族に列し、琉球の直接支配に乗り出した。そのうえで、漁民殺害の補償を清国に求めたが、清国は台湾東部に居住する原住民を自国の統治が及ばない「化外《けがい》の民」として補償を拒否したため、日本は一八七四年五月に台湾出兵を行った。

近代日本初の対外出兵となった台湾出兵は、薩摩藩出身の西郷従道《さいごうつぐみち》(西郷隆盛の弟)が主導したもので、計画の無謀さから軍事的には失敗と言えるものであったが、一〇月に全権弁理大臣として北京に赴いた大久保利通と清国政府との間で行われた外交交渉において、殺害された宮古島民を日本の主権下にある「属民」と認めさせ、賠償金を獲得したことで一定の成功を収めたといえる。なお、この事件を機に清国は、これまで台湾島西部のみを版図としていた方針を改め、台湾全島を領有化することになった。台湾全域が中国の領土として正式に組み込まれるのは、日本による台湾出兵が契機になっていることは重要である。

台湾出兵によって、清国に琉球の支配権を認めさせたと理解した政府は、琉球藩に対して清国との冊封関係解消を強く求めた。琉球はこれに強く抵抗するが、一八七九年に政府は「琉球処分」を断行し、琉球藩廃止と沖縄県設置を見るに至った。しかし、琉球の日本への強引な編入は、琉球への宗主権は放棄していないと考えていた清国の反発を招いた。そこで、対立を深める日清両国に対して米国が仲介に入り、日本には沖縄本島の領有権を認める代わりに、宮古島以西の先島《さきしま》諸島を清国へ割譲する「分島案」を提案した。しかし、交渉はまとまらないまま日清戦争が勃発、清国の敗戦によって最終的には日本が琉球の支配権を獲得するに至った。

なお、清国敗戦後の下関講和条約によって清国は台湾を日本に割譲したが、条約が発効した一八八五年五月の時点で台湾には日本軍は上陸していなかった。講和条約発効直後から日本軍による台湾攻略戦が始まるが、清国に見捨てられた形となった台湾では清国官僚と地元有力者らによって「台湾民主国」としての独立が宣言され、日本軍への抵抗が試みられた。しかし軍事力の差は歴然であり、わずか五カ月で台湾民主国は崩壊した。こうして日本は台湾を最初の植民地として獲得することになる。

ちなみに、日清戦争中の一八九五年一月に尖閣諸島の日本領土編入が決定された。無人島であった尖閣諸島は日清いずれにも属さず、領有化後に行われた下関講和条約でも議論にもならなかったため、日清戦争の結果による割譲とは別の問題である。しかし、日本は日清戦争によって日清間の懸案であった領土の帰属問題を一挙に片付けようとしたことは明らかであり、その渦中での尖閣諸島領有化は、後に多くの誤解を生むことになる。

このように一八七五年前後は、日本周辺の国境が画定する重要な年であった。そして、日本が自国の領域を近代的概念の下で再定義したことは、東アジアの伝統的な国際秩序を根底から揺さぶることになった。その象徴が琉球問題であり、この衝撃はもう一つの冊封体制下にあった朝鮮にも波及する。この朝鮮への波及は、国境の画定ということよりもさらに踏み込んだ外交政策全体に及ぶものとなったが、この点は後述するとして、まず朝鮮との領土問題について概観してみよう。

征韓論と竹島問題

鎖国政策を取っていた徳川幕府時代において唯一の外交関係があった国が朝鮮王国である。朝鮮王国との外交窓口は対馬藩が担い、釜山にはその出先機関である草梁倭館《そうりょうわかん》があった。朝鮮との外交関係は、将軍の代替わりごとに行われた朝鮮通信使に象徴されるが、江戸後期以降、通信使は途絶していた。

明治新政府になってこの日朝外交関係も見直しが図られた。とくに廃藩置県によって、これまで日朝外交を独自の権益としてきた対馬藩が廃止され、外務省に外交が一元化されると、これまでの慣例を重視する朝鮮は反発し、日朝関係が中断する事態となった。この膠着した日朝関係の打破をめぐって起きた政府内部の対立が征韓論政変であるが、もともとの征韓論の起源は幕末の長州藩で唱えられていたものであった。

攘夷派が実権を握っていた対馬藩と深い繋がりがあった長州藩では、ロシアの南下を防止するという安全保障上の観点から、桂小五郎（のちの木戸孝允）などが、地理的に近く、対馬海峡に接する朝鮮南部の保障占領を唱えていたのである。明治維新後も旧長州藩出身者は、初代韓国統監・伊藤博文や初代朝鮮総督・寺内正毅《てらうちまさたけ》をはじめ朝鮮との関わりが深い政治家や官僚を輩出し、民間でも植民地化後の朝鮮には多くの山口県出身者が渡っていった。ちなみに、旧薩摩藩出身者は台湾との関わりが深く、領有後の台湾では鹿児島県出身者が多かった。

幕末の長州藩内で唱えられた征韓論は、現在日韓の間で争われている竹島の領有論とも結びついていた。徳川幕府は唯一、朝鮮王国と外交関係があったと前述したが、そのことは朝鮮通信使という儀礼的な関係にとどまらず、領有権の承認という実体的なものも含まれていた。

朝鮮半島の日本海側に鬱陵島《うつりょうとう》という孤島が存在するが、朝鮮は逃散農民の避難先となることを防止する目的でこの島を無住地とする空島政策をとっていた。しかし、江戸初期（一七世紀前半）から山陰地方の漁民が日本海での漁業圏を拡大していくなかで、米子商人が幕府の許可を得て鬱陵島に渡って定期的にアワビ採取やアシカ捕獲などをするようになった。当時の日本人はこの鬱陵島を「竹島」、鬱陵島に渡る中継地点にあるが居住には適さない現在の竹島を「松島」と呼んでいた。

こうして日本人は定期的に鬱陵島に渡るようになるが、当然のことながら禁制を犯して鬱陵島に渡る朝鮮人もいた。そして、一六九〇年に鬱陵島の日本人が朝鮮人と遭遇し、このことが幕府と朝鮮との間の外交問題に発展する。

その結果、朝鮮との関係を重視する幕府が鬱陵島への渡航を禁止する処置をとった。しかし、鬱陵島への中継地であった竹島は、日本人漁民の活動領域に含まれたままであった。近代以前のアジアにおいては、現在と異なり土地の支配権よりも人民の支配権が重視されていたため、基本的には無住地をめぐる領有権問題というものは存在しなかった。竹島の場合、無人島であることから、朝鮮も幕府も領有権を主張するようなことはなかった。これは人間が定住していなかった尖閣諸島も同様である。

しかし、欧米中心の国際秩序が世界を覆うようになり、そこへの参加が国家としての存在基盤とされるようになると、領土概念が形成され、無住地であろうとなかろうといずれかの国家の主権下に置かれ領土とされるようになっていった。

幕末になると長州藩内では、南下するロシアの機先を制して日本海の制海権を確保するという目的で鬱陵島の占領と開発が唱えられるようになった。ただし、この時点では鬱陵島が問題の中心であり、鬱陵島に付随する無人島にすぎない竹島は注目されることはなかった。ちなみに、幕末になると西欧の軍艦が日本海に出没しはじめ、海図を作成するようになる。その際、これまで日本側が呼称していた「竹島」（鬱陵島）と「松島」（現在の竹島）が誤伝し、「松島」が竹島と入れ替わって呼ばれるようになった。

この長州藩内での鬱陵島開発論は空論にすぎず、明治維新後は立ち消えとなった。一方、朝鮮は無人島であった竹島の自国領への編入を行わず、その領有権は曖昧な状態のままであった。やがて、一九〇〇年になるとアシカの捕獲場として竹島が日本人に注目されるようになり、最終的には日本が日露戦争中の一九〇五年一月に自国領への編入を決定した。しかし、日本が主張する法的な正当性とは別に、尖閣諸島と同じく、竹島も戦争中に領有化が図られたことから、こちらも今日の領有権問題に大きな影響を与えている。すなわち、竹島と尖閣諸島の領土問題について、日本は純粋な法的根拠で捉えるが、中韓は近代以降の歴史的経緯を重視しているため、両国の主張の根拠は根本的に異なっているのである。

2　日清戦争と東アジア冊封体制の崩壊

江華島事件と日朝修好条規

一八七五年は日本の領土画定において重要な年であると前述したが、同時に対外進出の起点ともなった年であった。一八五四年の日米和親条約によって日本と欧米諸国との近代的な外交関係が始まったが、アジア諸国との関係は旧来型の関係のままであった。しかし明治政府は、朝鮮王国との間で、これまでの旧来型の関係を改め近代的な外交関係を樹立しようとしたものの、朝鮮はこれを拒否し、外交関係樹立は頓挫した。

朝鮮は清国の冊封体制下にあり、清国以外に対しては鎖国政策を採っていたため、欧米列強の開国圧力を受け続けていた。日本の場合、列強からの開国圧力は直接的な軍事行動を伴わなかったが（薩英戦争や馬関戦争のような攘夷運動による軍事衝突は別）、列強は朝鮮に対しては当初から好戦的であったため、朝鮮はより排外的姿勢を強めて鎖国という固い殻に閉じ籠ろうとした。また、この時期の朝鮮では王朝内部の権力闘争が激化しており、内政問題がそのまま外交問題に容易に転化した。内政問題と外交問題との連関が他国よりもよりストレートに表れるのは朝鮮の伝統的特徴でもある。

朝鮮では、一八六三年に高宗《コジョン》が国王に即位すると、その父である大院君《テウォングン》が政治の実権を握った。大院君は政治体制の疲弊が顕在化していた王国の政治改革を主導しようとしたが、やがて鎖国・攘夷政策を強めるようになり、一八六六年には当時朝鮮に広まり始めていたキリスト教の弾圧を始めた。この年は、米船が掠奪目的で平壌《ピョンヤン》を襲撃した事件（シャーマン号事件）、さらには宣教師殺害の報復として仏軍艦が江華島《こうかとう》を攻撃するという事件（丙寅洋擾《へいいんようじょう》）も起きていた。

大院君が鎖国政策を強化した時期は、日本では幕府が崩壊して明治新政府が成立し、西欧化を押し進め始めた変動期にあたっていた。両国が目指した方向は正反対であったことが結果的に日朝関係の悪化をもたらしたといえる。

明治新政府は政権樹立早々の一八六八年一二月に、朝鮮に対して使者を派遣して国交樹立を図ろうとしたが、朝鮮側は国書に清の皇帝のみが使う「皇」・「勅」の文言があったため、受け取りを拒否、早々に外交交渉は頓挫してしまった。

その後も一八七一年に米艦が江華島を砲撃する事件（辛未洋擾《しんみようじょう》）が起きるなど、朝鮮の攘夷・鎖国姿勢は変わらなかった。一方、日本は一八七二年に朝鮮を冊封体制下に置いていた清国との間で日清修好条規を結び、間接的に日朝関係の打開の布石を打った。ちなみに、この条約は日本とアジアとの間で結ばれた初の近代的外交関係である。そして、翌年には日本はこれまで対朝鮮交渉の窓口であった対馬藩の権限を取り上げ、外務省が直接交渉にあたる体制を整えた。そうしたなか、一八七三年になると高宗の親政が開始され、大院君は政治的に失脚し、以後、高宗の后である閔妃《ミンビ》の一族に近い独立党（開化派）と大院君を支持する事大党（守旧派）との対立が激化していった。

朝鮮内部の対立激化と同時期に日本でも国内改革をめぐって西郷隆盛と大久保利通が対立した征韓論政変（明治六年の政変）が起き、日朝関係は双方の内政問題が絡んで複雑な様相を呈するようになる。明治政府は西郷隆盛ら征韓派が下野した後、国内政情が不安定になるにつれ対外強硬姿勢を鮮明にする。一八七四年には台湾出兵を行い、翌年九月に江華島事件が起こる。この事件は江華島周辺の測量を行っていた日本の軍艦・雲揚号に対して朝鮮側が砲撃し、雲揚号が応戦した結果、朝鮮側に大きな被害が出たという事件であった。これは突発的な衝突ともいえるが、朝鮮王国の首府である漢城（ソウル）への入口にあたる江華島に日本の軍艦が出没していたことは、挑発行為と見られても不思議ではない。日本はこの事件によって朝鮮を交渉のテーブルに着かせることに成功し、一八七六年二月に日朝修好条規を締結して朝鮮の開国を実現させたが、この条約は日本が欧米列強との間で結んでいた不平等条約を基礎とし、朝鮮側に不利な内容となっていた。

これまで頑なに開国を拒んでいた朝鮮が、日本相手に簡単に方針転換したのは、守旧派の大院君が失脚して開化派が主導権を握っていたことが大きな要因である。朝鮮内部でも日本や欧米との外交関係を樹立し、清国による冊封体制から自立しようという開化派の勢力が強まっていた。彼らは日本経由の近代化を目指したが、このことは守旧派との対立激化をもたらした。

甲申事変と甲午農民戦争

朝鮮内部の政治対立は、一八八二年七月に壬午《じんご》事変となって表面化した。この政変は、朝鮮の軍隊を日本式にして近代化を図ろうとした開化派に対して守旧派が反発、それに大院君の権力奪取計画が加わって起きたもので、反乱した朝鮮の軍隊によって軍近代化のために派遣されていた多数の日本人教官らも殺害された。この事態に対して、大院君を北京に連行し事件を収束させたのは、いち早く行動を起こした袁世凱《えんせいがい》率いる清国軍であった。事件によって日清両国が朝鮮に軍隊を駐留させる権利を得たが、これが後の日清戦争の遠因となる。

この壬午事変の後、それまで開化派に近く、王宮の権力を握っていた閔妃一族は清国への依存度を強めて保守化したため、開化派の不満は高まっていった。この当時の開化派は金玉均《キムオッキュン》や朴泳孝《パクヨンヒョ》ら若手官僚であり、彼らは福澤諭吉の慶應義塾との繋がりが深かった。

金玉均ら開化派は清国の影響力排除を図ろうとしており、一八八四年に朝鮮と同じく冊封体制下にあったベトナムをめぐって清仏戦争が勃発したのを受け、同年一二月に日本の支援を受けてクーデタを起こしたが（甲申《こうしん》事変）、清国軍の介入によって失敗に終わり、金玉均らは日本へ亡命した（後に金は上海で殺害される）。事変の結果、一八八五年四月に日清間で天津条約が締結され、日清両国軍の撤兵と今後出兵する際の事前通告が合意された。

こうして開化派の勢力は凋落し、朝鮮の近代化は頓挫した。この事件の直後（一八八五年三月）に福澤諭吉が「脱亜論」を発表したが、金玉均ら開化派と繋がりが深かった福澤にとって甲申事変とは、朝鮮の近代化の芽が国内の保守派とそれを後押しする清国によって摘みとられた事件であった。失意のなかで発表された「脱亜論」（一般的に流布している「脱亜入欧」という用語を福澤は使っていない）は、単純な覇権主義というものではなく、依然として近代を拒否し旧体制にしがみつくアジアとの訣別宣言であったといえる。

甲申事変を転機に、日本は朝鮮の自立的近代化という望みを捨て、清国の影響力排除による従属国化へと転換していった。その序章となったのが、一八九四年春に全羅道で起きた甲午農民戦争（東学党の乱）であった。

朝鮮は甲午農民戦争を自力で収束させることができず、清国へ出兵を請求した。これに対して、天津条約に基づき日本軍も出兵、事態が収束した後も日清両軍は駐留を継続した。伊藤博文内閣は、六月一六日に日清共同による朝鮮内政改革の提案を行ったが、これを清国が拒否すると七月二三日に日本軍が王宮を占領し、失脚していた大院君を担ぎ出すと、仁川沖の清国艦隊を奇襲攻撃し（豊島沖海戦）、八月一日には日清戦争が勃発した。

当初、大国清国に戦争を挑むことは日本国内ですら無謀とさえ言われていたが、日清戦争は、日本優位のまま下関講和条約が結ばれた。この戦争は、朝鮮半島支配の主導権をめぐる日清両国の争いであり、日本に敗れた清国は朝鮮半島への影響力を失い、前述したように琉球との関係も完全に絶たれた。

台湾出兵以降、日本にとって朝鮮問題が大きな懸案となったため、台湾への関わりは中断していたが、日清戦争によって台湾が領土に編入されると台湾総督府が設置され一八九五年六月に植民地経営が始まった。しかし、清国時代から在地勢力が強く、中央権力が及びにくかった台湾では治安が悪く、日本の植民地経営は試行錯誤の連続であった。とくに前近代的な土地所有権の複雑さは税収を不安定なものとしていたため、土地改革は大きな課題であった。しかし土地改革は在地勢力の強い反発を招き、反乱が多発する要因となった。

日清戦争は明治日本にとって最初の対外戦争であり、戦争の勝利によって領土と賠償金（約三億五〇〇〇万円：当時の国家歳入の三倍以上）を得、植民地帝国としての第一歩を踏み出したことで、東アジアに対する影響力を飛躍的に拡大した。しかしそれ以上に、この戦争は古代から綿々と続いてきた中国中心の国際秩序を完全に崩壊させたという点で東アジア近代史上、画期となるものであった。

3　韓国併合と植民地帝国日本の完成

露館播遷と大韓帝国の成立

日清戦争によって日本は朝鮮半島の支配権を握ったかに見えたが、朝鮮王朝内部の権力争いは親ロシア派の台頭を許すことになった。戦争勃発当初、王宮を占領した日本軍の後ろ盾を得て開化派が政権を樹立したが、下関講和条約で遼東半島の日本への割譲に反対した仏独露による三国干渉によって日本の弱さが露呈したことを受けて、清国の後ろ盾を失っていた閔妃一族はロシアへの接近を図り、朝鮮の政局は不安定なものとなった。

こうしたなかで、一八九五年一〇月八日に駐朝公使・三浦梧楼《みうらごろう》らが閔妃暗殺事件を起こし、復権した大院君による急進的な国内改革が進められたが、かえって伝統的な保守層の反発が強まった。翌一八九六年二月に親露派がクーデタを起こし（露館播遷《ろかんはせん》：高宗がロシア公使館に駆け込み二年間そこで執務を執り行う）、開化派政権は倒れた。これによって朝鮮の開化派は壊滅し、ロシアの強い影響下で高宗の親政が開始される。高宗は一八九七年一〇月に国号を大韓帝国とし、初代皇帝となった。

大韓帝国の成立は、清国の冊封体制からの正式な離脱であり、朝鮮の自立化の第一歩と言えるものであった。しかし、近代化を目指した高宗による光武改革は、一方で立憲君主制を唱える独立協会（一八九六年に開化派が結成した政治団体）を弾圧するなど、専制君主制を基盤とするものであった。また、国内政治対立は相変わらず深刻で、そこに日露両国の影響力が結びついたことでより複雑なものとなっていった。

日清戦争によって朝鮮から清国の影響力を排除したものの、結果的にはロシアの影響力浸透を招いてしまった日本にとって、対露政策の比重が極めて大きなものとなっていた。それに拍車をかけたのが一九〇〇年に起きた義和団事件であったといえよう。

日清戦争の敗北によって大国としての威信を失墜させた清国では、近代化による国内改革が急務となっていた。一八九八年には明治維新型の近代化を目指す康有為《こうゆうい》ら若手官僚が光緒帝《こうちょてい》の支持を得て政治体制の大改革（戊戌変法《ぼじゅつへんぽう》）を行ったが、西太后《せいたいごう》ら保守派によって三カ月で失敗に終わった。清国の体制内改革はこれによって頓挫し、政治の混乱は深まるなかで、排外主義を全面に出した義和団事件（北清事変）が起きる。

しかし、山東省を中心に排除運動を拡大していた義和団を利用して欧米列強と日本の排除を図った西太后らの企図は、清国の軍事的完敗という結果に終わり、列強による清国の分割と植民地化は避けられないものとなった。欧米列強と共同出兵を行った日本は最大の兵力を動員し、この事件（日本では北清事変と呼ぶ）によって列強の仲間入りをしたといえる。一方、日清戦争直後の日本に対する三国干渉で遼東半島を清国に返還させたロシアは、その見返りとして、一八九八年に遼東半島先端部分を租借して大連・旅順の二大港の建設に取りかかった。そして、義和団事件を契機に満洲を軍事占領し、鉄道路線を拡張することでその植民地化を本格化させた。

日露戦争と韓国併合

ロシアが朝鮮半島と接する満洲へ進出したことは、日本にとって最大の脅威となった。日本国内では、満洲におけるロシア権益を認める代わりに日本の朝鮮支配を認めさせようという伊藤博文らの意見（満韓交換論）が唱えられ、日露間で交渉が進められたが進展はなかった。一方、義和団事件後のロシアの南下を警戒したイギリスは、自国の中国権益維持のために日本へ接近を図り、日本でも英国と手を結ぶことによって朝鮮半島に対するロシアの脅威を実力で取り除こうとする主張（首相桂太郎・外相小村寿太郎ら）が主導権を握り、一九〇二年一月に日英同盟が締結されるなど、日露開戦への準備が進められていった。

朝鮮問題は、一九世紀末まで見られた王朝内部の権力争いに外国勢力が加わるといった国内政治中心の構図から離れ、日英露を中心とした国際政治のパワーゲームに取って代わられようとしていた。日本にとって朝鮮内部の一政治勢力と手を結び権益を拡張するといった手法は時代遅れとなり、朝鮮は主体的な役割を失っていった。

一九〇四年二月に日露戦争が勃発したが、日露が支配権の獲得を目指した朝鮮半島ではなく満洲が戦場となった。日本は、開戦当初に日韓議定書を結び、朝鮮半島内での軍事行動の自由を確保すると、続けて八月には第一次日韓協約を結び、朝鮮政府内で日本人を財政・外交顧問とすることを同意させた。さらに、戦争が有利に進むなか、翌一九〇五年七月には、桂・タフト協定を結び、日米の間で朝鮮とフィリピン支配の相互承認を行った。そして、九月五日にポーツマス条約が調印されて日露戦争が終結すると、日本の朝鮮支配は確定したものとなった。一一月には第二次日韓協約が調印、大韓帝国の外交権は消失して保護国化が確定、翌一二月には韓国統監府が設置されて、初代統監に伊藤博文が就任した（業務開始は翌年二月一日）。

朝鮮は、国内での政争に引きずられ国際的変動への対応に遅れたと言える。一九世紀末から始まった高宗親政による国内改革はすでに時機を逸していた。日本による保護国化が確定した後の一九〇七年六月、オランダのハーグで開催された万国平和会議において、高宗は欧米列強に対して第二次日韓協約の無効を訴えようとしたが（ハーグ密使事件）、列強からは無視された。高宗は以前から諸外国を使って日本を牽制するという宮廷政治的な手法が目立っていたが、この事件によって退位に追い込まれた。そして、同時に第三次日韓協約が調印され、軍隊の解散と司法権・警察権の日本への委任が決定された。

こうして朝鮮の大日本帝国への編入は時間の問題となったが、帝国の枠内での位置づけについて日本政府内部の考えは統一されたものではなかった。統監の伊藤博文は、内政改革を進め自治権を持った朝鮮を構想していた。一方、小村外相や桂首相らは併合論を主張し、伊藤の構想と対立した。そして、朝鮮内での義兵闘争が激化、内政改革が失敗するに及んで一九〇九年六月に伊藤が統監を辞職したことで、併合への流れが加速していった。その後に起きた安重根《アンジュングン》による伊藤の暗殺（一〇月二六日）は、日本の世論を刺激して結果的には併合をより早めただけであった。

一九一〇年になると併合準備が進み、八月二二日に韓国併合が行われ、大韓帝国は消滅した。明治維新以来、両国の相互理解欠如と不信感が積み重なるなか、ついに朝鮮の植民地化という日韓の歴史にとって不幸な結末を迎えたのである。

世界史的にも大動乱を迎える一九一〇年代の幕開けに韓国併合が行われた。日本にとっては、幕末以来の懸案であった安全保障問題の解決を意味した。またそれと同時に、日清戦争で台湾、日露戦争で関東州（遼東半島の先端部で大連と旅順の二大港を抱える）と南樺太を獲得したことに加えて、朝鮮半島という一民族一国家をまるごと併合したことによって、アジア唯一の植民地帝国が完成することになった。

一方、韓国併合の翌年（一九一一年一〇月一〇日）には中国で辛亥革命が勃発したことによって、東アジアは中国を中心にした動乱期を迎える。帝国内部の体制が確立期を迎えた日本であったが、中国情勢の流動化に直面して、その外交政策はかえって混迷を深めることになった。

4　混乱する中国情勢とワシントン体制

二一カ条要求と満洲権益

一九一〇年代は世界史上の大変動期である。中国でも一九一一年に辛亥革命が勃発し、清朝が倒れて古代から続く王朝体制が終焉し、共和制国家である中華民国が誕生した。しかし、革命後の混乱は収束せずむしろ拡大し、軍閥が割拠する状態に陥ってしまった。

孫文《そんぶん》が日本で一時期亡命生活を送り、宮崎滔天《みやざきとうてん》のように民間の間では日中提携を唱えて孫文の革命運動を支援する動きが見られたが、日本政府は孫文の革命運動に冷たかった。辛亥革命勃発直後は革命派ではなく清朝を支持し、清朝崩壊後に実権を握った袁世凱には反袁政策を取るなど、当初から日本政府の方針は揺らいでいた。日本では政府と民間との間で対中国政策の考え方がまったく異なり、この溝は最後まで埋まることはなかった。

一九一四年七月二八日に第一次世界大戦が勃発すると、日本は連合国の一員として対独参戦し、ドイツが中国進出の拠点としていた青島《チンタオ》を占領した。日本はドイツが山東半島に持っていた権益の処理をめぐって、袁世凱政権に対して翌一九一五年一月に二一カ条要求を行ったが、山東半島だけではなく南満洲と東部内蒙古の日本側権益の拡大、さらには中国政府に日本人顧問を採用することや日本人に土地所有権を付与することなど、中国の半植民地化に繋がるような要求も含まれていた。中国側はこれに抵抗したが、最後通牒まで行った日本の高圧的な態度に屈服(日本人顧問などは日本が撤回)、これに中国の国民感情が反発し、要求を受け入れた五月九日は後に国恥記念日となった。

実際の二一カ条要求をめぐる日中交渉は、皇帝即位を目論む袁世凱を中心とした政権内部の複雑な政治事情と、日本側の交渉技術の不手際が絡み合ったものであった。大戦のどさくさに紛れて日本が武力を背景に無理矢理要求を押し通したというような単純なものではなかったが、外交交渉の複雑さを国民が理解することは難しい。第一次世界大戦は、これまでの限られた為政者だけで秘密を共有する伝統的なヨーロッパ外交が終焉を迎え、国民感情に訴え、国民の支持を得ることが基軸となる新しい外交への転機でもあった。日本はこうした新外交の流れに乗りきれなかった。

二一カ条要求について言えば、複雑な交渉過程や取り決められた内容よりも、結果として中国国民が日本に反感を抱くようになったことが重要である。これ以後、中国での反日運動が常態化、一九一九年一月一八日から六月二八日まで開催されたパリ講和会議で、山東半島の旧ドイツ権益を日本が引き継ぐことが連合国によって承認されると、大規模な反日・反帝国主義運動である五・四運動が勃発するに至った。

二〇世紀前半の日中関係を決定づけたといえる二一カ条要求だが、実は日本にとって重要だったのは南満洲と東部内蒙古の問題であり、以下のように日露戦争にまで起源を遡る問題であった。

義和団事件を契機にロシアは満洲への進出を本格化させ、旅順・大連の二港を含む関東州を清国から租借する形で獲得した。ロシアはまた、シベリアと沿海州を満洲経由（満洲里《まんしゅうり》—綏芬河《すいふんが》）の最短距離で結ぶとともに、ロシアの満洲経営の拠点であるハルビンから大連・旅順を結ぶ東清鉄道を設立して満洲の物流を押さえようとした。

これらロシアの権益は日露戦争の結果、関東州と東清鉄道の一部（長春と大連・旅順間の鉄道路線）が日本に譲渡された。日本はロシアから引き継いだ関東州の経営を開始すると同時に、南満洲鉄道株式会社（満鉄）を設立して、南満洲への権益拡大を図った。

日露戦争以後、日露関係は、満洲の権益分割に関する両国の利害が一致することで急速に接近した。第一次（一九〇七年七月）から第四次（一九一六年七月）にわたる日露協約では、満洲と内蒙古における日露の勢力分割が取り決められ、日本は南満洲（長春以南）と東部内蒙古、ロシアは北満洲と西部内蒙古をそれぞれ勢力範囲とすることになった。ただし、こうした取り決めは日露両国間のみの合意事項であって、清国・中華民国に知らされることはなかった。

しかし、日本がロシアから受け継いだ権益は、ロシアが一八九八年に清国との間で結んだ条約をそのまま引き継いでいたため、関東州と満鉄の租借期限（二五年間）の時効が迫っていた。日本にとってはこの租借期限の延長が重要であって、二一カ条要求の際、九九カ年の租借延長を中国側に認めさせたのである。

こうして日本の満洲経営は、租借期限の延長によって当面の課題を解決し、第一次大戦期に満鉄を中心に大きく発展する。日本国内も大戦景気に沸いたが、満洲でも鉄道と炭鉱の拡張に加えて製鉄業も開始され、さらに学校や病院経営など文化面でも大きく進展した。しかし、大戦末期にロシア革命が起きてソビエトが成立すると、満洲をめぐる国際政治は混迷を深めることになった。

ロシア革命と独立運動の高まり

一九一七年三月一五日のロシア革命（二月革命）によって帝政ロシアが崩壊し、ケレンスキー政権を経て、一一月八日にはレーニン率いるボルシェビキによる世界で最初の共産党政権（ソビエト政府）が誕生した（一〇月革命）。共産主義国家の成立は、アジアにも大きな影響を与えた。清朝末期に中国国民党を率いて革命運動を主導した孫文は、辛亥革命によって大総統になったものの袁世凱との権力闘争に敗れて広東《カントン》に逼塞していた。反英意識の強い孫文は、革命以前から日本との関係が深く、日中提携を図ろうとしていたが、日本政府は相変わらず孫文との提携に消極的であり、中国の実権を握る軍閥政権との関係を重視し、中国国内の混乱を利用して権益の拡張を図っていた。

ロシア革命は、八方塞がりであった孫文に日本以外の国との連携の可能性をもたらした。ソビエトも革命後の日米英仏連合国による干渉戦争に直面し、国際的には孤立していたことから、中ソの接近は急速に進み、国民党へソビエトから様々な支援が行われることになった。また、一九二一年に結成した中国共産党は、国民党との関係を深めることで組織の拡大を図っていった。このように、ロシア革命を機に中国へ共産主義が伝播することで、中国情勢はいよいよ複雑化していった。

一方、日本にとってロシア革命は、満洲における日露協調路線の崩壊を意味した。日露両国による満洲独占は、満洲に市場参入を図ろうとする米国を防止するなど一定の効果を上げていた。しかし、ロシアの消滅によって日本単独で権益の維持を図らなければならなくなった。

とくに満洲の北半分が権力の空白地帯となったことは中国にとって、奪われた国権を回復するチャンスであった。

満洲では、一九一〇年代後半から軍閥の張作霖《ちょうさくりん》が影響力を拡大させ、中央政府から事実上独立した権力基盤を築き上げていた。日本はこの張作霖を積極的に支援することで、南満洲の権益を確実なものとすると同時に、北満洲の旧ロシア権益を張作霖に回収させて、間接的に影響力を及ぼそうとした。混迷を深める中国情勢に乗じて、満洲を事実上分離させ、日本の影響下に置くことが国家目標となっていた。

しかし、第一次世界大戦の終結は、戦争の要因となった帝国主義の終焉を意味していた。民族自決が国際的な思潮として広まり、世界各地で植民地支配からの解放が叫ばれるようになった。日本帝国内でも一九一九年三月に朝鮮で三・一独立運動が勃発し、朝鮮半島全土で激しい独立要求運動が繰り広げられた。この運動は軍隊の出動によって徹底的に弾圧されたが、独立運動家は上海に逃れて、四月に大韓民国臨時政府を樹立、初代大統領には李承《イスン》晩《マン》が就任した。また、独立運動家の中には満洲へ逃れて国境周辺の山岳地帯でパルチザン活動を展開するものも出てきた。金日成《キムイルソン》もその中の一人である。

三・一独立運動は弾圧されたものの、日本の国内政治に大きな衝撃を与えた。当時の原敬《はらたかし》内閣は大正デモクラシーの広まりを背景に成立した本格的政党内閣であり、朝鮮に対する陸軍の影響力を排除するために、これまでの独立運動の弾圧や言論の封殺などを中心にした強権的な支配（武断統治）を改め、帝国大学の設置など高等教育の充実による朝鮮人エリート（親日派）の育成や工業化に向けた公共事業拡大などを中心とした支配（文化統治）へと転換した。

ちなみに、台湾でも朝鮮と同じく統治の転換が図られた。台湾では朝鮮と異なり、独立運動のような激しい動きは見られなかったが、自治権拡大を目指して台湾人エリート層による台湾議会設置請願運動が盛んになった。この点において同じ大日本帝国内でも朝鮮と台湾はそれぞれ異なる政治要求の道を歩むことになる。

ワシントン体制をめぐる軋轢

一方、中国における国際ルールを取り決めるため、一九二一年一一月一二日から翌年二月六日にかけてワシントン会議が開催された。その結果、九カ国条約（日・米・英・仏・伊・蘭・葡・白・中）が調印されて、中国に対する門戸解放・機会均等・主権尊重の原則が確認され、大戦前の列強による露骨な帝国主義的権益拡張は否定された。この条約によって日本は、ドイツから奪った山東半島の権益を中国に返還したが、南満洲に関しては特殊権益であることを列国に認めさせた。また、九カ国条約と併せて太平洋地域の領土保全と日英同盟の破棄を定めた四カ国条約（日・米・英・仏）と、海軍主力艦の保有制限を定めたワシントン海軍軍縮条約（日・米・英・仏・伊）も調印され、一九二〇年代の基軸となるワシントン体制と呼ばれる国際協調体制が確立した。

　ワシントン体制の確立は、日本の満洲権益のさらなる拡張に一定の枠をはめることになった。そのため日本は、影響下においていた張作霖を使って間接的な権益拡張を図ろうとした。しかし、張作霖が自立化の道を歩み始め、やがて中国統一という野心を実現しようとしたため、日本との対立が顕在化する。その結末が一九二八年六月四日に起きた関東軍による張作霖爆殺事件であった。

　中国では相変わらずの混乱が続いていたが、一九一九年の五・四運動を転機として孫文らの活動が再び活発化し、国民党はソ連（一九二二年にソビエト社会主義共和国連邦が成立）へ急接近する（「連ソ容共」「扶助工農」がスローガン）。ソ連は顧問を派遣し、一九二四年一月に国民党と共産党との間で国共合作が図られ、ソ連の支援の下で国民革命軍が組織された。その後、一九二五年三月に孫文が死去すると、翌一九二六年七月に中国統一の孫文の遺志を引き継いで国民党は軍閥打倒による中国統一を目指して国民革命軍による北伐《ほくばつ》を開始する。しかし、北伐の過程で蔣介《しょうかい》石《せき》が台頭、蔣は一九二七年の四・一二クーデタによって国民党内部の共産党員を粛正して反共姿勢を明確にし、国共合作は破綻する。その後の蔣介石は、一九二八年四月に北伐を再開、張作霖が支配する北京への進撃途中、居留民保護を名目に山東半島に出兵した日本軍との間で武力衝突（済南《さいなん》事件）が起きる。日本が三次にわたって行った山東出兵は、日本人居留民の保護が名目であったが、実際には満洲への国民革命の波及を恐れた軍事介入であって、中国の対日感情をますます悪化させただけに終わった。この頃の日本は、一九二五年一月二〇日にソ連との国交を結んだ一方で共産主義思想の国内への波及を極度に警戒し、国内の共産党への弾圧を繰り返していた。しかし、反共では一致するはずの蔣介石に対する日本の評価は一貫して低く、後の日中戦争までこのような低評価は続き、最後まで蔣介石との提携は実現されなかった。

蔣介石による北伐は、一九二八年六月の北京入城によって完了し、蔣介石を主席とする国民政府が成立する。北京から逃れた張作霖は前述したように途中で関東軍によって爆殺されるが、跡を継いだ息子の張学良《ちょうがくりょう》は、一二月二九日に国民政府への合流を宣言し（易幟《えきし》）、ここに満洲を含めた中国全土の統一が完成した。中国全土を統一した国民政府の権力基盤は依然として不安定であったが、清朝末期に列強によって奪われた国権の回復を図ることで国民の支持を集めようとした。そして、そこには満洲における日本の権益への挑戦も含まれていた。

ワシントン体制下の一九二〇年代の東アジアは、統一への動きを加速化させた中国を中心に動いていた。その中で日本は南満洲の既得権死守にこだわるあまり、時代の変化に対応できなかった。とりわけ陸軍の中でも満洲に駐留する関東軍が急進化し、張作霖爆殺事件まで引き起こすが、このことが結果的に張学良の易幟を招き、日本はより不利な立場に追い込まれていった。

そもそも清朝発祥の地である満洲だが、一九世紀から本格化する中国本土からの漢族の流入によって満洲族など固有の民族は激減し、急速に中国化していた。辛亥革命後に満洲で台頭する張作霖は、この地では新興勢力である漢族の代表であって、革命後の中国本土の混乱をよそに満洲が比較的安定し成長を遂げることができたのも張作霖の権力基盤が強固だったからでもあった。そして、中国本土で高まるナショナリズムの波及も時間の問題であった。しかし、日本はこのような地域社会の変化に気づかなかった。一九二〇年代後半に顕在化する日本と張作霖・張学良政権との対立は、満洲の中国化をめぐる軋轢でもあったのである。

一方、ワシントン体制維持による米英協調路線をとった幣原喜重郎《しではらきじゅうろう》外相の外交政策（幣原外交）に象徴される日本外交も、国際環境の激変に対応できなかった。とくに、ワシントン体制を揺るがせたのは、中国統一と国権回復を目指す国民革命の高揚と、共産主義革命を唱えるソ連の台頭であった。基本的には既得権を握る列強間の調整装置でしかなかったワシントン体制は、新興国家である中ソの取り込みに失敗して機能不全に陥っていったが、体制崩壊を決定づけたのは満洲事変であった。

5　満洲事変の衝撃と大日本帝国の膨張

満洲事変と満洲国建国　一九三一年九月一八日に勃発し満洲国を生み出した満洲事変は、統一中国の誕生によって日本の満洲権益が脅かされるという危機感から起きたものである。しかし、事変を主導した石原莞爾《いしわらかんじ》ら関東軍幕僚は、権益維持の範囲を超えて満洲全域を領有化することを目論んでいた。事変を主導した石原は、世界最終戦争論という独自の軍事理論に裏打ちされた歴史観に基づき、日本が米ソに対抗するために国防資源の供給地として満洲を手に入れることが不可欠であると唱えた。もともと満洲領有論が根強かった関東軍は、この石原理論を取り入れて独断で事変を引き起こした。

満洲事変以後、日中戦争を経て日米戦争へと日本の軍事力による侵略的な領土拡張が行われていくが、中長期的な予測に基づき明確な計画性を持って開始された軍事行動は、この満洲事変のみである。

関東軍は独断で軍事行動を満洲全域へと拡大していったが、陸軍中央は事変拡大に消極的で、満洲領有は国際的な影響があまりにも大きいとして反対であった。こうしたなかで関東軍は満洲全域の占領と引き替えに独立国家建設へと方針転換した。

こうして一九三二年三月一日に満洲国が建国されることになる。満洲国は、建前上では満洲全住民の総意に基づいて中国から分離した独立国家ということになっていたが、実際には関東軍と陸軍中央の妥協の産物であり、しかも清朝の廃帝・溥儀《ふぎ》を担ぎ出した点でも時代遅れとの印象が否めなかった。

満洲国は関東軍の強い影響下に置かれた傀儡《かいらい》国家であったが、日本・満洲・漢・蒙古・朝鮮の五つの民族が平等であるとした「五族協和」をスローガンとした。これは、中華民国のスローガンであった「五族共和」（漢・満・蒙・蔵《チベット》・回《ウイグル》）に対抗するものであった。

民族平等を建前とした満洲国だが、関東軍が最終決定権を握り、各官庁も日本人官僚が実権を握っているのが現

観兵式場へ向かう昭和天皇(左)と満洲国皇帝・溥儀
(1935年4月)(朝日新聞社／時事通信フォト)

実であった。しかし、当時の日本人は全満洲人口三〇〇〇万人のうち、二〇万人に止まり、一%にも満たない数であった。このような矛盾を解消するために考え出されたのが、満洲移民であった。

満洲事変が勃発した際、関東軍の軍事行動は多くの日本国民に支持された。当時の日本は世界恐慌によって経済は停滞、とくに農村部の疲弊は甚だしかった。しかも、根付いたと思われた政党内閣制は、既存政党が政権交代の党利党略にあけくれるだけで何の有効策も打ち出せず国民の失望を買っていた。こうした閉塞感を打破するものとして満洲事変は熱狂的に歓迎されたのである。満洲事変以後、陸軍は政治の主導権を握って暴走を始めたといわれるが、国民の陸軍に対する強い支持があったという事実は重要である。満洲移民は五〇〇万人にのぼる農民を満洲へ送り出す計画であって、これによって疲弊した農村の再建と満洲国の日本人人口の増加といった一石二鳥を期待できるものと考えられた。

そもそも日本と満洲との関係は、日露戦争によって獲得した権益とはいえ、決して深い繋がりがあったわけではなかった。在満日本人の増加率は低調で、人口増加を図って農業移民を計画してもことごとく失敗した。さらに、在満日本人は巨大企業であった満鉄への依存度が高く、現地人社会に溶け込んだ経済活動はほとんどなかった。政治外交のレベルでは満洲権益の拡大や死守が叫ばれていながら、日本社会にとって満洲は遠い存在であった。

こうしたアンバランスな関係が一転するのが満洲国の誕生であった。日本の事実上の植民地となった満洲へ移民を送るという国家主導の政策によって、半ば強引に日本社会は満洲と結びつけられていたと言える。

また、満洲国の誕生は隣接する朝鮮半島に大きな影響を与えた。これまで大日本帝国の最前線であった朝鮮半島は、仮想敵国ソ連と対峙する満洲国が出現したことによって、戦略的重要性が著しく低下した。このことは朝鮮統治にも影響を与え、朝鮮人の独自文化を否定し、日本文化を強制する皇民化政策が顕著になっていった。

さらに、満洲国では今後の戦争遂行に必要な産業の育成と資源開発が急速に進められるようになったが、満洲以外でも朝鮮や台湾では一九二〇年代に発展した社会インフラを基盤として急速な重化学工業化が進められるようになり、産業構造の転換が図られた。

また、こうしたなかで出稼ぎ労働者から大学生に至るまで、あらゆる社会層の人々による大日本帝国内での人口移動が広範囲かつ活発になっていった。

日中戦争の長期化と満洲国経営の挫折

一九三〇年代に急速に進む重化学工業化は、第一次大戦後に広まった新しい戦争の形である総力戦（直接的な軍事力だけではなく、経済から文化、国民意識に至るまであらゆるものを動員して戦争を遂行すること）を経済面から支えるものであった。一九三七年に起きた日中戦争は、総力戦体制をより本格的なものにしていった。

一九三〇年代は日本にとっても大きな転換期であったが、中国にとっても変革期であった。一九二〇年代の混乱を経て政治的に統一された中国では、満洲事変によって満洲を失ったものの、蔣介石は共産党の壊滅を優先したため、共産党は追い込まれていった。そして、一九三四年一〇月、国民政府軍に敗れた共産党は江西省瑞金を放棄して山西省の延安《えんあん》に撤退（長征）、以後、ここを根拠地とすることになったが、共産党が追い込まれたなかで毛沢東が党内の権力を掌握していった。

また蔣介石はドイツの援助を受けて軍の近代化を進め、イギリスの支援によってこれまで乱発されていた貨幣の統一と英ポンドおよび米ドルとのリンクによる通貨の安定を実現、さらには新生活運動による国民精神総動員を図るなど中国の近代化、さらには総動員体制の構築に邁進していた。

一方、満洲事変後も日本軍は満洲から華北への影響力の拡大を図っていた。こうしたなかで、日中の緊張は高まり、一九三七年七月七日に日中戦争が始まった。この戦争は、日中両国の総動員体制の衝突でもあったが、日本は中国の実情も蔣介石の意図も理解していなかった。中国の変革を理解しようとせず、明確な目的も緻密な計画もないまま中国への侮蔑観だけで始まったこの戦争は、終わりのない泥沼の戦いとなった。そして、日中戦争は満洲国で始まったばかりの産業開発五カ年計画の達成を阻害するという思いもよらない結果をもたらした。

日中戦争によって日本軍は瞬く間に華北を占領した。華北は石炭や鉄鉱石など鉱物資源に恵まれた地域で、満洲よりもあらゆる面で豊かであった。日本の関心は満洲よりも華北に移っていった。その結果、満洲国よりも中国占領地の開発に資金も人材も投下されるようになった。さらに満洲では、戦争遂行のために軍需が最優先されたために民需は後回しにされ、一般市民の生活必需品の供給が先細りになった。こうして満洲国の経済構造は歪《いびつ》なものとなっていった。

日本にとって朝鮮半島は、安全保障という存立に関わる重要な地域であった。しかし、満洲や中国本土は、日本の存立基盤に直接関係する地域ではなかった。それらの地域への勢力膨張は、歯止めを失って軍事行動そのものが目的化した結果、引き起こされたものであった。満洲事変以後の大日本帝国は、際限のない無秩序な膨張を始め、やがて破綻することになる。

日本軍の攻勢によって首都の南京が陥落しても蔣介石は重慶《じゅうけい》に立て籠もって徹底抗戦の構えを見せた。日本はこれに対抗して国民政府の重鎮で日本との和平を模索していた汪兆銘《おうちょうめい》を担ぎ出して南京に傀儡政権を樹立すると、日中提携を核とした東亜共同体論を盛んに唱えるようになった。しかし、これまで日中提携に見向きもしなかった日本に対する中国の不信感をぬぐい去ることはできなかった。

この東亜共同体論は、やがて日米戦争が勃発し、日本軍が東南アジアを占領すると、大東亜共栄圏へと発展する。歴史的繫がりも関心も低かった東南アジアとの関係については、欧米列国による植民地支配からの解放という論理を持ち出す以外になかった。しかし、植民地支配の解放となると日本も矛盾を抱えていた。日本自らが朝鮮と台湾を植民地にしていたからである。

戦時中に朝鮮や台湾で皇民化政策が急速に進められたが、それは植民地支配からの解放を唱えた大東亜共栄圏思想と表裏一体の関係にあったと言える。すなわち、大日本帝国内には植民地も被支配民族も存在しないと主張するならば、帝国内には日本人も朝鮮人も台湾人も存在せず、天皇の赤子である帝国臣民のみが存在するというロジックを持ち出せばよいことになる。これが実質的には朝鮮人や台湾人の日本人化を図った皇民化政策の思想的根拠であったと言えよう。自民族による他民族支配という現実を覆い隠し、民族間の摩擦を回避するために、個々の固有の民族を超克した新しい民族概念を作り出すことは、しばしば見られる現象である。かつてのソ連がそうであったし、現在では中国で盛んに言われている中華民族という民族概念がそれに該当しよう。

満洲事変を契機に活発化した日本の対外膨張は、ついに東南アジアまで到達するが、一貫性のない場当たり的なものであり、破綻することは必然であったといえる。本当の総力戦となる日米戦争が始まると、日本の総力戦体制の不備が露呈することになる。中国占領地の鉱物資源や南方占領地の石油資源を日本本土へ移送する交通システムは未整備のままであった。とくに、華北の鉱物資源を朝鮮半島経由で本土へ輸送するための鉄道網も不十分で貨車の数も不足していた。そのしわ寄せは中国本土と日本との中継点にあたる満洲国で顕在化し、満洲国内の物流システムは機能不全に陥っていった。結局、満洲国は日米の総力戦にほとんど役に立たなかったのである。

6　大日本帝国の崩壊とアジアの戦後

終戦後の海外残留日本人

大日本帝国は大戦末期のソ連参戦によって徹底的な崩壊を迎えた。合理性を伴わない無意味な支配領域の拡大は、終戦時において兵士と民間人併せて六六〇万人（兵士と民間人の数はほぼ同数）にものぼる海外残留日本人を生み出し、戦争終結後も大きな問題となった。

満洲・北朝鮮・南樺太・千島で降伏した関東軍をはじめとする日本軍兵士は、ソ連によってシベリアに連行され強制労働に使役された。その数は六〇万人近くにのぼり、そのうち約六万人が死亡したとされる。彼らの祖国への帰還は一九四六年末から始まり一九五六年の日ソ国交回復まで続く。

一方、南方でもイギリス軍は武装解除した日本兵を抑留して植民地支配の再建に使役したり、独立運動の鎮圧にケースも起きた。

利用した。そうしたなかで、インドネシアやベトナムでは残留日本兵が現地人の部隊に合流し、独立戦争に関わるケースも起きた。

また、中国でも日本降伏後に国共内戦が本格化するなかで、国民政府軍の側について共産党軍と戦った山西省残留日本兵や、共産党軍の飛行隊創設に関わった旧関東軍将兵のケースもあった。さらに、国共それぞれの側に留用者として協力した日本人技術者など民間人も相当数にのぼった。満洲を中心とした民間人の引揚げは、一九四六年春以降に本格化して一九四七年まで続くが、留用者となった民間人の帰国は中華人民共和国の成立後まで実現されず、一九五〇年代になってようやく開始される。

日本では現在でも八月一五日で戦争が終わり、戦後が始まったとされているが、戦争はまだ終わっていなかったのである。一方、大日本帝国に組み込まれていた朝鮮や台湾や満洲では、それぞれの戦後が始まっていた。

南北朝鮮の分裂

一方、朝鮮は、一九四三年の米英中三国によるカイロ宣言において独立が確認されていた。しかし、日本の降伏がそのまま朝鮮の独立というわけではなく、連合国による信託統治を経たものとされた。しかも、独立までのタイムスケジュールが決められていたわけではなかった。さらに、大戦末期にソ連が参戦して北緯三八度線以北の朝鮮を占領したことによって、朝鮮の独立は不透明なものとなった。

三・一独立運動後に海外へ亡命した独立運動家によって一九一九年四月に樹立された大韓民国臨時政府は、当初上海を拠点にしていたが、日中戦争勃発によって国民政府とともに重慶へ逃れた。中国にとって朝鮮半島は、日本の脅威に対する防波堤として安全保障上、重要な地域であった。国民政府はこの臨時政府を庇護下に置き、戦争終結後に臨時政府主体の親中政権が樹立されることを期待していた。しかし、米国はこの臨時政府を認めず、李承晩を担ぎ出して米軍が占領する南朝鮮に親米政権を誕生させたのである。李承晩は臨時政府の初代大統領であったが、内紛によってその座を追われ、米国で亡命生活を送っていたのである。

一方、ソ連軍が占領した北朝鮮では金日成が担ぎ出された。金日成は、一九二〇年代に満洲と朝鮮との国境山岳地帯で日本に対するパルチザン活動を行っていたが、満洲国誕生後は関東軍の治安粛正工作によって打撃を受け、一時は中国共産党系の抗日運動組織に合流するが、最終的にはソ連に逃れた。ソ連軍はこの金日成を利用しようとしたのである。

このように、朝鮮では日本の敗戦後に朝鮮人自らが立ち上がって独立政権を樹立したのではなく、南北いずれも米ソの強い影響下で政権が誕生したのである。このことは、韓国と北朝鮮という国家のアイデンティティに関わる重要な問題である。韓国では、国内に政治基盤を持たない李承晩は、国家運営のために日本時代に育成された韓国人エリートを取り込まなければならなかった。満洲国軍の将校でありながらも後に韓国大統領となった朴正熙《パクチョンヒ》もその一人であり、韓国政財界や軍関係者の多くが日本との深い関わりを持っていた。韓国で今でも親日派の糾弾が叫ばれるのも、韓国の建国にまつわる歴史が要因なのである。

また、北朝鮮でも日本時代のエリート層が初期の国家建設に重要な役割を果たした。彼らの多くが後に金日成によって粛正されていくが、ソ連によって担ぎ出された金日成は、北朝鮮建国の主導者ではないという歴史をぬぐい去らなければならなかった。ソ連中心の共産陣営の中で、北朝鮮が独自のチュチェ（主体）思想を強調するようになったのもこのような北朝鮮という国家の成立の歴史と無関係ではない。

このように韓国と北朝鮮の成立背景は、大日本帝国の崩壊と深く結びついている。東南アジアなど他の植民地が解放戦争を経て自力で独立を勝ち取ったものとは異なり、朝鮮は自らの力ではなく、米ソの力で分断国家として独立したことの意味はきわめて重い。今なお噴出する歴史認識問題もこうした歴史的事実と結びついたものであり、ある意味で日韓・日朝の外交問題ではなく、韓国・北朝鮮それぞれの国内問題の裏返しでもある。

国民党による台湾弾圧

一方、台湾はカイロ宣言で中華民国への復帰が取り決められた。しかし、辛亥革命から国権回復運動を経るなかで国民意識が形成されていった中国本土の中華民国と異なり、日本の植民地下にあった台湾人は、辛亥革命もその後の国権回復運動も経験していなかった。むしろ、日本経由の近代化を経験し、大陸の中国人とは異なる近代的生活様式や価値観を身につけるようになっていた。

日本の敗戦によって、台湾人は植民地支配から解放され祖国へ復帰したことを喜んだが、大陸から来た中国人は台湾人に対して支配者として振る舞い、彼らの政治参加や経済活動を抑圧した。その結果、一九四七年二月二八日に台湾人の暴動をきっかけに、大陸から動員された国民政府軍の弾圧によって二万人以上の犠牲者を生むという悲劇が起きた（二・二八事件）。

この事件を転機として、大陸から来た中国人（外省人）と台湾人（本省人）との対立は決定的となった。さらに、中国大陸での国共内戦に敗れた国民党が台湾に逃れてくると、台湾全島に戒厳令が布かれ、台湾人への政治的・経済的抑圧は強化されていった。こうしたなかで、台湾人は自らを中国人ではなく、台湾人であるというアイデンティティを形成していくことになる。台湾人は植民地支配を受けながらも比較的親日的であると一般には言われているが、日本植民地時代の台湾人の政治的権利が制限されていたことは事実であり、戦後の国民党時代と比較して幾分かましだったというにすぎない。彼らが自らの意思を行使できるようになったのは、一九九六年に実施された総統の直接選挙からである。

国共内戦に関わった日本人

戦後台湾人を抑圧したのは、蔣介石率いる国民党であったが、蔣介石が、日本との間で八年にもわたる抗日戦争を戦い抜き、曲がりなりにも連合国の一員として中国を戦勝国の地位に押し上げたのも事実であった。

しかし、日本の敗戦直前にソ連が満洲に侵攻したことが、蔣介石の戦後構想を大きく狂わせることになった。国共内戦は日中戦争の勃発によってひとまず中断されていたが、それでも日中戦争中にも共産党軍との間で散発的な衝突は起きていた。それが、日本の敗戦によって本格的な内戦へと突入していった。当初は国民党が優勢であったが、劣勢の共産党が挽回できたのは満洲をいち早く押さえたからでもあった。共産党はソ連軍が満洲を占領していた間に自らの勢力を浸透させ、国民党に対抗できるだけの力を蓄えることができた。そして、ソ連軍が撤退した後、一九四八年秋に起きた満洲をめぐる争奪戦で共産党が国民党に勝利して形勢が逆転、一九四九年一〇月一日に毛沢東が中華人民共和国の建国を宣言した。

この国共内戦には多くの日本人が関わっている。中国共産党は満洲に残留する日本人を大量に留用した。そこには技術者や軍人のような技能を期待されたものもいたが、経理や資料整理のような事務員や戦場の後方支援要員としての女性の看護師など多種多様であった。

一方の国民党にも多くの日本人が留用されていた。日本の敗戦後、中国を占領していた日本の支那派遣軍と蔣介石は急速に接近する。敗戦時に一〇〇万人の兵力を保持していた支那派遣軍を刺激して各地で武力衝突が起き、中国社会が混乱に陥ることを懸念した蔣介石は、玉音放送が流れた同じ日に「以徳報怨」演説を行い、日本への報復ではなく寛容さを訴え、多くの日本人に感銘を与えた。中国を侵略した日本軍と国民党との関係は、国共内戦に敗れた蔣介石が台湾へ逃れた後も続き、日本人軍事顧問団（白団《パイダン》）による台湾軍再建へと繋がる。

もともと国民党には日本留学組が多く、軍幹部にも日本の陸軍士官学校出身者がいた。蔣介石も短期間であるが日本の連隊に勤務したことがある。戦前、こうした人脈はあまり機能しなかったが、戦後になって国民党と日本とを結びつける役割を果たした。

米ソ冷戦が本格化するなかで日本は中華民国との結びつきを強め、表面的には日本に対して寛大な姿勢を示した蔣介石の評価は戦前の低評価から一転したものとなった。しかし、その一方で、国民党によって抑圧された台湾人の苦悩を日本人が理解することは難しかった。

7　戦後日本における歴史の断絶

大陸を追われ台湾のみが支配領域となった中華民国は、米ソ冷戦の激化によって自由主義陣営の一員となり、米国の支援の下で中国を代表する正統政府とされた。日本はこの中華民国との間で日中戦争の処理を行ったが、中華民国が中国の正統政府であると認めることと引き替えに賠償の放棄を実現した。

第二次世界大戦で日本は中国に甚大な被害を与えたが、もはや実態としては中国を代表しない中華民国が賠償を放棄したことで日本の戦争責任は曖昧にされた。その後、中ソ対立が顕在化するなかで一九七二年九月二九日、日本と中華人民共和国との国交が結ばれ、台湾との外交関係は断絶したが、中国もまた賠償を放棄した。こうして日本は国際政治の恩恵をうける形で日中戦争の処理を行ったが、結果的には戦争責任の自覚化を阻害し、責任の所在を曖昧にすることに繋がった。

また朝鮮に対しても、米ソ冷戦の影響を受け、南北に分断された国家（大韓民国・朝鮮民主主義人民共和国）との間での外交交渉は進展しないまま植民地支配の賠償は行われなかった。しかも、冷戦が熱戦となった朝鮮戦争は、朝鮮全土を荒廃させた一方で、日本にとっては戦後復興のきっかけとなる朝鮮特需をもたらしたのである。

さらに、日本は東南アジア諸国に対する賠償を行ったが、この資金は日本の経済進出に環流し、東南アジアを経済市場として取り込むことに繋がった。

このように戦後の日本は、大日本帝国時代の負の遺産を曖昧にしたまま経済大国へと成長していった。このことは、日本人が過去の負の遺産を直視する機会を失い、ひいてはその記憶すら忘却するという結果に至ったと言えよう。

参考文献

有馬学『日本の近代4　「国際化」の中の帝国日本』中公文庫、二〇一三年。

有馬学『日本の歴史23　帝国の昭和』講談社学術文庫、二〇一〇年。

アンドレ・シュミット（糟谷憲一他訳）『帝国のはざまで――朝鮮近代とナショナリズム』名古屋大学出版会、二〇〇七年。

五百旗頭薫『条約改正史』有斐閣、二〇一〇年。

石川禎浩『革命とナショナリズム――一九二五―一九四五』岩波新書、二〇一〇年。

伊藤之雄『伊藤博文をめぐる日韓関係』ミネルヴァ書房、二〇一一年。

入江昭『極東新秩序の模索』原書房、一九六八年。

臼井勝美『新版　日中戦争』中公新書、二〇〇〇年。

海野福寿『韓国併合』岩波書店、一九九五年。

第1章　近代日本とアジア――大日本帝国の時代

海野福寿『韓国併合史の研究』岩波書店、二〇〇〇年。

栄沢幸二『「大東亜共栄圏」の思想』講談社現代新書、一九九五年。

大谷正『日清戦争』中公新書、二〇一四年。

岡本隆司『属国と自主のあいだ――近代清韓関係と東アジアの命運』名古屋大学出版会、二〇〇四年。

岡本隆司『世界のなかの日清韓関係史』講談社選書メチエ、二〇〇八年。

岡本隆司『李鴻章』岩波新書、二〇一一年。

岡本隆司『中国近代史』ちくま新書、二〇一三年。

加藤聖文『満鉄全史』講談社選書メチエ、二〇〇六年。

加藤聖文『「大日本帝国」崩壊』中公新書、二〇〇九年。

加藤陽子『満州事変から日中戦争へ』岩波新書、二〇〇七年。

川島真『近代国家への模索　一八九四―一九二五』岩波新書、二〇一〇年。

許世楷『日本統治下の台湾』東京大学出版会、一九七二年。

櫻井良樹『辛亥革命と日本政治の変動』岩波書店、二〇〇九年。

下斗米伸夫『アジア冷戦史』中公新書、二〇〇四年。

戴国輝『台湾　人間・歴史・心性』岩波新書、一九八八年。

月脚達彦『朝鮮開化思想とナショナリズム』東京大学出版会、二〇〇九年。

月脚達彦『福沢諭吉と朝鮮問題』東京大学出版会、二〇一四年。

服部龍二『東アジア国際環境の変動と日本外交　一九一八―一九三一』有斐閣、二〇〇一年。

馬場伸也『満州事変への道』中公新書、一九七二年。

浜下武志『近代中国の国際的契機』東京大学出版会、一九九〇年。

浜下武志『朝貢システムと近代アジア』岩波書店、一九九七年。

原田敬一『日清・日露戦争』岩波新書、二〇〇七年。

藤村道生『日清戦争』岩波新書、一九七三年。

細谷千博『両大戦間期の日本外交　一九一四―一九四五』岩波書店、一九八八年。

安岡昭男『明治前期日清交渉史研究』巌南堂書店、一九九五年。
安岡昭男『明治前期大陸政策史の研究』法政大学出版局、一九九八年。
山室信一『増補版　キメラ――満洲国の肖像』中公新書、二〇〇四年。
吉澤誠一郎『清朝と近代世界　一九世紀』岩波新書、二〇一〇年。
横手慎二『日露戦争史』中公新書、二〇〇五年。
毛利敏彦『明治六年政変』中公新書、一九七九年。
毛利敏彦『台湾出兵』中公新書、一九九六年。
森山茂徳『日韓併合』新装版、吉川弘文館、一九九五年。
森山茂徳『近代日韓関係史研究』東京大学出版会、一九八七年。
和田春樹『日露戦争』上・下、岩波書店、二〇〇九～一〇年。

コラム1　日本型近代化モデルの成功とアジアへの影響

日本が明治維新によって急速な近代化を進めた一九世紀は、欧米列強による植民地化の危機に直面したアジア諸国にとって、これまでの政治・経済・社会構造からいかに変革するかが模索された時期であった。

日本が進めつつあった近代化が、アジアの変革モデルとして最初に注目されたのは、隣国朝鮮においてであった。欧米列強の開国圧力にさらされるなか国内改革が急務となっていた朝鮮では、金玉均（一八五一～九四）や朴泳孝（一八六一～一九三九）ら若手官僚を中心とする開化派が日本へ渡り、近代化モデルの朝鮮への応用を図った。しかし、朝鮮での改革は王朝内部の政治対立と連動するなかで失敗し、金玉均は暗殺、朴泳孝は日本へ亡命したことで開化派は壊滅した。その後、朝鮮は日本の植民地となり、開化派のリーダーでありながら生き残った朴泳孝は貴族院議員となったため、現在でも開化派の評価は難しい。

朝鮮では日本をモデルとした国内改革が失敗に終わった一方、清国でも日清戦争での敗北を機に日本をモデルとして康有為（一八五八～一九二七）・梁啓超（一八七三～一九二九）ら若手官僚を中心とした国内改革（戊戌変法）が一八九八年に行われた。しかしこちらも短期間で失敗に終わり、康有為と梁啓超は日本へ亡命した。彼らの政治思想は清朝皇室を軸とした立憲君主制国家であったが、一九一一年に勃発した辛亥革命によって清朝が崩壊し、共和制国家が誕生すると時代遅れとなっていった。なお、康有為らが亡命した同じ時期に辛亥革命を指導する孫文も日本を拠点にして革命運動を始めていた。一九世紀末から二〇世紀初頭にかけて中国と日本には、思想的・人脈的に深い繋がりが生まれていたのである。

東アジアでの日本をモデルとした国内改革はいずれも失敗に終わったが、二〇世紀に入ると日本型近代化モデルに対する注目が東アジアを越えてアジア全域に広がっていった。そのきっかけとなったのが日露戦争であった。

前近代的な専制君主制のために国力が弱体化し植民地化の危機にさらされていたアジア諸国にとって、日露戦争での日本の勝利で、立憲君主制による日本型近代化モデルが有効であると捉えられた。ペルシャの立憲革命（一九〇六年）やトルコの青年トルコ人革命（一九〇八年）はそのような影響のなかで起きたものであった。また、フランスの植民地となっていたベトナムでは、独立運動家であったファン・ボイ・チャウ（潘佩珠：一八六七～一九四〇）が日本留学による人材育成を図ってドンズー（東遊）運動を始めた。

日露戦争後は日本型近代化モデルが世界で最も注目された時期であったが、このような動きに対して日本の反応は鈍く、むしろ西欧型の植民地帝国への道を歩んでいった。孫文の例に見られるように個人的には様々な支援をした日本人は存在したが、政府レベルではむしろ取り締まる側にまわった。ドンズー運動も対仏関係を配慮した日本政府によって失敗に終わり、孫文の革命運動に対しても一貫して冷淡であった。このように第一次世界大戦を機に拡大する民族自立の動きに日本は柔軟に対処することはできず、アジアでの存在感は共産主義を中心とした新しい政治思潮のなかで埋没していった。

その後、アジア唯一の植民地帝国として肥大化した日本は中国から東南アジアへと軍事占領を拡大し、それを正当化するためにアジアの解放を軸とした大東亜共栄圏を唱えたが、すでにアジアが共鳴できる思想的魅力も影響力も失われていたのである。

第2章　サンフランシスコ講和とアジア
――一九四五～五二年――

楠　綾子

太平洋戦争の開戦から半年あまりのうちに、日本の勢力圏は中部太平洋から東南アジアのほぼ全域まで広範囲に及んだ。戦争の終結は、アジアにとっては「帝国」の支配からの解放を意味していた。日本の敗戦に前後してアジア諸民族の間では独立に向けた動きが始まった。地域における脱植民地化と国家建設の過程を、やがて冷戦が覆っていく。占領・講和を経て日本が直面するアジアは、多くが混乱と不安定と低開発に特徴づけられる地域となっていた。

占領期を通じて日本は米国との関係を深め、やがて米ソ対立と米中対立が深まると米国の冷戦戦略の中に位置づけられることになる。対日講和問題はほとんど不可避的に冷戦の文脈で処理された。米国の主導する講和によって独立を回復した日本は、アジアの多くの諸国――中国や朝鮮半島、東南アジア諸国――との間にはどのように向き合おうとしたのだろうか。本章は、占領と日本の講和構想においてアジアがどのように扱われたか、そしてサンフランシスコ講和条約と日米安全保障条約が日本とアジアとの間にいかなる関係を作り出したのかを考える。

1　アジア諸国にとっての日本占領

米国主導の占領

ポツダム宣言を日本政府・軍が八月上旬に受諾したことによって、第二次世界大戦後の日本の生き方はかなりの程度確定したといってよいであろう。もう少し遅れていたら、分断国家の運命をたどっていた可能性が高い。この降伏のタイミングは、米国が日本列島のほぼ全域を自己の勢力圏下に収めるうえでほとんど決定的な要素となった。

加えて、米国政府は太平洋地域における力の優位を背景に、敗戦後の日本で米国が排他的に影響力を行使できる環境を積極的に作り出した。トルーマン政権は、日本占領担当の連合国最高司令官としてマッカーサーを任命するとともに、ソ連が日本軍の降伏を受理する区域を北緯三八度線以北の朝鮮半島と満州全域、および南樺太と千島列島に限定した。また、戦時中に米軍内で用意されていた分割占領案を退け、連合国の共同占領・共同軍政の原則をとりつつも米国が主導権を保持する占領方式を決定した。こうして米国が日本占領からソ連をほぼ排除することに成功したという事実は、やがて冷戦が始まると大きな意味を持つことになる。

占領を実施する実働部隊の大部分を提供したのも米国であった。八月末から日本本土への展開を開始した米陸軍は、一一月初旬までに九州から北海道に至る本土各地への進駐を完了した。一九四五年一二月の時点で、日本本土に駐留する米軍はおよそ四三万人に達した。中国・四国地方の占領には翌年二月から英連邦軍が参加したが、一九四八年末には岩国基地などを残して管轄権を米極東軍に返還している。中華民国は、国共内戦が再発したために占領軍の派遣を中止した。

ミズーリ号上での降伏文書調印式を終えると、米国を中心とする連合国は間接統治の形をとりつつ、非軍事化・民主化改革に着手した。日本が二度と国際秩序に挑戦する存在とならないよう、日本の軍事的能力を奪い軍国主義の土壌となった体制を作り変えることがその目的であった。マッカーサーを頂点とする連合国軍最高司令官総司令部（GHQ／SCAP、一九四五年一〇月一日発足）の指導の下に実施された改革は、憲法改正をはじめ農地改革や財閥解体、選挙法改正と国会法制定、さらに教育改革や労働改革まで政治、社会、経済のあらゆる分野に及んだ。

形式的には、占領政策の決定権はマッカーサーには存在しなかった。一九四五年一二月に行われたモスクワ外相会談の結果、対日占領政策の最高決定機関としてワシントンに極東委員会が、マッカーサーの諮問機関として東京に対日理事会が設置されることとなった。前者は米、英、ソ、中のほか仏、蘭、インド、カナダ、オーストラリア、ニュージーランド、フィリピンの七カ国（のちにビルマ、パキスタンも参加）で、後者は米、英連邦（代表はオーストラリア）、ソ、中の四カ国で構成された。極東委員会の決定は米国政府を通して連合国軍最高司令官に伝達され、連合国軍最高司令官はその内容を占領政策として実施するよう日本政府に指令する。一方対日理事会は、極東委員会の出先機関として、連合国軍最高司令官の権限を監視することになっていた。

ただ、極東委員会の決定に米国は拒否権を発動することができたし、他国が拒否権を発動した場合には、米国政府は中間指令という形でマッカーサーに指令を出すことが可能であった。その意味において、対日占領政策の実権は米国政府の手に握られていた。さらにマッカーサーと「バターン・ボーイズ」と呼ばれた彼のフィリピン以来の側近たちは、GHQの外部に対しては概して閉鎖的、ことによっては敵対的で、ワシントンからの指示が貫徹されないこともあった。やがて米ソ対立が激化すると、この国際的枠組みが機能することはますます難しくなった。

それでも、極東委員会や対日理事会が完全に形骸化していたわけではない。日本の非軍事化・民主化改革の実施という米国の目標は、多くのアジア諸国の関心でもあった。例えば日本の完全な非武装化・非軍事化を要求し、小火器以上の武器の保有を禁じた極東委員会決議は、海上保安庁の設置（一九四八年四月）にも講和・独立期に米国が警察予備隊の重武装化を進めるにあたっても、重大な法的制約となった。ソ連に占領政策批判の口実を与えることも、日本の軍事的パワーとしての復活に懸念を抱くフィリピンやオーストラリアなどの意向を無視することも賢明ではなく、したがって米国は少なくとも国際約束を遵守するという姿勢をとる必要があった。極東委員会のメンバーであるアジア諸国は、言うなれば拒否力として対日占領政策に参画していたと言えるであろう。

「日本」の再編

戦争の終結は、大日本帝国の崩壊を意味していた。一九四三年一一月に米、英、中華民国の三国が発表したカイロ宣言は、第一次世界大戦以後日本が「奪取シ又は占領シタル太平洋に於ケル一切ノ島嶼ヲ剥奪スルコト並ニ満洲、台湾及澎湖島ノ如キ日本国カ清国人ヨリ盗取シタル一切ノ地域を中華民国ニ返還スルコト」を謳っていた。ポツダム宣言はこのカイロ宣言の履行を確認するとともに、「日本国ノ主権は本州、北海道、九州及四国並に吾等ノ決定スル諸小島ニ極限セラルヘシ」と宣した。アジア太平洋地域に広がった植民地や占領地の日本軍将兵・軍属や民間人は、敗戦後日本本土への復員・引揚げを開始した（第1章参照）。

それは日本国内においては、食糧をはじめ生活物資の極度の不足と失業に喘ぐ本土の人口が一割近く増加することを意味していた。狭小で資源も乏しい国土に収容力を超える人口がひしめき合い、国民の生存を困難にしているという一種の強迫観念は、おそらく高度経済成長期に入る頃までは相当にリアリティをもっていた。国民をいかに食べさせるかが占領下の日本政治の切実な課題であった。さらに日本に残った、もしくは南朝鮮など出身地にいったん帰還しても住まいや職を得ることが容易ではなく、また日本に戻ってきた残留者の処遇が問題であった。

すなわち、大日本帝国の「臣民」の地位から解放された人々をどのような地位に置くかという問題であった。GHQは、国籍問題には直接関与しないという態度を保ちつつ、日本国内の秩序維持のため、日本に定住する意思のある者については日本人と同様に国内法令を遵守させるとの方針をとった。日本政府はこの方針を敷衍した。講和条約が締結されるまでは在日朝鮮人をひとまず日本国民とみなすが、その不法行為に対しては強制退去権を行使する。一方で、日本政府は一九四五年一二月から翌年一二月にかけて、在日朝鮮人・台湾人の選挙権を停止し、彼らに戦後日本国の構成員たる資格を与えなかった。さらに一九四七年五月、密入国者の取り締まりを目的に外国人登録令が発令され、在日朝鮮人および台湾人はその登録対象に組み入れられた。

米ソ対立の激化と朝鮮半島の分断の固定化によって、在日朝鮮人の扱いはより複雑かつ困難になった。在日朝鮮人共産主義者を中心に一九四五年一〇月に結成された在日本朝鮮人連盟（朝連）は、日本共産党と密接に結びつきつつ、日本における民主革命を追求した。日本共産党も、とりわけ二・一スト（一九四六年二月）に挫折して産別会議に対する影響力を後退させてからは、党勢の拡大の一環として左翼的な在日朝鮮人を重視した。共産主義勢力の伸長に直面した日本政府やGHQは、労働運動や在日朝鮮人の取り締まりを次第に強化する。一九四八年四月に神戸で発生した、朝鮮人学校閉鎖を指示する文部省の通達に端を発する在日朝鮮人の暴動はその過程で生じた衝突であったが、日本社会においては共産主義勢力の破壊力を印象づける事件となった。米ソのグローバルな対立に連動して国内冷戦というべき状況が生起すると、在日朝鮮人の一部は東側に通ずるグループとして認識され、警戒すべき対象に組み入れられたのだった。

日本の軍事的敗北と帝国の解体は、アジア太平洋地域の秩序崩壊をもたらした。占領は、戦争犯罪人たる日本を民主的で平和的な国家としてつくり変えることを通じて、地域の軍事的パワーであった日本を無力化することを意図した事業であり、その意味で秩序再編の第二幕であったといえる。これを主導した米国が、巨大な軍事力を背景に日本に代わる秩序形成の主役となった。日本は脱植民地化と国家建設のエネルギーに覆われる地域からは切り離され、非軍事化・民主化改革と政治の安定、経済再建にいそしむのである。こうして秩序再編の大きな歯車が回るなかで、日本という国家はその地理的範囲と構成民族がほぼ一致する単位へと組み直されていった。そこに吸収された人々とそこからはじき出された人々をどのように処遇するかという課題に、占領下の日本は取り組まなければならなかったのである。

2　日本の講和構想の中のアジア

外務省の講和条約研究

第一次世界大戦に敗北したドイツが植民地を没収され、厳しい政治的、軍事的制限を課せられるとともに、苛酷な賠償に苦しんだという事実は、日本の外交官たちの間で「ヴェルサイユの教訓」として共有されていた。戦争終結からまもない一九四五年一一月、外務省が対日講和条約の準備研究にとりかかったのは、ドイツの轍を踏んではならないという感覚に動かされたところが大きい。

「我国ハ東亜ノ一国トシテ又今後ノ国際関係ガ太平洋ニ於テ特ニ活発ナル活動ヲ見ントシツツアル状況ニ鑑ミ且ツ印度、仏印、蘭印に澎湃ト起リツツアル民族自覚ノ動向ニ鑑ミ少クトモ東亜ノ安定勢力タルノ地位ヲ確保シ世界全局ノ平和ヲ齎ス」必要がある。一九四六年初頭の研究に見られる議論である。そして「東亜ノ安定勢力」たる日本は、自衛のための最小限度の軍備を保有しなければならないと考えられていた。もっとも、日本が戦前のような軍事大国として発展するのではなく、「民主主義的平和国家」として生存していくことが前提であった。すなわち、自衛のために必要な最小限度の軍備によって安全保障を確保しつつ、脱植民地化闘争と国家建設に揺れるアジアに秩序をもたらす一定のパワーとなる、という戦後日本像を外務省は描いていた。

憲法改正によって、この構想は大きく変わらざるを得なかった。独立後の安全保障のあり方は、自衛のためであっても軍備の保有は許されないという理解を前提に考えられるようになった。軍事力を持たない日本が「東亜ノ安定勢力」となる可能性はほとんどないであろう。そこで一九四六年五月にまとめられた「第一次研究報告」は、日本にとっては「国際正義の確立」が講和条約で約束されることが望ましいと論じた。それは軍備撤廃の提唱や原子力の国際管理、「人種的差別待遇の完全撤廃」や「東亜植民地的地域の独立」、海洋の自由、通商上の差別撤廃、開発移民の自由送出といった諸原則が明記されることであり、また人類が目指すべきは「世界連合政府」の樹立にあるという。

終戦連絡中央事務局総務部長の朝海浩一郎《あさかいこういちろう》が一九四六年一二月に「管理日本のすがた」と題して行った講演は、この時期の外務省の日本イメージの一端を鮮やかに物語っている。国連を舞台にした米ソの対抗関係について解説したあと、彼は次のように述べた。「小国は一方のブロックに属すれば他方の御機嫌を損すること、なり、従てU・N・O〔国連〕でヴィトー〔拒否権〕を喰ふといふことも考へられるのであって、こゝにも小国外交の将来の困難性があると思ふのであります。日本は従来大国であった。大国の外交も日本の軍部が有して居た憲法上の且事実上の力のため種々なる困難に遭着し決してエンヴイアブルな〔羨むような〕ものではなかったのでありますが、小国たる日本はまた小国なりに今後外交上困難にして機微なる状況を経験して行かねばならぬ。この困難と機微とは従来の大国であった常時の困難と機微とは全く性質を異にしたものである。日本外交の前途は決して波平らかでないことを今から覚悟して居るべきであらうと思ふのであります」。敗戦・占領の事実と憲法改正は、日本は「小国」に転落したのだという痛烈な感覚となって帝国の外交官たちを襲っていた。

やがて始まった冷戦は、「小国」日本の生存を困難にするものとして捉えられたように思われる。二極対立が先鋭化する状況では国連の集団安全保障はもとより、いかなる地域安全保障枠組みも、安全保障の手段としての実効性は期待できそうになかった。そうであれば米国に頼るよりほかないのではないか、との議論が外務省内外でみられるようになったのは一九四六年頃からである。翌年九月、芦田均《あしだひとし》外相と外務省幹部が起案し、アイケルバーガー第八軍司令官に手渡された文書は、米ソ関係が好転しない場合は米国に基地を提供することによって日本の安全を確保するとの案を提示した。ここでは、アジア太平洋地域に米国が圧倒的なプレゼンスを維持し、その軍事力が日本を含む地域の平和と安定を支えていることが前提となっていた。自前で安全保障を確保できない「小国」は大国の余分の安全に与るという最もシンプルな行動原理が、外務省を支配し始めたのだった。以後、外務省の講和条約研究においては、米国による安全保障をいかなる形で実現するかの検討に時間が割かれることになった。

占領が当初の想定を超えて長期化する間に、外務省は日本の人口問題や戦争被害、生活水準、賠償、海運、漁業問題、そして領土問題などについて詳細な資料を作り上げた。きたるべき講和会議に備えた資料であり、その分量は数十冊、数十万語に及んだという。一九四八年頃からは、GHQ外交局を通じてこうした資料を米国政府に提出することもできるようになった。外務省が最も力を注いだのは領土問題に関する記述であり、敗戦の結果として日本から切り離された沖縄・小笠原などの領土が日本固有の領土であることがあらゆる観点から説明された。関係省庁の協力を得て作成された経済関係の資料も膨大な量に上った。一九五〇年一二月付の最後の文書は、「アジアにおける日本経済」である。

日本の経済復興がアジアの復興と一体であるとの認識は、戦争終結直後から広く官民に存在していた。「アジア」とは、当初はすなわち中国であった。明治以来敗戦に至るまで、満洲を含む中国は日本の経済活動の主要な舞台であった。外務省が「東亜ノ安定勢力」たる日本を想定したとき、中国と平等互恵の立場に立った関係の構築がその軸に置かれていたのである。中国との経済的連携によって日本の復興を実現するとの展望も存在した。だが、中国で国共内戦が再燃し、さらに共産党が優勢となる状況が生まれると、米国にとっても日本にとっても中国は市場としての価値を失った。中国の「喪失」は、日本経済の復興の鍵として米国や日本の目を東南アジアに向けさせることになる。

「アジア」との距離は、講和と独立後の日本の安全保障のあり方をめぐる議論の一つの焦点であった。

全面講和か多数講和か

一九四九年秋に米英両国が対日講和の推進で合意し、独立の回復が現実味を帯び始めると、日本国内でも講和論争が活発化した。二つの陣営が鋭く対立する世界で独立後の日本は生きていかねばならなかった。独立の早期回復がなにより優先されるべきだと考える人々は、まず可能な国家——必然的に米国を中心とする西側諸国——と講和し、西側諸国との協調を通じて経済復興と政治、社会の安定を実現すべきだと考えた（多数講和論）。保守勢力がもっぱらこの立場をとったのに対して、社会党や労働組合、知識人の多くはソ連、中国を含むすべての交戦国と講和すべきだと論じた（全面講和論）。それは、憲法第九条が戦争の放棄を定めている以上、日本はその理念に忠実な生き方を追求すべきであって、したがって東西いずれの陣営にも属さず中立を維持し、二つの世界の平和共存に向けて努力をせねばならないとの観点に立っていた。知識人を中心に組織された平和問題談話会は、全面講和、中立堅持、軍事基地反対の「平和三原則」（のちに再軍備反対を加えて「平和四原則」となる）を掲げて講和論争を主導した。

全面講和論者は、多数講和を二つの点から批判した。一つは、多数講和が日本と西側諸国との結合を強める反面、中ソ両国との間に戦争状態を残すとともに新たな敵対関係を生じ、東西対立を激化させるおそれが高いことであった。もう一つは、日本の経済的自立が損なわれることであった。日本の経済的自立の基盤はアジア諸国、とくに中国との間の貿易関係に存する。多数講和は中国やアジア諸国との関係を切断し、日本経済の米国への依存を招くという議論であった。

一九四九年の段階で、米ソ両国が対日講和問題について合意を形成する見込みはほとんどなかったであろう。その意味で、全面講和論は半永久的な占領を容認するに等しい議論であったといわざるを得ない。占領が五年目に入ったこの時期に説得力はもち得なかったと思われる。一方で、日本の主権国家としての存立を地域諸国、とりわけ中国との関係によって維持するという構図を描いていたのが全面講和論であった。米国との結びつきに日本の生存を求めるならば、日本は自らの意思とは関係なく冷戦の前線に立たされ、米国の戦争に巻き込まれるかもしれないし、経済的自立は不可能となると危惧された。全面講和論は、超大国である米国との関係がけっして対等ではありえず、対米依存を不可避とすることへのおそれと嫌悪感の表明でもあった。

外務省内では一九四九年末の段階で、多数講和の場合には政治的、経済的独立の回復と米国による安全保障が期待できるのに対して、ソ連および中国との間に戦争状態が残ること、ソ連の軍事的脅威にさらされることが問題となると考えられていた。この利害得失を総合的に判断するのは難しかったと言わねばならない。多数講和による不利益の評価をめぐって省内の議論は対立し、安全保障のあり方についても激論が交わされた。そのため外務省の構想は、多数講和と米国による安全保障を志向しつつ、全面講和の可能性を閉ざさないものを模索して迷走したのだった。

吉田茂首相にとって最優先の目標は、一日も早く、可能なかぎり日本に有利な条件で講和条約を締結し、主権を回復することであった。外国による占領は、それがどんなに効率的で賢明で寛容だったとしても、人々の自立心を失わせ、日本に真の民主主義が育つのを阻害する。日本の内外で共産主義勢力の過激化が看取される状況で、早期講和は反米的宣伝の根拠を断ち、日本の共産化を阻止する有力な手段になるとも考えられた。一九四八年一〇月に政権を奪回し、翌年初めの総選挙に勝利して安定多数の政権を確立すると、彼は講和・独立を見据えて政治基盤の強化と社会秩序の維持に取り組みつつ、米国政府の経済安定化政策に従って緊縮財政を中心とする諸施策を実施し、経済復興を目指した。

だから知識人と社会党によって展開された全面講和論に対して、吉田首相は概して冷淡であった。もとより全面講和は望ましいには違いないけれど、米ソ対立がその可能性を極小化している以上、より現実的な多数講和を選択せざるを得ないというのが吉田の覚悟であった。最優先の政治課題である独立の回復を実現させるという強固な意思と、吉田本来の親英米志向がこれを支えていた。明治以来、日本外交の基調は親英米路線であって一九三〇年代以降の歴史はその逸脱にすぎないとの信念は、戦争の時代と敗戦を終えても揺らぐことはなかった。

多数講和の必然的帰結として吉田は、自衛能力を持たない日本は米国に安全保障を依存するよりほかなく、それも米軍に日本国内の基地を提供することが必要だと考えていた。日本に駐留する米軍が共産主義勢力に対して最も有効な抑止力となると期待したことが最大の理由である。それに加えて、早期講和を実現するためには基地の提供もやむを得ないという判断があった。さらに、本土の基地を提供しなければ、米国が沖縄や小笠原をその戦略的重要性を理由に永久に保有し続けるのではないかと見ていたためでもあった。多数講和と米国による安全保障という方針を、吉田はおそらく一九五〇年春頃にはほぼ固めていたとみられる。

朝鮮戦争の衝撃

その年六月二五日に朝鮮戦争が勃発すると、日本国内では講和が頓挫するのではないかと懸念された。しかし、時期に関するかぎりほとんど影響はなかったといってよい。米国政府内では国務省を中心に、対日講和をこれ以上先送りすることは賢明ではないとの見解が優勢であった。折しも朝鮮戦争の始まる直前に、講和と安全保障の枠組みについて政府内調整が進んでいたこともあって、トルーマン大統領は九月上旬に対日講和の推進を正式に承認した。

安全保障上のインパクトは大きかった。米国政府は、北朝鮮の侵攻作戦を単独での軍事行動とは見ず、共産主義勢力が周到に計画したアジア大攻勢の始まりであると認識した。トルーマン政権はためらいなく介入を決定し、米国は共産主義勢力の脅威にさらされた自由主義勢力を見捨てることはないという意思を示した。台湾海峡には第七艦隊を、フィリピンやインドシナには軍事顧問団を派遣する方針も明らかにした。六月三〇日には極東軍司令官マッカーサーの要請に従って米地上軍を投入することが決定された。翌七月一日以降、小倉に司令部を置く米陸軍第二四師団の部隊を皮切りに、日本で占領業務に従事していた米軍四個師団は次々と朝鮮半島に投入された。

これによって日本国内の治安維持が手薄になるおそれが生じた。マッカーサーは七月上旬に海上保安庁の定員の八〇〇〇名増員と、七万五〇〇〇名からなる警察予備隊の創設を日本政府に指令した。また日本国内では、兵員や軍需物資の輸送、軍需物資の生産といった面で国連軍への協力態勢が整えられた。朝鮮戦争は、米国にとっては日本の基地が補給ないし出撃の拠点として有用であることを実証する絶好の機会となったといえよう。日本政府にも、日本と朝鮮半島の安全が不可避的に連結していること、その確保には実効的な力、すなわち米軍基地が必要であることを再認識させる効果を持った。北朝鮮の侵攻に対する国連の対応を見て、国内では国連の集団安全保障が機能するのではないかとの期待が高まったが、吉田や彼の周囲に集まったブレーンたちは、近接する日本に米軍の地上部隊が駐留していたことが米軍の迅速な展開を可能にしたという側面を重く見ていた。そして、米国の軍事力を日本に結び付けるための目に見えて実効的な措置として、米国への基地提供が必要であると確信したのだった。

一〇月中旬以降、中国義勇軍が朝鮮戦争に参戦して形勢が国連軍に不利に傾く——翌年一月にはソウルを再び失陥——と、米国は日本に基地提供以上の貢献を求めるようになった。ユーラシア大陸の東端の局地戦争は次第に国際戦争の様相を帯び、米中対決が決定的になっていた。米国は日本防衛のために軍事力を割くことを嫌い、日本に自衛の責任を負わせることを考え始めたのである。

朝鮮戦争は、半島の武力統一を追求する金日成と、米国の力の優位に挑戦しようとするスターリンの意思によって引き起こされた戦争であった。勃発から一年が経つ頃には三八度線付近で戦線が膠着し、一九五三年七月に成立した停戦協定は、力による現状変更の不可能を双方が確認する結果となった。一方で、この戦争を通じて、米ソ対立に加えて米中対立がアジア太平洋地域の冷戦構造を形作った。それが対日講和の前提条件となり、独立後の日本外交の拘束要因となっていくのである。

日本政府の講和準備対策

一九五〇年一〇月以降、日本政府は連合国との交渉に備えて、講和条約の対策案の作成に取り組んだ。西村熊雄《にしむらくまお》条約局長を中心とする外務省事務当局、学者やジャーナリスト、元官僚や財界人、旧軍人などで構成される吉田のブレーン、そして吉田首相のおよそ三カ月にわたる協働作業を通じて、講和と安全保障のあり方に関する日本政府の姿勢が定まっていった。米国国務長官顧問のダレス特使が来日する直前に完成した日本政府の準備対策案（「D作業（訂正版）」）は、講和条約の締結に向けて努力する米国への感謝を表しつつ、二つの問題について日本政府の要望を述べた文書である。

一つは安全保障であった。米国への基地の提供を内容とする二国間協定を結び、米国の保障を得ること（協定案も準備された）、日本自身は当面は再軍備を希望しないとの意向が記された。再軍備の代替案として、東北アジア地域の非武装および軍備制限案——吉田の意向を受けて旧軍人を中心とするブレーンが作成——を示す用意があることも明記されている。

講和前には再軍備をしないという方針は、吉田の意向を反映していた。朝鮮戦争を契機に、日本国内では芦田均元首相などを中心に再軍備を主張する者が現れた。主権国家として当然に自衛の責任を負わなければならないという感覚と、共産主義勢力の拡大と浸透への恐怖に後押しされた議論であり、吉田のブレーンにもこれに賛成する者は多かった。だが、吉田は否定的であった。再軍備を急げば旧軍の復活を招くおそれがあること、国民の反戦、反軍感情が強いこと、周辺諸国が日本の軍事的復活に警戒の目を向けていることなど、彼はいくつかの理由を語っているが、最大の理由は再軍備が伴う経済的負担にあったと思われる。再軍備はようやく緒についた日本経済の復興を阻害する可能性が高い。経済状態の悪化は社会不安を招くであろう。社会不安は共産主義の温床となる。

言い換えれば、冷戦下においては「兵力のみが国を守るものではない」、共産主義の浸透に脆弱ではない国内社会を確立することも、広い意味での安全保障となりうるという感覚を持っていたのが吉田であった。米国の提供する安全のもとで国家の自立の要件となる経済、社会基盤を確立することが、吉田の安全保障政策の根幹だったといえるであろう。

もう一つの要望は領土問題であった。米国政府が一一月に公表した「対日講和七原則」は、琉球諸島・小笠原群島は米国を施政権者とする信託統治下に置くこと、千島は最終的には国連総会でその地位を決定することを明らかにしていた。日本政府は、千島についてはその処理方式を「欣幸にたえない」として歓迎した。一方、琉球と小笠原については、米国の戦略的要請は理解するが、日本本土からの分離は可能なかぎり回避してほしいと希望した。

形式的には、日本政府には講和会議の方式や講和条約の内容をめぐって発言する権利は存在しなかったから、以上の方針は連合国、とりわけ米国の好意を獲得して達成するよりほかなかった。吉田首相が米誌『フォーリン・アフェアーズ』一九五一年一月号に寄稿した論文「日本は講和条約を待望する」は、日本がたとえ多数講和の形になっても講和を切実に願うという決意を明らかにしているが、条約の内容に関しては「将来に希望を与え、国家再建の溌剌たる熱意を昂揚するようなもの」を願うと述べるにとどめている。安全保障についても、国連の機能に期待するという一般的方針が示されているにすぎない。

他方で目を引くのは、日本の経済状況に関する記述が論文のおよそ三分の一を占めていることである。吉田は、戦争で大きな被害を受けたうえに、中国市場へのアクセスを絶たれた日本経済にとっては、他の東アジア諸国（東南アジアを含む）との貿易が死活的重要性を持つと主張した。そのうえで、日本が「〔アジア〕諸国の復興のためにその工業力のかなりの部分の活用を求められると考えても不都合はなかろう」として、東アジアの経済復興を牽引する意思をのぞかせた。そして「日本が東アジアにおける真の工場となり、その発展と繁栄に豊かな寄与をなし得るためには、講和条約を結ばなければならない」「もしアメリカとイギリスとが、〔アジア〕諸国の政治的、経済的安定の速度を速めるために援助を拡張するとすれば、彼らの潜在的購買力が日本で生産される資本財に対する有効需要に転ずる可能性はますます大きくなるだろう」と説く。吉田においては、日本と東アジア市場との連結が、日本の経済的生存を可能とする不可欠の要件として位置づけられていた。

それが、多数講和によって市場としての中国を失うのではないかという懸念に対する吉田の解答であった。東西対立がますます激化する様相を見せるなかで、吉田首相は米国が主導する講和を受け入れ、自由主義陣営の一員として復帰する道を選んだ。日本政府は、米国の作り出す秩序の下で政治外交、経済政策の基軸を米国との関係に設定し、その下に東南アジアとの経済関係を置くことによって、国家の生存と繁栄を実現するという講和構想を描いたのだった。そしてそうした生き方が、自由主義陣営全体の平和と安定に寄与することになるという見通しを示そうとしたのである。

3　対日講和条約・日米安全保障条約の成立

条約草案をめぐる交渉

年が明けて一九五一年一月末、来日したダレス一行と日本政府との間で講和と安全保障をめぐる協議が始まった。

焦点は日本の再軍備であった。再軍備に消極的な吉田と、日本政府に対して自由主義陣営の共同防衛への「貢献」を求める米国との間で協議は難航した。最終的には日本側が基地提供を中核とする日米二国間の安全保障協定案を提示したこと、また当面は国内治安を目的とする警備力の強化によって再軍備に等しい効果を上げるよう努めるとの方針を明らかにしたことで、米国側は了承した。再軍備については具体的な約束とは言いがたく、米国側には不満が残ったと思われる。けれども、朝鮮戦争の真最中に対日講和会議を成功させることは、西側の結束を示すうえでも日本を自由主義陣営に迎え入れるためにも望ましかった。それに、独立を回復して主権国家となる日本に講和後の安全保障の枠組みを強制するのは、不可能ではないにせよ賢明ではないと判断されたのである。

安全保障の枠組みをめぐる協議が一段落したところで、米国側は日本に講和条約の「仮覚書」を与えた。それは西村熊雄条約局長が「感銘に堪えず、勇気づけられたり」と感激するような、「日本に対し極めて寛大な」草案であった。日本に対して政治的、経済的、軍事的制限を原則として課さず、「当事国は、戦争中一九四五年九月二日以前にとられた行為から生じた請求権を放棄する」として、賠償も求めてはいなかった。ダレスを中心とする米国政府は、ドイツに過重な負担を課したヴェルサイユ講和条約を失敗の教訓として、敗者にとっても正統性のある国際秩序の創出を目標に、講和条約を設計したのだった。

だが、米国の寛大な講和の方針は他の連合国に必ずしも共有されてはいなかった。オーストラリアやニュージーランドは、再軍備制限を明記しない条約草案が日本の軍事的復活を可能にすると危惧し、両国の安全に保証を与えるよう米国に要求した。オーストラリアは、賠償や造船能力の制限、日本の戦争責任を条約に明記することも望んだ。フィリピンは、日本からの賠償を棚上げにされるのであれば対日講和条約への参加はできないかもしれないと反発した。無賠償の方針は、まだ足腰の弱い日本経済に賠償が与える負担や、それによって日本人の憤激を買うことの長期的不利益を斟酌した結果であったが、日本軍の侵略に曝された東南アジア諸国にとっては、とうてい受け入れがたいものであった。四月に再び来日したダレスは吉田首相に対して、日本の経済復興を妨げない範囲でフィリピンへの生産物賠償を考慮するよう求めた。これに対して日本側も、フィリピンの対日感情に配慮して、マニラの大聖堂の復興やフィリピン海域における沈船引き上げなどを研究すると応じている。

より深刻だったのは、英国が峻厳な講和の方針へと傾いたことだった。四月に英国政府が提示した講和条約草案は、日本を経済的、軍事的脅威と見る英連邦諸国の声を反映し、米国草案に比較して格段に厳密で長大な文書であった。しかも、好ましからぬ政治団体の禁止や連合国と協力した日本人の保護といった政治的制限、連合国が差し押さえている日本国内の地金・宝石類の分配や中立国および旧敵国に存する日本資産の連合国への引き渡し、極東水域における日本の漁業制限などの経済的制限が列挙されていた。米国政府も、GHQを通じて内々に英国草案を示された日本政府も、その厳格さと詳細さに衝撃を受けた。国民党政権と共産党政権、いずれの「中国」を講和条約の当事国とするか、中国の代表権問題についても、米英の見解には大きな隔たりがあった。

講和促進のためには、英連邦諸国に影響力を持つ英国の協力が必要であった。米国政府は可能な範囲で英国草案に妥協し、両国共同で草案を作成する方針に踏み切った。四月下旬から五月にかけて、事務当局レベルで草案の検討作業が行われ、六月に入ってからはダレス自身がロンドンに赴き、およそ一〇日間にわたって英国政府と交渉し、合意形成に努めた。完成した草案は、おおむね米国案に沿った「寛大な講和」であった。中立国や旧敵国に存する日本の資産については、赤十字国際委員会に引き渡して日本の捕虜となった連合軍兵士とその家族に分配することなど、英側の主張に配慮した規定も設けられた。だが、ダレスは原則として政治的、経済的制限を設けないとの方針は譲らなかったのである。

中国の代表権問題をめぐっては、米国政府が国民党政権を中国の正統政府として講和会議に出席させることを望んだのに対して、共産党政権を承認している英国政府は共産党政権の参加を主張していた。米国側は、講和条約にはいずれの中国の調印も認めず、しかし「加入条項」（中国代表権問題に対して署名国の意見が一致した場合に、中国の条約への加入を認める）も設けることなく、いずれの中国政府と講和条約を結ぶかは、独立を回復した日本政府の自由意思に任せるとの案を提示した。反共・親国民政府色の鮮明な共和党議員の支持をとりつけ、米国上院から講和条約の批准案に承認を得るためには、それがぎりぎりの線であった。

英アトリー政権は米国の主張の多くを受け入れた。受け入れざるを得なかったという方が正しいかもしれない。アジア太平洋地域における米英のパワーの差は明らかであったし、交渉の破綻は英国にとっても利益ではなかった。それに、米英協力の所産として対日講和条約を実現することは、国際社会における大英帝国の威信の回復に繋がり、そのアジア外交における大きな資産になると期待されたのである。こうして完成した米英の共同草案は、七月一三日、議定書案および宣言案とともに公表された。

サンフランシスコ講和会議

対日講和会議は一九五一年九月四日夜、サンフランシスコ中心部にほど近いオペラハウスを会場に開幕した。参加したのは日本を含めて五二カ国であった。米英の予想に反してソ連が招請状を受諾したことは、少しく両政府を困惑させ、ソ連の意図の分析と対抗策の準備の必要を生じさせた。アジア諸国の動向も注目された。戦争で大きな被害を受けたアジア諸国が参加しなければ、対日講和条約は正統性を持ち得ない。とりわけ、賠償問題の処理に不満を持つフィリピンやインドネシア、またアジア地域に強い影響力を持つインドの対応は重要であり、米英両国は説得を重ねた。結局、フィリピンとインドネシアは参加を表明したが、インドとビルマは拒絶した。フランスが招請を要求したインドシナ三国については、他のアジア諸国に三国を独立国家としては認めない国が多く反対が懸念されたが、他のアジア諸国の動向に与えないと判断された段階で招請状が発送された。会議の直前、八月下旬のことであった。

日本政府からは吉田茂首相を代表とする全権団が参加した。全権は吉田のほか池田勇人蔵相、一万田尚登《いちまだひさと》日銀総裁、政党代表として星島二郎《ほしじまにろう》（自由党）、苫米地義三《とまべちぎぞう》（国民民主党党首）、徳川宗敬《とくがわむねよし》（参議院緑風会）であった。社会党は加わっていない。米英の主導する講和に対して超党派の支持を得るのは、やはり困難だった。

フィリピンやインドネシアなどは、会議への参加は決めたものの、なお賠償に関する規定に不満をもっていた。講和条約草案第一四条は、「日本国は、戦争中に生じさせた損害及び苦痛に対して、連合国に賠償を支払うべきことが承認される。しかし、また、存立可能な経済を維持すべきものとすれば、日本国の資源は、日本国がすべての前記の損害又は苦痛に対して完全な賠償を行い且つ同時に他の債務を履行するためには現在充分でないことが承認される」としていた。そのうえで、日本政府に対しては役務賠償（生産や沈没船の引き上げなど、サービスの提供による賠償）について「すみやかに交渉を開始する」よう求めた。東南アジア諸国には、これは日本を不当に優遇している条項であると映った。開会直前になっても、これらの国々が条約に調印する見通しは立っていなかった。

サンフランシスコに到着した吉田に、ダレスは「日本で第一四条について心よく、誠意をもって同条の義務をひきうけその実施について交渉するとの態度をとってもらいたい」と要請し、アジア諸国を脱落させないよう措置を施した。九月四日以降、講和会議に並行して、吉田首相や外務省事務当局は会議場内外でフィリピンやインドネシアの代表と会談を重ね、第一四条の賠償の義務については誠実に履行する意思を表明している。インドネシアのスバルジョ代表もフィリピンのロムロ外相も、賠償問題に対する国内の不満を伝え、早急に交渉を開始するよう日本政府に要求した。

米英によって周到に準備された会議は、ソ連、ポーランド、チェコスロヴァキアの東側三カ国による妨害が懸念されたものの、米英共同草案に対する各国代表の意見陳述へとおおむね順調に進んだ。アジア諸国の代表の反応は様々であった。セイロン代表は、「憎悪は憎悪によって取り除かれない。愛によって取り除かれる」という仏陀のことばを引いて、賠償を請求する意思のないことを明言した。そしてソ連を批判しつつ「日本国に友情の手をさしのべる。平和と繁栄のうちに人間生命の尊さを享受すべく手を携えてすすまう」と演説を結び、「議場にいた日本人にふかい感銘を与えた」。カンボジア代表は、「賠償を固執する戦争犠牲者としてでなく平和条約案の精神を支持してサン・フランシスコにきた」として調印を明言した。パキスタンの代表は、「復讐・圧迫にかえ正義と和解の平和を提供しようとする条約案を支持する」とし、さらに「中国代表や台湾の帰属について合意ができ日本が自己の安全を保持するに足る軍隊を組織し自立経済を実現するまで待つわけにはいかない」と訴えた。

インドネシアは日本政府に対して次の三点を問うた。第一に、日本政府は第一四条の規定に従って第二次世界大戦中にインドネシアが蒙った被害を賠償するのか。第二に、日本政府はすみやかにインドネシアとの賠償協定を結ぶ意思があるか。第三に、日本政府は、インドネシア群島間および周辺の公海における漁業の規制または制限、および漁業の保存を規定する協定に向けてインドネシアと交渉を開始する用意があるか。会議においては講和条約草案の修正が認められなかったため、インドネシアは質問という形式をとって賠償や漁業に関する規定への不満を表明したのだった。

フィリピン代表ロムロの演説は、「フィリピンの対日怨恨と不信の深さをまざまざ感じさせるもので会議を通じ日本人にいちばん深刻な痛味を感じ」させるものとなった。「あなたがたはわたくしどもに重大な損害を与えられた。言葉でそれを償うことはできないしあなたがたのもっておられる金や富をもってしてもこれを償うことはできない。しかし運命はわたくしどもに隣人としていっしょに生きねばならない、また隣人として平和に生きねばならないと命じた。……われわれが許しと友情の手をさしのべる前にあなたがたから精神的悔悟と再生の証拠を示してもらわねばならない」。ロムロの痛切な叫びは、自らの所業には鈍感になりがちな日本人に相手に与えた傷の深さを思い知らせたのである。

日本を除くすべての参加国代表が意見陳述を終えたあと、七日夜の第八回全体大会は吉田首相の講和条約受諾演説であった。領土の処分や日本の経済的困難、日本人の未帰還者の存在への注意を喚起しつつも、講和条約が復讐ではなく「和解」と「信頼」の文書となったことへの感謝と、国際社会の一員として世界の平和と繁栄のために貢献する決意を基調とする演説は次のように締め括られた。「日本はその歴史に新しい頁をひらきました。われわれは国際社会における新時代を待望し、国際連合憲章の前文にうたってあるような平和と協調の時代を待望するものであります。われわれは、平和、正義、進歩、自由に挺身する国々の間に伍して、これらの目的のために全力をささげることを誓うものであります。われわれは今後日本のみならず、全人類が協調と進歩の恵沢を享受せんことを祈るものであります」。

八日午前一〇時からは条約調印式が行われた。参加各国がアルファベット順に呼ばれて登壇し、最後に日本が署名した。調印国は日本を含めて四九カ国、ソ連、チェコスロヴァキア、ポーランドの三カ国は調印式を欠席した。大多数の国家は日本を政治的、経済的、軍事的制限を課さずに国際社会に迎え入れることを承認したのだった。

その日の夕刻、日米安全保障条約の調印式が行われた。会場は、サンフランシスコの中心部から車で二〇分ほどの距離にあるプレシディオ米陸軍第六司令部であった。華やかなオペラハウスとは対照的な、簡素な下士官用クラブハウスの一室に用意された文書に日本政府を代表して署名したのは吉田茂首相ただ一人だった。全権のうち池田、星島、一万田は列席したものの署名はせず、苫米地、徳川の二人は式を欠席した。米国に基地を提供することによって安全保障を米国に委ねるという内容が、日本国内では不人気であろうことを吉田は見越していた。だから、政治的責任は彼一人で負うことを覚悟したのである。

対日講和条約に調印する吉田茂全権
後方は，手前から１人おいて池田勇人，苫米地義三，星島二郎，徳川宗敬，一万田尚登の各全権。(1951年９月８日)（朝日新聞社／時事通信フォト）

アジア太平洋地域の安全保障システム形成

日米安保条約は条文上、問題の多い条約であった。日本は米国に基地を提供するが、駐留米軍は「外部からの武力攻撃に対する日本国の安全に寄与するために使用することができる」と規定されている（第一条）にすぎない。つまり、米国は日本を防衛する義務を負わなかった。ヴァンデンバーグ決議（自衛の責任を果たす国家に対して米国は保証を与えるという趣旨の上院決議）に拘束されるトルーマン政権が、再軍備に消極的な日本との間で、国連憲章第五一条（集団的自衛権）に法的根拠を置く相互防衛条約を結ぶことを拒絶したためであったが、日本側からみればこの点において条約は相互性を欠いていた。ただ、条文上の文言がどうあれ、冷戦下で自由主義陣営の盟主である米国に日本を守らないという選択肢はほとんどなかったであろう。そして、一定規模の米軍が日本に張り付いていることは、共産主義勢力に対する抑止力となり得る。西側との協調の中で生存を追求していくことを選択した吉田政権にとって、ここに日米安保条約の意義が存在した。

米国から見れば日米安保条約は、アジア太平洋地域における米国の安全保障戦略を支える重要な装置であった。朝鮮半島では戦線が膠着していた。前線に最も近い日本国内の米軍基地を自由に使用できる環境は、軍部にとっては依然として必要であった。そこで、講和後にも引き続き日本政府の国連軍への協力を確保するための取り極めとして、「吉田＝アチソン交換公文」が交わされた。さらに「国連軍」ではなく、極東米軍単独での軍事行動を展開しなければならない事態に備えて、安保条約第一条には「この軍隊（在日米軍）は、極東における国際の平和と安全の維持に寄与し」と明記された（「極東条項」）。

講和条約受諾演説で吉田は、米軍駐留は日本の安全保障のために必要なだけではないと論じている。それは「アジアに平和と安定をもたらすための基礎条件であり、又、新しい戦争の危険を阻止して国際連合の理想を実現するために必要欠くべからざるものであります。日本国民は、ここに平和愛好諸国と提携して、国際の平和と安定に貢献することを誓うものであります」。だから、吉田や外務省事務当局は、このいわゆる極東条項をとくに問題とは見なさなかった。

ところが、国内ではほとんど逆の反応が発生した。「極東における国際の平和及び安全の維持」が米軍駐留の目的につけ加えられたことによって、日本が自らの意思に関わりなく米国の軍事行動に巻き込まれる危険があるという議論が説得力を持つようになった。極東の範囲をどう捉えるのか、在日米軍が「極東における国際の平和と安全の維持」の目的で出動し、日本が提供している施設や区域を使用する場合、日本政府がこれにどの程度関与し得るのかも問題だった。相互性の欠如や内乱条項（在日米軍は、「日本国における大規模の内乱及び騒擾を鎮圧するため日本国政府の明示の要請に応じて与えられる援助」のために使用することができる（第一条））といった問題と合わせて、この極東条項は国内では厳しい批判の対象となったのである。

米ソ対立と米中対決はアジア太平洋地域の冷戦を激烈なものとしていた。そのなかで日本が独立の早期回復を望むかぎり、米国の戦略的要請に基づく要求を拒否することはきわめて困難であったと思われる。米軍部は、日米安保条約に「極東条項」を挿入し、講和条約の締結後も引き続き日本が国連軍の作戦行動に便宜を図ることを交換公文で確認したことで、ようやく米国の戦略的要請が満たされたと考えた。言い換えれば、日本国内の基地を極東における米国の軍事行動のために自由に使用できる権利が保証されないかぎり、統合参謀本部は日米安保条約、さらには講和条約の締結を承認できなかったであろう。米国にとっては、日米間の安全保障協力の枠組みは、アジア太平洋地域における米国の軍事戦略全体のなかに位置づけられるべきものだった。日本が米国主導の講和条約を受け容れることは、その厳然たる事実を受け容れることであった。

講和条約と日米安保条約の成立に前後して、米国はフィリピンとの間に米比相互防衛条約、オーストラリア、ニュージーランドとの間にはANZUS条約を締結した。共産主義勢力の脅威から日本を含む地域の西側諸国を守るという目的と、日本の脅威から域内諸国を守るという目的を、米国は個別の安全保障協定を集積することで達成しようとしたのだった。米国はさらに一九五三年には韓国との間で、その翌年には中華民国との間で相互防衛条約を締結し、ハブ・アンド・スポークスと言われるアジア太平洋地域の安全保障システムが形成されていくことになる。この地域で大きな防衛負担を負うことになった米国にとって、日本本土は大規模な陸海空軍部隊を収容する能力を持つうえに、補給基地としても有用であった。日米安保条約は地域の安全保障システムの根幹を支える装置であった。

ところで、日米安保条約の前文の最後には次のような文言がある。「アメリカ合衆国は、平和と安全のために、現在、若干の自国軍隊を日本およびその附近に維持する意思がある。但し、アメリカ合衆国は、日本国が攻撃の脅威となり又は国際連合憲章の目的及び原則に従って平和と安全を増進すること以外に用いられうべき軍備をもつことを常に避けつつ、直接及び間接の侵略に対する自国の防衛のため漸増的に自ら責任を負うことを期待する」。講和後の課題として残された再軍備は、日米安保条約締結のいわば前提条件であった。実際、一九五二年に入る頃から、米国政府は日本政府に対して自衛のための軍備の建設を求めて圧力を加えはじめた。一九五四年頃まで、日米間ではどのような性格の軍隊をどの程度の規模で、いつまでに建設するのかをめぐって厳しく対立した。これが再軍備のあり方をめぐる日本国内の保守内対立・保革対立と連動し、その過程で警察予備隊は保安庁・保安隊・警備隊へと改組され、最終的には一九五四年に防衛庁・自衛隊が成立したのだった。

対日講和問題はもっぱら東西冷戦の文脈で処理され、その結果として米国の冷戦戦略に日本は組み込まれた。講和条約と日米安保条約をはじめ米国を一方の当事者とする安全保障協定は、日本を自由主義陣営の一員に迎え入れると同時に、アジア太平洋地域の非共産主義諸国に平和と安定の枠組みを提供しようとするものであった。それが講和後の日本の生き方をかなりの程度決定したことは間違いない。おそらく主権を回復し、戦後日本に安全と経済的生存の道を確保することに成功したという点で、講和条約と安保条約は高く評価されるのであろう。

4　サンフランシスコ講和体制

残された課題

米英主導の講和によって、講和条約には「大多数」の国家が調印した。しかし、その中にソ連をはじめ東側諸国は含まれていなかった。日本にとっては、米英主導の講和を受け入れた時点でそれは覚悟されていたとはいえ、実際にソ連との間に講和条約が成立しないことによって生じる不具合は大きかった。形式的には日ソ間に戦争状態が残ることになるし、戦争終結の過程で生じた領土問題(後述)やシベリアの日本人抑留者問題を解決しなければならなかった。それに、ソ連との関係が正常化しないかぎり日本の国連加盟は難しかった。

講和条約は、日本とアジア諸国との関係を作り出すことにも成功したとはいいがたい。まず中国については、国民党と共産党いずれと講和し国交を結ぶかは、日本の「自主的判断」に委ねられることになった。その他のアジア諸国では、インドが講和会議に参加しなかった。賠償に不満を持つ東南アジア諸国ではビルマが会議に不参加を表明し、インドネシアは条約には調印したものの、結局批准しなかった。講和会議までに独立を達成していたフィリピン、ビルマ、インドネシア、カンボジア、ラオス、ベトナムには賠償請求権が与えられ、この諸国との関係構築にはまず賠償問題の解決が必要であった。

日本国内では、東南アジア諸国に対する役務賠償が日本経済の負担能力を超えた重荷になるのではないかと懸念されていた。日本が周辺諸国に与えた被害に思いをいたすよりも、戦争によって海外領土やそれに付随する資産、国内の産業基盤の多くを失ったうえにさらにむしり取られるのかという感情が先に立つのがこの時期であった。講和条約において日本が優遇されていると感じ、賠償条項に不満をもった東南アジア諸国とは、やはり認識に大きな差があったというべきであろう。「あの戦争」を総括し過去を反省するには、日本自身が失ったものがおそらく大きすぎたのである。

領土条項は、曖昧さと不安定を胚胎していた。

講和条約第二条は、日本国が放棄すべき権利、権原、請求権の対象として、(a)済州島、巨文島《コムン》及び鬱陵島を含む朝鮮、(b)台湾及び澎湖《ほうこ》諸島、(c)千島列島並びに日本国が一九〇五年九月五日のポーツマス条約の結果として主権を獲得した樺太の一部及びこれに近接する諸島、など六種類を規定していた。しかし、千島列島は一八七五年の樺太・千島交換条約で、南樺太はポーツマス条約でそれぞれ日本が獲得した領土であって、カイロ宣言のいう「暴力及貪欲ニ依リ日本国ガ略取シタル」地域には当たらないというのが当時の日本人の抱いた正直な感覚であったと思われる。

そのうえ、日本が放棄すべき千島列島の範囲が明確ではなかった。日本政府は、「日本の本土たる北海道の一部を構成する色丹島及び歯舞諸島」がソ連によって占領されていることに抗議する意を表し（吉田首相の講和条約受諾演説）、その返還を求める姿勢をとった。国後島と択捉島については、その後の外務省の国会答弁のなかで同じく「日本固有の領土」であると説明されるようになった。いずれにせよ現状はソ連が占有しているのであって、ここに領土をめぐる紛争の種が残されることになる。さらに、日本が放棄すべき権利、権原、請求権から竹島が除外されたことは、竹島の帰属を曖昧にし、日韓双方が領有を主張する根拠を提供することになった。

米軍が地上戦を制して占領した琉球諸島や小笠原群島も、日本にとっては「失われた領土」であった。第二条で日本が放棄した島々とは異なり、琉球諸島や小笠原群島に対する主権は日本に存在することが第三条で認められた（「潜在主権」）。それでも、「失われた領土」という感覚は日本のナショナリズムを刺激した。米国には、とりわけ軍部には、多数の米軍兵士の血を流して勝ち獲った土地をなぜ返還しなければならないのかという素朴な感情が働く。ましてアジアの冷戦を戦う米国にとってその戦略的重要性は明らかであった。日米間に存在した巨大な認識のギャップは、「領土問題」の解決にほとんど二〇年を費やすことになった。

国家間戦争の結果、戦後に当事者間の力のバランスによって新しく国境線が決定されることは、国際法上の地位や国際的正統性はともかく国際政治の現実においてはむしろ通例であったかもしれない。けれども、連合国が大西洋憲章で領土不拡大原則を謳いつつ、日本に関するかぎりそれが必ずしも適用されるわけではないという不平等に、多くの日本人は釈然としないものを感じたのだった。

戦争責任はどのように総括されたのだろうか。日本は「極東国際軍事裁判所並びに日本国内及び国外の他の連合国戦争犯罪法廷の裁判を受諾（accepts the judgments）し、且つ、日本国で拘禁されている日本国民にこれらの法廷が課した刑を執行するものとする」とされた（講和条約第十一条）。「判決」ではなく「裁判」を受諾するとの日本語訳が当てられたことによって、日本は裁判全体を正当なものとして受け入れたのかどうか解釈の余地を生ずることになった。極東国際軍事裁判および一連の戦争裁判の効力は認めるが、連合国が描いた「あの戦争」のストーリー――東京裁判史観と呼ばれるようになる――を受け入れることはできるのか否か。さらに裁かれたのは個人なのか国家なのか。講和条約は連合国による裁判の意義を明確に示したとは言えない。

講和と安保の国内的受容

講和会議後の一九五一年一〇月上旬、講和条約と日米安保条約を審議するための国会が召集されると、与野党を通じて不満が表明されたのは賠償や「失われた領土」の問題であった。また講和・安保条約が作り出す国際関係や講和条約に調印していない諸国との関係のあり方についても、政府の姿勢が問われた。野党は、ソ連との関係の見通しや、いずれの「中国」といかなる関係を結ぶのか、インドや東南アジア諸国との関係構築の意思、安保条約の性格やその条文上の問題などを吉田首相に繰り返し問い質した。社会党左派を中心に両条約に反対の立場をとった人々は、単独講和と安保条約は米ソ対立を助長してアジアの諸紛争の解決を困難にすると論じた。しかもそうした紛争に在日米軍は出動することができるから、日本も自動的に巻き込まれるおそれが強い。外国軍隊の駐留は日本の独立を損なうであろう。彼らは全面講和、中立堅持、軍事基地反対、再軍備反対の四原則に則って、吉田の結んだ講和条約と安保条約にあくまで反対した。独立後の日本が東西冷戦の中でどのように生きるのか、そしてアジアといかに向き合うのか、国内の合意形成はきわめて困難であった。

憲法の説く理想と国際政治の現実は乖離していた。とりわけアジアにおいては、二つの陣営の対立が劇的な形で表出していた。そうした状況であるからこそ非武装中立――したがって全面講和を必要とする――という憲法の示す生き方が、逆説的だが平和を実現する最も有効な方法であると左派勢力は主張したのだった。けれども、ソ連や中国を含む全面講和が実現する可能性が、少なくとも当面低いことは誰の目にも明らかであった。一日も早く独立を回復したいという希いは多くの人々に共有されていた。それゆえに吉田の方針はおおむね支持されたのである。

対日講和条約と日米安保条約は一〇月末に衆議院の、一一月中旬に参議院の承認を得て批准が成立した。衆議院では、講和条約については賛成三〇七票に対して反対四一票、安保条約は賛成二八九票、反対七一票であった。参議院では講和条約が賛成一七四票、反対は四五票、日米安保条約については賛成が一四七票、反対七六票という結果であった。全権団を構成した保守政党は、両条約への支持でおおむねまとまった。一方社会党は、右派が両条約を基本的に支持したのに対して左派が反対した。妥協案として講和条約賛成・安保条約反対案が浮上したものの、党の統一方針として両派を接着する迫力を欠いていた。日本労働組合総評議会（総評）とこれに後押しされた左派は、あくまで両条約反対を貫いた。

憲法の理念に忠実に中立を守りつつ、社会主義国家の実現をあくまで追求すべきだという社会党左派の原理主義と、中立主義に傾斜し左傾化した労働団体が共振して、左派勢力は強力なエネルギーを発散し始めていた。結局、批准国会の最中、社会党は党大会で左右両派が激論と乱闘を繰り広げた末に分裂した。片山哲《かたやまてつ》などの右派は「西欧民主主義陣営にあって反共の線を明らかにする」と標榜し、「国民政党」の道を歩むという姿勢を明らかにした。これに対して、鈴木茂三郎《すずきもさぶろう》を中心とする左派は自らを「階級政党」と位置づけ、「米ソ対立の間にあってアジアを中心とする第三勢力の立場をとる」ことを表明した。一九五二年に入ると両派はそれぞれ大会を開催し、全国的組織の確立を図っていく。

講和条約の成立を契機に、保守勢力内でも再編の動きが起こった。国民民主党と、公職追放が解除されて政界に復帰した旧民政党系の政治家たちなどを中心とする諸派は、一九五二年二月に新党・改進党を結成した。「独立の完成」という目標が、この新しい保守政党の求心力であった。政策大綱には、自主外交の確立、国連加盟の促進、アジア諸国との善隣友好関係の回復ならびにアジアの発展への寄与、樺太、千島、沖縄、小笠原、奄美の早期返還要求、平和条約・安保条約の改正促進、民力に応ずる民主的自衛軍の創設と安保条約の相互防衛協定への切り換え、憲法を含む占領下の諸法令および諸制度の全面的再検討、ならびに国情国力に適合しないものの徹底的是正、講和条約調印国以外の旧交戦国との国交回復の推進などが挙がった。改進党は講和条約と安保条約の問題点や残された課題を克服することに、講和後の日本のあるべき「自主」「独立」の方向性を見出した。協同主義の理念を掲げ左右両極を否定する「進歩的国民勢力」でありつつ、「独立の完成」を謳うことによって、自由党に対抗する保守勢力としての新しさを打ち出したのである。

社会党内の路線対立、また社会党のとくに左派と保守政党との対立は体制選択をめぐる争いでもあった。それは冷戦下のアジア諸国で普遍的にみられた現象であり、あるいは分断国家を生み出し、あるいは植民地支配からの独立闘争と連動しながら内戦を勃発させたのであった。日本においてはこれが深刻な政党間対立として現出したと理解できるであろう。目指すべき国家像や政治外交、経済、社会のあり方をめぐって主要政党間に基本的な合意が存在せず、個別具体的な問題がともすれば観念的なイデオロギー論争に転化する。そうしたなかで左派社会党が戦後日本の新しいアイデンティティである憲法の平和主義の理念を体現する政党として自己規定したことは大きな意味をもった。体制選択の問題に平和と安全をめぐる路線対立が結びつき、政党間の距離はいっそう広がった。外交・安全保障問題は政党間の対立が最も生々しく露出する場であった。

対アジア外交の再開

いずれの「中国」と講和を結び国交を樹立するかという問題に、吉田政権は台湾の国民党政権を選択するという回答を与えた。それは米国政府の強い意向——上院から批准案承認をとりつけるためには、日本が国民党政権を中国として承認し、講和条約を結ぶことが必要であった——に沿った選択であったが、吉田自身の意思でもあった。共産党政権と講和条約を結ぶ意思は、吉田にはなかった。共産党政権は日本を対象とする中ソ友好同盟相互援助条約を結んでおり、朝鮮半島においては「国連軍」と戦闘状態にあった。それに共産党政権による大陸の支配がどの程度安定性を持つのか、確実には分からない時期でもあったから、共産党政権との間に関係を樹立することは考えられなかった。

一九五一年末に始まった日本と国民党政府との交渉の結果、四月二八日、講和条約・安保条約発効の日に日華平和条約が調印された。日本政府はこの条約の範囲を国民党が現に支配する地域に限定しようとした。けれども内容からみて、この条約は実質的には台湾ではなく「中国」との戦争状態の終了、「中国」との国交関係樹立に関する条約であった。実際、外務省は直後の国会審議の過程で日華平和条約を「中国」と締結された正式な条約と位置づけるようになる。現実には、中国の大部分は共産党政権が支配していた。そのイデオロギー性は日本を含めた地域全体に破壊的な影響力を持ち始めていたが、大陸の市場としての誘引は、とくに財界には強く働いた。しかし、法律問題として「中国」との戦争状態が終結したと解釈する以上、日本政府は法理論上、国府との関係を改変しないかぎり共産党の中国を承認できない。この厳然たる法的問題を回避する形で日中間の民間貿易が模索されるのが、一九五〇年代以降の日中関係である（第3章第5節および第4章参照）。

サンフランシスコ講和会議に参加しなかったインドとの間では、講和条約が発効した一九五二年四月二八日、日印間の戦争状態の終結と正式の外交関係の樹立が確認された。五月には大使が交換され、六月に日印平和条約が調印された（八月二七日発効）。日印両国間の堅固かつ恒久の平和と友好を謳い、対日賠償請求権の放棄を定めた条約であった。中立を追求しつつ社会主義的手法を採り入れた独自の方法で国家建設に取り組むインドは、世界的な注目を集める存在であった。独立直後の日本でも経済的観点からインドへの注目は高かった。

東南アジア諸国との間では賠償交渉が始まった。賠償請求権を持つ諸国のうち、ビルマやインドネシア、フィリピンなどは単なる役務賠償には不満で、講和条約を広義に解釈し、外貨負担を加重しない限度において生産物賠償を請求することが認められた。インドネシアとの間では一九五一年一二月、フィリピンとの間では一九五二年一月から、それぞれ交渉が始まった。賠償支払いの総額や方式、総額の表示方法などをめぐって交渉はいずれも難航した。最初に解決したのはようやく一九五四年、ビルマとの賠償協定・平和条約であった。以後一九五六年にフィリピンとの賠償協定、インドネシアとは一九五八年に賠償協定・平和条約が締結された（第3章第3節参照）。

日本政府や経済界は、賠償が経済協力と一体で推進されることによって、東南アジアの経済開発に資すると考えた。日本の経済復興、発展を可能とし、さらに地域への共産主義の浸透を阻止する効果も期待した。そこで、米国の資金や技術を誘導して東南アジアを開発し、日本の経済自立を東南アジアの経済発展に結びつけて達成するという構想が、日本では講和・独立の前後から様々な形をとって浮上した。

朝鮮については、講和会議後まもない一九五一年九月から韓国政府との間で国交樹立に向けた予備交渉が始まった。講和条約の発効を控えた翌年二月中旬には第一次会談が行われた。外交および通商関係の設定や在日朝鮮人の国籍問題、財産請求権、漁業協定などが議題に上ったが、多くの問題で日韓両政府の主張には大きな隔たりがあった。新しく二国間関係を構築するにあたって、日本の植民地支配の事実を法的にどのように処理するのかをめぐっても、両者の見解は鋭く対立した。朝鮮の独立をどの時点にとるかという点だけでも、様々な主張が成り立つ。なにより、日韓併合条約の結ばれた一九一〇年八月二二日以前に、旧大韓帝国と大日本帝国との間に締結されたすべての条約や協定は有効適法と見なすべきなのか、無効なのか。

結局、第一次会談は対日講和条約の発効までに実を結ぶことなく決裂した。朝鮮戦争が膠着状態に陥り、半島の情勢はなお不透明だった。そもそも日韓両国とも米国との関係に重きを置き、相手との関係構築にそれほど熱意は持たなかった。懸案の難しさもさることながら、交渉をとりまく環境が整わなかったことが、会談の運命を決めた。その後も、双方の国内事情や日本側の問題発言などが重なって、日韓間の交渉はおよそ一〇年にわたって再開と休会を繰り返したのである。

講和条約発効の日をもって、在日朝鮮人は日本国籍を喪失して「外国人」となった。日本が降伏文書に調印した一九四五年九月二日以前から日本に在留する朝鮮人と台湾人については、戦前からの特殊事情を考慮して、別に法律で定めるまで当分の間は在留資格を有しなくても在留できることになった。しかし、在日朝鮮人が日本国籍を取得するためには、国籍法に基づく帰化の手続きが必要になった。そして彼らは、外国人登録令に基づく取り締まりの対象となったのだった。

対日講和条約と米国がアジア太平洋地域の西側諸国との間に結んだ安全保障協定は、日本と連合国のうち非共産主義諸国との国家間関係と、この地域の平和と安定の枠組みを同時に構築しようとするものであった。アジアの大陸部に近接し、潜在的工業生産力を有する日本を自由主義陣営に迎え入れることを、冷戦を戦う米国は死活的な利益であるとみなした。吉田茂の日本政府は、米国の主導する講和に独立の早期回復という国家目標を委ねることを決めた。長期的にみれば、サンフランシスコ講和条約と日米安保条約を通じて国際社会に復帰することで、日本は経済的生存の道と安全を得たと評価できるであろう。

一方で、この講和条約の締結に際して多くのアジア諸国の声は埋没しがちであった。講和条約が日本とアジア諸国との関係を作り出すことに成功したとは言いがたい。それは、自由主義陣営を強化し共産主義勢力に対抗するという目的と、日本の起こした戦争の後始末をするという目的を一つの枠組みで達成しようとしたことの帰結であった。さらに、そもそも領土の処理については曖昧さが見られたし、個人の被害に対する補償など講和条約が必ずしも扱っていない問題もある。それでも、講和条約の生み出す法的秩序の安定を図ることが、アジア太平洋地域の秩序の安定性を維持すると考えられた。そして地域安全保障上の役割が埋め込まれた日米安保条約および米国を当事者とする他の相互防衛協定には、地域の平和と安定の実体部分を支えることが期待された。

日本国内においては、多数講和と米国による安全保障という選択は、憲法第九条の理念との間に深刻な緊張関係を生み出した。それは体制選択の問題と結びつき、保守と革新の対立を昂進させた。一方、超大国である米国との間に緊密な関係を築くことは、そのなかでいかに日本の自立性を保つかという困難な問題を新たに提起する。日本外交における自主と独立をいかなる形で追求し実現するかをめぐって、国内の政治諸勢力は様々に分断された。独立後の日本のアジア外交は、対外政策の対立軸の交錯状況を後景として展開されることになった。

参考文献

浅野豊美編著『戦後日本の賠償問題と東アジア地域再編』慈学社出版、二〇一三年。
五百旗頭真『日米戦争と戦後日本』講談社学術文庫、二〇〇五年。
五百旗頭真『占領期』講談社学術文庫、二〇〇七年。
五十嵐武士『戦後日米関係の形成』講談社学術文庫、一九九五年。
石井修『国際政治史としての二〇世紀』有信堂、二〇〇〇年。
井上正也『日中国交正常化の政治史』名古屋大学出版会、二〇一〇年。
江藤淳編『占領史録』上・下、講談社学術文庫、一九九五年。
ロバート・D・エルドリッヂ『沖縄問題の起源』名古屋大学出版会、二〇〇三年。
神谷不二『朝鮮戦争』中公新書、一九六六年。
楠綾子『吉田茂と安全保障政策の形成』ミネルヴァ書房、二〇〇九年。
楠綾子『現代日本政治史1　占領から独立へ』吉川弘文館、二〇一三年。
佐々木卓也『冷戦』有斐閣、二〇一一年。
柴山太『日本再軍備への道』ミネルヴァ書房、二〇一〇年。
下斗米伸夫『日本冷戦史』岩波書店、二〇一一年。
朱建栄『毛沢東の朝鮮戦争』岩波現代文庫、二〇〇四年。

袖井林二郎『マッカーサーの二千日』中央公論社、一九七四年。

竹前栄治『ＧＨＱ』岩波新書、一九八三年。

竹前栄治『占領戦後史』岩波現代文庫、二〇〇二年。

中野聡『フィリピン独立問題史――独立法問題をめぐる米比関係史の研究（一九二九―四六年）』龍渓書店、一九九七年。

中野聡『歴史経験としてのアメリカ帝国』岩波書店、二〇〇七年。

西村熊雄『サンフランシスコ平和条約・日米安全保障条約』中公文庫、一九九九年。

波多野澄雄『国家と歴史』中公新書、二〇一一年。

波多野澄雄・佐藤晋『現代日本の東南アジア政策』早稲田大学出版部、二〇〇七年。

日暮吉延『東京裁判』講談社現代新書、二〇〇八年。

細谷千博『サンフランシスコ講和への道』中央公論社、一九八四年。

増田弘『マッカーサー――フィリピン統一から日本占領へ』中公新書、二〇〇九年。

増田弘編著『大日本帝国の崩壊と引揚・復員』慶應義塾大学出版会、二〇一二年。

吉川洋子『日比賠償外交交渉の研究　一九四九―一九五六』勁草書房、一九九一年。

渡辺昭夫・宮里政玄編『サンフランシスコ講和』東京大学出版会、一九八六年。

和田春樹『朝鮮戦争全史』岩波書店、二〇〇二年。

和田春樹ほか編『岩波講座　東アジア近現代通史　第七巻　アジア諸戦争の時代　一九四五―一九六〇年』岩波書店、二〇一一年。

李鍾元・木宮正史・浅野豊美編著『歴史としての日韓国交正常化Ⅱ　脱植民地化編』法政大学出版局、二〇一一年。

コラム2　カルロス・P・ロムロ――フィリピンの屈折した感情

サンフランシスコ講和会議でのフィリピン代表ロムロ外相の演説が、日本全権団にフィリピンの対日憎悪の深さをあらためて思い知らせたことは本章で触れたとおりである。この印象的なスピーチの背景にあるものを考えてみたい。

一つは、講和条約に対するフィリピンの不満である。アジア太平洋戦争の緒戦と終盤で国土が戦場となり、その間日本軍に事実上支配されたフィリピンは、東南アジア地域のなかでは飛び抜けて被害が大きかった。その傷跡も癒えず対日不信が根強く残る中で、米国が冷戦戦略の観点から日本を重視し、寛大な講和の方針を原則として走り始めると、フィリピン国内にはとまどいが広がった。対日戦争をともに戦ったという実績にもかかわらず米国にとっては日本の方が重要度が高いという現実と、米国との協調に国家の生存を大きく依存しているという実態に、フィリピン政府は小国の悲哀を感じつつ米国の主導する講和に同意した。この屈折した感情は強硬な賠償請求となって噴出したのである。

そもそもフィリピン政府は、米国の対日賠償政策に異議を唱えていた。講和交渉の過程では、キリノ政権は米国の提案した原則無賠償の方針に徹底して不満を表明し、修正を要求した。結果として講和条約に請求権を復活させ、日本の戦争責任を追及する文言を盛り込むことには成功したのだった。それでも野党ナショナリスタ党はキリノを批判し、講和会議直前に全権団から引き揚げた。そして直後の中間選挙では「賠償なければ批准なし」を公約に掲げて国民感情に訴えることになる。ロムロの演説は、日本に対すると同時に国内に向けたものでもあったと言えよう。

もう一つは、ロムロ外相の「ことば」に対する感覚の鋭さと言えるだろうか。

一八九八年に生まれ、米国統治下のフィリピンで育ったロムロは、政治経済から社会、文化全般に及び始めた米国の影響を大きく受けた世代である。フィリピン大学――米国が創設した――を卒業後、コロンビア大学に留学し（一九一九～二一年）、哲学で修士号を取得した。帰国後はフィリピン大学での教育に関わる一方で、『フィリピン・ヘラルド』紙や『マニラ・トリビューン』紙の編集長として活躍するなど、フィリピンの知的エリート社会で地歩を築いていった。一九四二年には『フィリピン・ヘラルド』での東アジア情勢に関する報道が評価され、ピューリツァー賞を受賞している。アジア太平洋戦争期には、日本軍に抵抗する米比軍やフィリピン人向けラジオ放送“Voice of Freedom”が、彼の活動する舞台となった。

フィリピン・コモンウェルス（独立準備政府）初代大統領に就任するケソンとの関係は、私設秘書として仕えた一九二〇年代初頭に遡る。ケソンを通じてフィリピン政界への関心を持ちつつ、ロムロはマッカーサー一家との交遊を

対日講和会議のため訪米したロムロ全権
（左は吉田茂全権）
（1951年9月）（朝日新聞社提供）

深めたという。日本軍のフィリピン攻撃が始まると、マッカーサーはロムロを陸軍少佐（のち准将まで昇進）・広報担当に任命した。一九四二年三月、マッカーサーとその幕僚がコレヒドール島から脱出する際にロムロは一行に加えられ、ともにオーストラリアに逃れた。その後まもなくマッカーサーはロムロを副官に引き上げたが、その際に「君を見ると私はフィリピンを見る思いがする。いつか君と私がともにマニラに帰ることを思い出させる存在として、そばにいてほしい」とマッカーサーが語ったことを、ロムロは回想録（*I See the Philippines Rise*）に感激をもって記録している。マッカーサーとの強力な関係は、ロムロにとって大きな資産であった。

オーストラリアから米国に渡ったロムロは、全米各地を講演旅行に回った。バターン、コレヒドール攻略戦の目撃者として日本軍の暴虐とフィリピンの窮状を訴え、あるいはフィリピンの自由が米国とフィリピンの血の犠牲の上に成立するのだとして、米国とフィリピンの関係の強固さを雄弁に語った。彼は「米国の旗の下で戦い、犠牲になったフィリピン人」の生けるシンボルとして米国人の前に表れたのだった。

この間、一足先に米国に逃れたケソン大統領には、一九四三年になって閣僚（Secretary of Information and Public Relations）として迎えられている。マッカーサーを総司令官とする南西太平洋方面軍が、ニューギニアから攻勢に転じ一九四三年一〇月、レイテ島上陸を開始したとき、オスメーニャ（八月に死去したケソンに代わって大統領に昇格）とロムロの姿もそこにあった。マッカーサーは、フィリピン上陸作戦の初日にフィリピン・コモンウェルス政府首脳も一緒に上陸すれば、フィリピン人の政府が戻ったことを内外にアピールする機会になると考えていたのだった。ロムロもまた上記回想録にレイテ島上陸の興奮を綴った。アメリカとともに戦い、日本の支配からフィリピンを解放したという物語は、とりわけロムロの中に強く刻印されたのではないかと思われる。

戦後のロムロは外交官としてのキャリアを積み重ねた。駐米委員として独立後の諸取り決めをめぐる米国政府との交渉に従事する一方で、国連フィリピン政府代表部の一員として創設時の国連の諸活動に参加。一九四九年から五〇年にかけては国連総会議長を務めた。またワシントンに設置された極東委員会にもフィリピン代表として参加している。米国が一九四九年五月に、極東委員会構成国に対して日本からの賠償の取り立て中止を通告（マッコイ声明）した際には、ロムロは二度にわたって抗議声明を出してその不当さを訴えた。法的根拠を明確に示しつつ、聞く者の心に訴える演説は健在であった。サンフランシスコ講和会議での演説は、このときから下地ができていたと言えるかもしれない。

キリノ政権で外相に起用されたロムロは、以後一九八五年に死去する直前まで、歴代政権でたびたび外相や教育相、駐米大使や国連大使に起用され、フィリピンを代表する親米エリート外交官として長く活躍するのである。

第3章　「ナショナリズムの時代」のアジアと日本
——一九五〇年代——

宮城大蔵

一九五〇年代のアジア国際政治は、二つの点で特徴づけられる。第一に朝鮮戦争、インドシナ戦争でともに休戦が成立し、世界的な東西対立はアジアにおいても「熱戦」から「冷戦」へと移行したこと、第二にバンドン会議（一九五五年）に象徴される新興独立国による結束の動きである。この中で日本は「アジア復帰」の第一歩を、戦争による負の遺産が比較的少ない南アジアから始めることになる。アジアがナショナリズムの熱気で覆われたこの時代は、戦後日本が自らを「アジアの一員」として最も強く標榜した時期でもあった。

1　アジアをめぐる諸構想

東南アジア開発構想　サンフランシスコ講和条約が発効した一九五二年四月二八日、日本は主権を回復し、占領下の日本を支配したＧＨＱ（連合国軍最高司令部）は解散した。しかし独立を回復し、国際社会へ復帰したというものの、日本の眼前に広がる国際環境は厳しいものであった。六月には講和条約に参加しなかったインドと平和条約が締結されたが、その一方で八月にはＧＡＴＴ（通商と貿易に関する一般協定）への日本の加盟申請が却下され、九月には国連安保理で日本の国連加盟申請がソ連の拒否権によって葬られた。日本の国際社会への復帰は、サンフランシスコ講和条約によって一挙に実現したわけではなく、その後も様々な苦難を経なければならなかったのである。

第二次世界大戦前の日本は急増する人口を国内に抱え、人口圧力という強迫観念を背景に対外膨張に走り、国際協調の気運が失われる中、一九三〇年代には自給自足圏の獲得を追い求めて、ついには大東亜共栄圏を掲げるに至った。しかし敗戦によって帝国は失われ、緊密な関係にあった中国大陸は朝鮮戦争後には米国による封じ込めの対象となった。独立を回復したものの、戦後日本復興の道筋は必ずしも定かではなかった。

独立回復後の日本をめぐる問題は、米国にとっても重大事であった。すなわち、日本を自由主義陣営に確固として組み込むためにも、中国に代わる市場と資源の供給先を日本に提供し、日本の対中接近の欲求を抑えなくてはならない。そこで米国が目を向けたのが東南アジアであった。日本と東南アジアを結びつけることによって、日本は東南アジアに市場を得ることができ、日本の安価な製品は、東南アジアの社会不安や貧困を緩和して共産化防止にも繋がると考えられた。また当時、世界的に大きな問題は「ドル不足」であった。米国以外の世界各国で、国際決済通貨であるドルが不足する事態が起きていたのである。米国が東南アジア諸国に軍事援助を行い、そのドルで東南アジア諸国は日本製品を買うといった形でドルを循環させることも、この構想の重要な要素であった。

当時、スターリンの死去（一九五三年）を契機として朝鮮戦争とインドシナ戦争が休戦に至り（前者では一九五三年、後者では一九五四年に休戦が成立）、アジアにおいても熱戦が冷戦に転じようとしていた。その中でアジア諸国への共産主義の浸透を防ぐには、軍事面だけではなく経済発展を通じた生活水準の向上が重要だと考えられた。これらを背景に米国政府内では、一九五〇年代を通じて様々な形で「東南アジア開発」構想が提起され、ときに戦後ヨーロッパに対する米国の大規模援助であるマーシャル・プランと対比して「アジア版マーシャル・プラン」と呼ばれた。そしてこれに呼応して日本側においても「東南アジア開発」は、一九五〇年代アジア外交の一大トピックとなったのである。

日本側において「東南アジア開発」を熱心に提起した一人は吉田茂である。吉田は現役首相として戦後初の外遊となった一九五四年の欧米歴訪において、東南アジアが共産中国の影響下に入ることを防ぐには自由主義陣営の援助が必要だとして、四〇億ドルにのぼる米国の大規模援助を前提とした東南アジア開発構想を提起した。そこで日本が主要な役割を果たすこと、また後述するイギリス主導のコロンボ・プランと連動させることも重要なポイントであった。吉田は「アジア版マーシャル・プラン」の実現を米国政府に促そうと、その受け皿を作ろうとしたのである。

しかしアイゼンハワー政権や米議会は、必要なのは援助よりも貿易や投資の促進だとして、アジアに対する大規模な援助には消極的であった。また米国自身の財政規律維持や、東南アジアに開発の基盤となる条件が整っていないこと、米英の経済界が同地で日本と競合関係に入ることを嫌っていたことも米国政府が消極的だった要因であった。

他方で米国の構想は多くのアジア諸国の目に、日本のみを工業国として復活させ、他のアジア諸国は日本に資源や市場を提供するだけの地位にとめおく試みとして映った。またアジア諸国にとっては日本との戦争賠償問題が未解決であり、そちらが先決であった。

インドへの関心

吉田は訪米前年の一九五三年、閣議で「東南アジア経済協力」に関する基本方針を決定している。右記のような東南アジアへの関心を形にしたものであったが、そこでは賠償問題の早期解決とともに、さしあたり賠償問題がないインド、パキスタンなどと経済協力を開始する方針が示された。

ここで言う「東南アジア」にはインドなどが含まれているが、一九五〇年代の日本では、「東南アジア」にインド、パキスタンなど今日で言う「南アジア」を含む場合が多かった。その背景には、依然として英植民地であったマラヤ、シンガポール、英連邦傘下のインドなどがかつての「大英帝国」として一定の結びつきを保持していたことが挙げられるだろう。また「東南アジア」という地域概念自体、連合国が第二次世界大戦中に、日本軍占領地域に対する反攻を目的として設置した「東南アジア総司令部」に端を発する比較的新しいものであった。地域の枠組みは、いまだ確固として固まったものではなかった。

だがインドが日本と交戦しなかったわけではない。英国統治下にあった第二次世界大戦中のインドは英帝国の一翼を担って参戦し、また日本軍はインパール作戦などでインドにも進軍している。インドがサンフランシスコ講和への参加を拒んだのは、米英主導で冷戦色が強いことを批判したためである。その一方でインドは日本に対して、できるだけ早期に二国間平和条約を結ぶ意向を伝え、一九五二年に国交が樹立された際には対日賠償請求を放棄し、インドに残された日本資産の返還にも応じた。日本資産の返還は、無賠償を原則としたサンフランシスコ講和条約でも否定されたものであり、インドの対日姿勢は際だって好意的なものであった。長い闘争の末に独立を獲得したネルーらインドの指導者は、冷戦の波及はアジア諸国の独立を脅かす脅威だと捉えた。米国が対日講和に際して沖縄を分離したことは新たな占領であり、日米安保条約に基づく米軍駐留はアジアに冷戦を持ち込むものだと見なした。インドの日本に対する好意的姿勢は，米国の冷戦戦略に対する反発の裏返しであった。

一方で日本からすれば、中国大陸との間には冷戦の分断線が引かれ、東南アジア諸国との間には賠償問題が立ちはだかっていた。そのようななかでインドは日本に手をさしのべ、門戸を開いているかのように見えたのである。

インドの経済的魅力

一九五〇年代の日本において、インドに対する関心は後年に比べて著しく高いものであった。日本に対する好意的な姿勢に加え、非暴力主義で知られたガンディー、冷戦に決然と一線をひく中立主義の世界的指導者ネルーなどが、インドの政治的・道徳的な威信をひときわ高いものとしていた。戦時中に脱走の危険があるとしてゾウを「処分」した上野動物園に、ゾウをもう一度という日本の子供達の声に応えて、ネルーは愛娘の名をとった「インディラ」を贈り、広く親しまれた。ネルー自身、一九五七年に日本を訪問した際には各地で熱狂的な歓迎を受け、「これほどまでに盛大で自然発生的な歓迎は、外国で私がこれまで受けたなかでも最大のものである」と書き記した。

日本でインドが存在感を持ったもう一つの理由が、その経済的な魅力であった。当時インドは、経済面においても世界的な注目の的であった。戦後成立したアジアの二大国家は中国とインドであったが、中国は共産主義の道を選んだ。それとは異なる国家建設のモデルとして、米国はじめ自由主義陣営はインドに熱い期待を寄せたのである。創設間もない世界銀行なども、インドをその主要な対象としていた。

このようななか、戦後日本にとって対外投資の第一号（一九五一年）となったのが、インドのゴア（当時ポルトガル領）における鉄鉱石開発であった。朝鮮戦争を機に日本国内の鉄鋼生産が急増して鉄鉱石が必要となっており、日本と東南アジアの経済的結合を望むGHQの後押しも受けて、日本がアジア各地で試みた鉄鉱石開発の先駆けであった。一九五二年には、戦前の満洲で活躍した実業家出身の高碕達之助《たかさきたつのすけ》を中心に日印合弁の製鉄会社が構想された。結局この案件はインド側企業が参加を望まなかったために頓挫したが、その後も日本経済界の「インド熱」は続き、商社などもこぞってインドに支店を開設した。しかし現実にはインドの経済建設は順調には進まず、やがて一九五七年には深刻な外貨危機に陥る。そして日本経済界の関心も一九五〇年代後半に東南アジア諸国との賠償交渉が妥結すると、そちらへ移ることになる。

コロンボ・プランの文脈　米国が検討した「アジア版マーシャル・プラン」ほどではないにせよ、一九五〇年代の日本で関心を集めたのが、英連邦が推進した経済協力枠組みであるコロンボ・プランである。コロンボ・プランは一九五〇年に英連邦外相会議が打ち出し、翌年発足したもので、英国、オーストラリア、ニュージーランドなどが資金拠出や技術協力を行い、インド、パキスタン、マラヤなどの開発を進めるという構想であった。

コロンボ・プラン発足のねらいは、旧植民地の独立後も英連邦としての繋がりを維持することであったが、そのためには経済開発と生活水準の向上を通じて英連邦内への共産主義の浸透を防ぐことが重要であった。現に天然ゴムの産地として、英連邦内におけるドルの稼ぎ手の筆頭となっていた英領マラヤでは共産主義勢力の浸透が著しく、英当局は「非常事態」を宣言してゲリラとの戦いを本格化させていた。

コロンボ・プランは英連邦以外の自由主義諸国にも参加を呼びかけており、日本も一九五四年に加盟した。しかし日本政府はコロンボ・プランについて、農業改良や中小企業振興などが中心なので資源確保には繋がらず、また構想そのものも各国各々の計画を集めただけで結合力に欠けると見ていた。しかしその一方で、当時のアジアで大きな存在感を持っていた英連邦諸国と関係を再構築する手段として有用だと考えられた。具体的には経済的には英連邦を中心としたスターリング圏（英ポンドを貿易の決済通貨とする経済圏）に日本が進出する契機となること、また政治的には英国、オーストラリアなど、一九三〇年代の対日通商摩擦の記憶から根強い対日警戒心を持つ白人系英連邦諸国の対日姿勢を緩和することが期待された。これら諸国の反対で日本のGATT加盟が暗礁に乗り上げるなど、日本が国際社会への復帰を進めるうえで関門となっていたのである。日本のコロンボ・プラン加入の際も最初は反対にあい、米国の斡旋でようやく加入実現にこぎ着けた経緯があった。

その米国政府はコロンボ・プランを、自由主義諸国だけでなく、インドなど中立主義諸国も包含するがゆえに、対アジア政策を進めるうえで有用だと見なしていた。吉田が米国に対して「東南アジア開発」構想を提起した際、コロンボ・プランとの連携に言及することで、米国の援助を引き出そうとしたのは先述の通りである。

このように各国が様々な思惑を投影したコロンボ・プランであったが、経済的には顕著な成果を上げたとは言い難い。経済開発のための資金援助と技術協力の二本柱で構想されたものの、英国の財政状況の悪化もあって、一九五〇年代後半には技術協力が中心となっていった。

日本のコロンボ・プランへの関与は、賠償問題が解決していないなかで日本が資金を拠出するのは不適当だと判断されたこともあって、当初から技術協力が中心であったが、これは戦後日本の対外援助の一つの源流となった。コロンボ・プランなど対外的な技術協力を行うための機関としてアジア協会が設立され（一九五四年）、一九六二年に海外技術協力事業団（OTCA）に継承された後、国際協力事業団（JICA、一九七四年発足）を経て、円借款事業も統合した今日の国際協力機構（JICA、二〇〇八年発足）に至るのである。

ここまで見てきたように、一九五〇年代には東南アジアをめぐる数々の構想が打ち出されたのだが、それらは次のように整理することが可能であろう。すなわち米国の「東南アジア開発」構想は、対中封じ込め政策を展開する中で、日本の対中接近を防ぐことと東南アジアにおける共産主義の浸透を防ぐことを目標とする「冷戦」の文脈に沿ったものであった。これに対して英連邦主導のコロンボ・プランは、同様に共産主義の浸透を防ぐことを目的としながら、同時に独立後もアジアの旧植民地との紐帯を維持し、英連邦としての結束を維持するという「帝国」の文脈も重要であった。

そして日本にとっての「東南アジア開発」とは、冷戦の分断線によって失われた中国大陸に代わる「生存空間」の模索であった。したがって日本の「東南アジア開発」は、米国が想定した狭義の東南アジアへの関心を超えて、日本に対して開かれているように見えたインドへと広がった。またコロンボ・プランに対しても、スターリング圏への進出の足がかりとして、一定の期待を抱いたのである。

2 バンドン会議と日本の選択

「ナショナリズムの時代」の象徴

一九五〇年代のアジアを一言で特徴づけるとすれば「ナショナリズムの時代」であり、また「アジアの団結」が最も内実を持った時代であったと言えよう。この時期、アジアの国々は独立獲得の高揚感さめやらぬナショナリズムの熱気を濃厚に共有することができた。「独立の希求」の下にアジアは一つたり得たのである。

そのような時代精神の象徴が、一九五五年四月にインドネシアのバンドンで開催されたアジア・アフリカ会議(バンドン会議)である。会議にはアジア・アフリカから新たに独立を果たした国々を中心に二九カ国が参集し、相互の団結や植民地主義への反対などを確認した。それまで長らく「国際政治」とは、西洋列強とそこに加わった日本など一部の国々の専有物であり、植民地となったアジア・アフリカは、国際政治の舞台ではあっても主体ではなかった。アジア・アフリカの新興独立国が結集し、一つになって声をあげたバンドン会議は、アジア・アフリカが国際政治の新たな担い手として登場したことを知らしめる、世界史的な意義を持つ出来事であった。

このバンドン会議は、日本にとっても戦後初めて参加する国際会議であった。しかし日本の立場は微妙なものであった。日本は明治以来、戦争や植民地獲得を通じてアジアを支配する側であったし、インドなど中立主義諸国が主導するバンドン会議への参加に際しては、これを警戒する米国の意向に配慮する必要もあった。しかしその一方で「アジアの一員」という言葉は、戦後日本においても強い求心力を持っていた。これら相反しかねない立場の間で、どのような態度をとるか。それが問われたのが日本にとってのバンドン会議であった。

まずバンドン会議の開催に至る経緯と背景に触れておこう。第一にアジア・アフリカ連帯の流れである。アジア・アフリカの新興独立国が集まり、相互の連帯を確認する先駆けとなったのは、一九四七年にインドのニューデリーで開かれたアジア関係会議である。会議を主催したインドが独立前であったことから民間レベルのものとなったが、二九カ国の代表が集まり、独立後の連帯と協力を確認した。一九四九年にはインドネシア独立戦争をめぐってアジア各国の代表が集まり、オランダ軍のインドネシアからの撤退を国連安保理に勧告した。一九五〇年にはこの二つの会議に参加した国々を中心に、国連におけるアジア・アフリカ・グループが結成された。植民地復活など、独立を脅かす動きへの対抗が、アジア・アフリカ結集の大きな目的であったといえよう。

第二に冷戦に対する危機感である。先述したようにインドのネルーは、アジアに冷戦対立、なかでも米国の冷戦戦略が波及することに対して強く反発していた。インドネシアなど他の中立主義諸国も同様であった。しかし一九五四年に米国主導の軍事機構であるSEATO（東南アジア条約機構）が結成されると、フィリピン、タイ、パキスタンなどがこれに加入した。インドやインドネシアにとってこの動きは、自国の足元にまで冷戦対立が押し寄せてきたことを意味した。アジア・アフリカ諸国が結集して、冷戦を拒否する姿勢を打ち出すことが喫緊の課題だと考えられるようになったのである。

第三に共産主義との関係であり、この側面を象徴するのが、バンドン会議の主役となったインドと中国との関係である。中華人民共和国の成立当初、中国はアジアの新興独立国を帝国主義の「傀儡」と見なし、それらの国々で活動していた共産主義勢力への支援に力を入れていたが、やがて行き詰まる。中国は一九五四年頃には「平和共存」路線に転じ、インドと「平和五原則」を結んだ。領土・主権の尊重、相互不可侵など五つの原則は、中印関係のみならず国際関係一般に適用されるものだとされたが、これは当時の文脈においては中国による革命輸出政策の放棄であり、他国にとってはこれによって初めて、中国と通常の外交関係が可能になるという意味を持っていた。

ネルーは、中国指導部がイデオロギー偏重の過激な外交に走りがちなのは、外の世界との接触を持たず孤立しているためだと考え、中国を他のアジア諸国と接触させることで穏健な方向に導く必要があると考えた。その機会がバンドン会議であり、ネルーにとって中国の参加はきわめて重要であった。

会議開催と日本招請

上記のような三つの流れを背景にバンドン会議が開かれるのだが、会議の実現を主導したのはインドネシアであった。インドネシアはオランダとの独立戦争に勝利し、独立を確かなものにしたとはいえ、国内におけるオランダの経済的特権は残ったままであり、ニューギニア島の西半分（西イリアン）は依然としてオランダ植民地のままであった。植民地主義がまだ現実のものとして残る一方で、SEATO結成など冷戦が足元に及んでいる。しかしこのような独立を脅かす脅威に対抗するには、自国だけではあまりに弱い。インドネシアと同様の立場にある国々が結集して、声を一つにする必要があると考えられたのである。

当初、ネルーは必ずしもバンドン会議開催に積極的ではなかった。仮にこのような会議を開いても、カシミール問題などで激しく対立するパキスタンがネルーの主導権を妨害することが予想された。しかし結局ネルーはインドネシアの熱意に押される形で開催に同意し、コロンボ・グループと呼ばれた五カ国（インド、インドネシア、パキスタン、ビルマ（現在のミャンマー）、セイロン（現在のスリランカ））が主催国となった。

開催が決まると、大きな問題となったのはどの国を招くかであった。なかでも最大の焦点は、中国を招くことの是非であった。ネルーにとって中国招請は前述のように会議の主目的であった。しかし中印が会議を主導することを警戒するパキスタンが強硬に反対した。結局ビルマが中国招請に賛成して議論は決着したが、中国参加を認める代わりにパキスタンが持ち出したのが日本招請であった。パキスタンはSEATOに加盟し、自由主義陣営の立場をとっていたが、中国に対抗し得るアジア自由主義陣営の「大国」として日本を参加させ、バランスをとろうとしたのである。パキスタンの意図を知るネルーは難色を示したが、最後には折れて日本招請が決まった。

バンドン会議招請の知らせが届いたとき、日本の世論は「アジア復帰の好機」として沸いたが、日本が招かれた真の理由、すなわち中国に対抗するバランサーとしての期待との間には、大きな隔絶が存在した。そのことを知る日本の外交当局は、世論とは異なり諸手をあげて招請を歓迎というわけにはいかなかった。またバンドン会議への参加を決めるには、米国の意向を探る必要があった。

バンドン会議の招請が届いた一九五四年の末、日本では吉田首相が追い込まれた末に退陣し、「対米自主」を掲げた鳩山一郎が首相に就任した直後であった。鳩山首相は、吉田との差異化もあって中ソとの関係構築を訴え、米国から中立主義者ではないかと疑われる局面もあったほどで、バンドン会議への参加にも積極的であった。これに対して戦前以来の外交経験を誇る重光葵《しげみつまもる》外相は、日本外交の基軸はあくまで自由主義陣営にあるとして、バンドン会議参加に慎重であった。

日本の決定に大きな影響を及ぼす米国は、本心ではバンドン会議の開催自体を望んでいなかった。会議を通じて中立主義諸国や中国の影響力が増すことを警戒したのである。しかし開催させぬように米国が露骨に圧力をかければ逆効果となりかねない。米国は事態を静観しつつ、バンドン会議が主催国間の内部対立によって準備段階で潰えることを期待した。しかしやがて開催は不可避とみると、今度はアジアの自由主義諸国に対し、バンドン会議に積極的に参加して、中立主義・共産主義諸国の攻勢を食い止めるよう求める姿勢に転じた。そして日本に対しても、会議に参加して反共の立場から積極的な行動をとるよう求めたのである。

バンドン会議での日本

このようななか、鳩山政権内のバンドン会議に対する姿勢は二つに分かれた。一つは米国の要請に応え、フィリピンやタイなど他の自由主義諸国と連携して反共の立場で臨むべきだという重光外相である。これに対して鳩山首相は、激しい対立が予想される政治問題からは距離をおき、経済を中心に広くアジア諸国と関係を再構築する場にしたいと考えた。結果として主流となったのは後者の立場であり、会議への代表には経済審議庁長官の高碕達之助が選ばれた。

バンドン会議は一九五五年四月末に始まったが、政治問題をめぐって激論が交わされる波乱含みの展開となった。自由主義陣営の立場をとる国々は、植民地主義を議題にするならば、東欧におけるソ連の「衛星国」など、「共産主義下の植民地主義」という問題も取り上げねばならないと主張し、これに中国の周恩来《しゅうおんらい》首相が激しく反論した。「アジア・アフリカ」は決して一枚岩ではなく、バンドン会議参加国はインド、中国など中立主義・共産主義の立場をとる国々と、自由主義陣営の国々とで二分されており、冷戦対立の代理戦争という色彩を帯びた。一時は共同コミュニケの採択は不可能かと思われたが、日程を延長した末に、ようやく「バンドン宣言」の採択にこぎ着けることができた。それは「平和五原則」についての賛否双方を盛り込んだ折衷的なものであったが、ともあれ会議が一つのコミュニケを作り上げることができたには違いなかった。その後、月日が経つにつれ、会議における激しい対立よりも、アジア・アフリカが「一つの声」を発したという結果の方が意味を持ち、「アジア・アフリカ団結の場」というバンドン会議の評価が定着していくことになる。

日本は、バンドン会議での政治問題をめぐる激論に、基本的には深く立ち入らない姿勢をとった。態度が曖昧だったことに加え、経済審議庁長官という高碕のポストも相まって、オブザーバー的な立場にとどまったという評価も見られた。しかしこの会議における日本の主たる関心は、次に見る経済問題に置かれていたのである。

中国との対面

バンドン会議では政治問題の討議と並行して、経済協力と文化交流についても取り上げられた。日本はこれらの問題では能弁であった。文化交流については、「アジア・アフリカ文化賞」の創設を提案して一定の支持を得たものの実現には至らなかった。

また経済問題については多角的決済方式の必要性や、各国間の開発計画を調整する必要などを訴えた。その一部は最終コミュニケにも盛り込まれたが、大半の参加国は日本の提案にさほど乗り気ではなかった。当時のアジアでは、政治的に独立は果たしたものの、経済的には依然として旧宗主国との関係に依存している国も多かった。その一方でナショナリズム感情もあって各国独自の開発計画を重視しており、他国との調整の必要が伴う域内横断的な開発計画には消極的であった。

つまるところバンドン会議の時点においてアジアは「独立への希求」で連帯することは可能であったが、経済的には「アジア」としてのまとまりを持つことは困難であり、経済面における日本の意気込みは空振りに終わった観があった。

一方、バンドン会議は日本にとって、戦後初めて閣僚レベルで中国と接触する機会となった。会場近くのホテルのロビーで高碕と周恩来が偶然会ったので言葉を交わしたとされたが、実際には日中間で事前に周到な打ち合わせが行われたうえでの計画的な接触であった。その場で高碕と周は別途会談することで合意し、四日後に実現した。この会談の冒頭で高碕は「まず、第一に戦争中、わが国はお国に対し、種々御迷惑をおかけしたことに対して、心からお詫びをしたい」と述べると、周は「この五〇年の期間は、日本と中国との幾千年来の友好関係から見るとまったく短期間の出来事であります」と述べたうえで、関係正常化に向けた取り組みを求めた。高碕は米国の意向もあるので、まずは貿易を行いたいと述べ、さらに「何とかして周さんのところと台湾が一本になることはできませんか」と訴えた。両者はさらに会談することを約束したが、三回目の会談は実現しなかった（岡田晃『水島外交秘話』）。高碕・周会談が政治問題に踏み込むことを警戒した米国が、日本側に圧力をかけたのである。日中接近に対するアメリカの警戒心はそれほど強いものであった。

バンドン会議はまた、日本にとってアラブ諸国と戦後初めて本格的に接触する場ともなった。日本代表は会議中にアラブ各国やイラン代表と会談を行い、会議後にエジプト、イラク、ヨルダンなどの代表が日本を訪問した。日本からみて中東は、石油の輸入先であることに加えて、オイル・マネーで潤いつつある有力な市場としても魅力的であった。賠償交渉の停滞で東南アジア進出の目処が立たないなか、日本の関心はインドから先の中東にも向けられたのである。一九五六年に起きたスエズ戦争に際して、重光外相はアラブ・ナショナリズムと欧米との対立を平和的に解決しようと試みた。国際的な調停というだけでなく、中東における日本自身の利害がかかっていると認識されたのである。

3　戦争賠償と東南アジアへの再進出

賠償問題をめぐる構図

日本にとってバンドン会議は、招待されたという意味で受け身のものであったが、その傍らで日本が注力していたのが、戦争賠償問題である。前章で見た通り、サンフランシスコ講和会議を主導した米英は当初、報復や懲罰の色合いを避け、日本に賠償を請求しないという方針をとった。これに対して、戦争中に甚大な被害を受けたフィリピンなどが猛反発し、戦時中に日本軍に占領された国は対日賠償を請求できるとされた。結局、サンフランシスコ講和条約に基づいて賠償を請求したのは、フィリピンと南ベトナムであった。中華民国、インド、ビルマは個別に日本と平和条約を結び、その際、中華民国とインドは賠償請求権を放棄した。カンボジアとラオスも賠償請求権を放棄し、賠償に代わるものとして経済・技術協力協定を締結して日本が無償援助を提供した。インドネシアはサンフランシスコ講和条約に調印したものの、賠償が現金ではなく役務（技術や沈船引揚など労務の提供）による支払いとされたことに不満を持ち、批准をしなかったため、二国間で平和条約を結ぶことになった。こうしてフィリピンやインドネシアなど東南アジアの主要国と賠償交渉が行われることになったが、いずれも順調には進まず、日本が東南アジアに再進出する上で大きな壁となっていた。

賠償交渉が難航した理由はいくつかある。一つは額の問題である。サンフランシスコ講和条約締結の前後に各国が提示した対日賠償要求額は、インドネシア一七二億ドル、フィリピン八〇億ドル、ビルマ六〇億ドル、南ベトナム二〇億ドルなど、この四カ国だけで三三二億ドルにのぼったが、これは当時の日本の国民総生産の二倍近い額であり、日本政府は非現実的な数字だと捉えた。加えて日本は賠償だけでなく、占領期に米国から受けた援助の返済や、戦前からの債務の支払いなども抱えていた。

また日本からすれば賠償交渉の相手は一カ国ではない。一カ国との交渉が、他国との賠償交渉にも即座に跳ね返るため、複数の交渉のバランスをとりながら進める必要があった。同様に東南アジア諸国の側も、他の賠償請求国とのバランスに敏感になっており、日本と賠償請求国の双方において、妥結に向けた政治決断を下しにくい構図となっていた。

さらに日本の政治家や世論の認識は、そもそも賠償自体について前向きとは言えないものであった。戦争中に日本が東南アジアで戦ったのは米英、オランダなど植民地宗主国であって、フィリピンやインドネシアと戦争をしたわけではない。なぜ東南アジア諸国に賠償を支払う必要があるのかという疑問の声が強かったのである。そこに日本の戦争は、やり方としてはまずかったものの、「植民地解放」という「大東亜戦争」の理念は間違っていなかったはずだという潜在的な意識を見て取ることも不可能ではあるまい。

占領下において日本政府が遺家族援護費用を計上しようとした際、GHQの経済顧問であったドッジは「日本に殺されたフィリッピン人の兵隊の遺家族の気持ちが諸君には分からないのか」と詰問したという。当時の日本の国内世論が、戦争中にアジア諸国に及ぼした惨禍について相対的に関心が薄かったことは否定できないであろう。

このような国内世論を説得するため、日本の政治家や当局者はしばしば、賠償は長期的には日本経済のためになる「投資」なのだと説明した。通産省の担当者は東南アジアという「処女地には排外的ナショナリズムや日本の侵略に対する疑惑の念などという強風が吹きすさんでいる。その中に安全に乗込むには賠償という大義名分と結びつける以上の良策はないではないか」とあからさまにその効用を説いた。このような言動が賠償交渉相手国に伝わり、反発を招いて交渉の停滞を招くことも少なくなかった。

償いか、投資か

それでも賠償交渉は徐々に動き始める。日本政府は当初、講和条約に基づいたフィリピンとの交渉にまず取り組むことを考えていたが、インドネシアが交渉団を派遣してきたので、こちらが先行することになった。インドネシアの請求額は一七二億ドルと巨額であったが、これは戦後まもなくインドネシアのオランダ植民地当局が作成した被害リストに基づく三二五億ギルダーを、当時のレートでドル換算したものであった。またインドネシア側は、日本軍によって強制労働に従事させられ死亡したインドネシア人(「ロームシャ(労務者)」)への賠償を求めたが、日本側は人命に対する賠償はサンフランシスコ講和条約にも含まれていないとして拒否した。またインドネシアが日本の「交戦国」であったのか否かという根本的な点についても、両国の間には見解の相違が根強く存在した。

この時の交渉ではインドネシア側が、賠償金額は被害の算定よりも日本の支払い能力を重んじて決め、現金ではなく役務に限定するといったサンフランシスコ講和条約に沿った方針を受け入れ、一九五二年一月に賠償に関する中間協定が結ばれた。しかしインドネシア国内の不満は大きく、インドネシアの国内政局も影響して批准には至らなかった。

これと前後して、日本政府はフィリピンとの賠償交渉を開始した。フィリピン側は総額八〇億ドル、支払い期間は最長で一五年、条約批准前の中間賠償の支払いという三点を要求した。支払いは現金を含むということであったが、これは講和会議でもフィリピンが強く主張したことであった。交渉を通じてフィリピン側はいくらか譲歩したが、日本側には巨額の支払いに応じる用意はまったくなかった。戦争中の被害が甚大であったフィリピンの対日感情はきわめて悪く、日本側ではまず戦争について謝罪をして、フィリピン側の感情を和らげることが先決だと考えられた。

このように東南アジア諸国との交渉が難航する一方で、サンフランシスコ講和会議に招かれなかった中華民国(国民政府)との国交樹立交渉が始まった。中国大陸から台湾に逃れ、国際的な正統性が揺らいでいた蔣介石率いる国民政府は、対日無賠償という米国の原則を受け入れざるを得ない状況であった。しかし他のアジア諸国が賠償を受けるなら、中国だけが賠償を放棄するわけにはいかないと主張した。これに対して日本側は、賠償の対象は中国大陸であって、台湾には関係ないとして対立した。結局、国民政府は「日本国民に対する寛厚と善意の象徴として」、賠償請求権を放棄するとした。そのことによって、現実には台湾しか支配していない国民政府が「全中国」を代表するという建前だけでも保とうとしたのである。

交渉の妥結へ

一九五三年一〇月、戦後初となる岡崎勝男外相の東南アジア歴訪を前に、吉田政権は賠償交渉について以下のような方針を立て、閣議決定とした。日本の対外支払い能力をGNPの一%と考え、そこから外債支払いなどを除いて賠償支払い総額を五億ドルと考える。被害の大きさに比例してフィリピン、インドネシア、ビルマへの賠償を四対二対一の比率としてそれぞれ二億五〇〇〇万ドル、一億二五〇〇万ドル、六〇〇〇万ドルとする。この頃、対中貿易に代わるものとして期待された「東南アジア開発」が、賠償交渉妥結に向けた積極姿勢の背景となっていた。

これと前後して米国は、朝鮮戦争やインドシナ戦争の激化を背景に、アジアにおける自由主義陣営の結束強化を重視し、フィリピンに対して日本に過大な賠償額を要求しないよう説得した。やがてフィリピンの経済開発に協力するという形をとって一九五四年、吉田政権の下で「一〇億ドルの価値を生み出す四億ドル」という条件で日比は合意にこぎ着けたものの、この時はフィリピン上院で賛成が得られなかった。

しかしこれがビルマとの賠償交渉に大きな影響を与えた。日比交渉の進展を見たビルマが、フィリピン並みとして四億ドルの二〇年払いを主張したのである。これに対して日本側は、戦争被害の差から見てフィリピンと同額はあり得ないとして、二億ドルを主張した。ただし一〇年払いとすることで、一年あたりではフィリピンと同額になるという条件を提示した。結局これに五〇〇〇万ドルの経済協力を加えることで交渉は妥結した。日本との交渉を決裂させるより、国内の経済建設に必要な資金を確実かつ早急に獲得した方が得策だというビルマ政府の判断であった。支払いは役務と生産物によるとされ、具体的には水力発電所や製鉄所の建設が挙げられた。またビルマとの交渉妥結は他国に先んじたものであったことから、日本と他国との交渉の結果次第では、後日、賠償額の再検討を行うとの条項が盛り込まれ、実際、一九六三年にビルマへの追加的措置として一億四〇〇〇万ドルの無償援助と三〇〇〇万ドルの借款供与が行われた。

続いて一九五六年にフィリピンとの交渉が妥結した。五億五〇〇〇万ドルを二〇年払い、これに加えて経済協力として二億五〇〇〇万ドルの借款を二〇年分割で供与する総額八億ドルの枠組みを、最終的に鳩山首相が受け入れた。吉田政権下での合意の二倍にあたる額であったが、この間、日本の経済成長も進んでいた。また役務だけではこれだけの額を満たすことは困難だとして、船舶供与などの物資賠償が中心となり、一部現金賠償も含むものとなった。

このフィリピンと同額を主張していたのがインドネシアであり、日本が同意しないことに対して対日貿易の決済を滞らせたり、日本人や日本船舶の寄港を制限するなど強硬な措置を打ち出していた。一九五五年のバンドン会議に際して、インドネシア側は要求額をそれまでの一七五億ドルから一気に一〇億ドルまで引き下げたものの、日本側は依然として大きすぎる数字だと捉えた。その後、日比賠償が総額八億ドルの線で固まると、インドネシアもこれに近い額を主張するようになった。インドネシアとの賠償交渉は、次節でも触れる岸首相の東南アジア歴訪時（一九五七年）に妥結した。賠償として二億二三〇八ドル（一二年払い）、経済協力として借款四億ドル（二〇年分割）、これに加えて、インドネシアが対日貿易で不払いとしていた焦げ付き債権一億八〇〇〇万ドルあまりを日本が放棄するという内容である。賠償の内容は、ダムやホテルの建設、船舶の供与などであり、焦げ付き債権放棄という、いわば借金棒引きは、実質的な金銭賠償と見てよかろう。

フィリピンの半分という従来の日本側の前提を覆してインドネシア賠償を妥結に持ち込んだのは、岸首相の主導によるところが大きいと見られるが、これについては次節で触れる。インドネシア賠償をはじめ賠償事業の受注をめぐって日本の商社間では激しい受注合戦が繰り広げられ、汚職の疑いが指摘されることもあった。

南ベトナムとの賠償交渉は、一九五九年に妥結した。役務と生産物供与からなる賠償三九〇〇万ドル、政府借款七五〇万ドル、経済開発借款九一〇万ドルという内容である。ベトナムへの賠償をめぐっては、南北ベトナムのいずれに払うのかという問題があった。日本政府は南ベトナム政府に対して、ベトナム全土への賠償を支払うという立場をとった。日本政府からすれば中国への賠償、すなわち台湾の国民政府が行った対日賠償放棄が、共産党支配下の中国大陸にも及ぶか否かという問題と重ねて検討せざるを得ない微妙な問題であった。

一九七三年に日本は北ベトナムとも国交を樹立するが、その際、北ベトナム政府は日本に賠償を要求した。結局この問題は、一九七六年に南北ベトナムが統一された後、日本は公式には新たな賠償は支払わないものの、南ベトナムへの賠償額に見合う額の無償経済援助を統一ベトナムに対して行うことで決着した。

賠償の評価をめぐって

賠償以外にも、日本軍による華人虐殺などへの補償という性格を持つシンガポールとの「血債問題」（一九六六年に五〇〇〇万シンガポール・ドルの供与で合意）、戦時中に日本軍がタイで発行した「特別円」の補償（一九六二年に九六億円の無償供与で最終合意。第4章参照）など、日本は東南アジアへの再進出を進める過程で、戦争に起因する多くの問題に直面することになった。

一九五〇年代に次々と結ばれた賠償協定に基づいて、日本は一九七〇年代まで賠償の支払いを続けた。戦後日本の賠償の特徴は、当初から相手国に対する経済協力と抱き合わせの形で行われた点にある。また賠償が現金ではなく、役務や物品供与が中心になったことから、日本企業から見れば東南アジアに向けた経済進出の橋頭堡ともなった。すなわち、賠償事業として日本企業が現地で日本政府の支出によってダムや工場の建設を行い、建設後もメンテナンスや部品供給などを行うことによって、日本企業が各国に進出する足がかりとなったのである。賠償事業はやがて政府開発援助（ODA）に置き換えられ、いわゆる「ひも付き」援助から「ひもなし」へと移行していくが、経済協力という性格は継続することになる。このように賠償は戦後日本の対外援助の一つの源流と言えよう。

その一方で、経済協力と抱き合わせとなったことによって、戦争への謝罪と償いという性格が薄まったという指摘もある。賠償の多くはインフラ建設など大規模事業に費やされ、本来の戦争被害者には届かなかったという批判、日本と現地政府、大企業との癒着を生み出したという批判が生じることになった。また、一九八〇年代から九〇年代以降になると、従軍慰安婦問題などに代表される個人補償という問題が浮上することにもなった。

いずれにせよ戦争への償いと経済進出と経済協力と、それらすべてを含みながら展開した賠償は、日本が東南アジアに再進出する上で関門となり、そして本格的な第一歩となったのである。

4 「アジアの一員」として

ナショナリズムと冷戦の狭間で

鳩山政権の後には石橋湛山《いしばしたんざん》が二カ月あまりで退陣し、その後任として一九五七年二月に首相の座に就いたのが岸信介である。この頃には、日本にもようやく積極的なアジア外交を展開する基盤が整いつつあった。東南アジア諸国との賠償交渉も多くの国との間で目処がつき、一九五六年には日ソ国交回復、そして念願であった国連加盟が実現した。そして内政においては、一九五五年に保守合同が実現して自由民主党が発足していた。それまで対ソ国交回復交渉など重要な外交案件をめぐって、イデオロギーを異にする社会党だけでなく、ことあるごとに同じ保守系の民主党と自由党が対立し、外交の運営を難しいものにしていた。その保守陣営がともかくも統一されたのである。

このようななかで登場した岸は、戦前は商工省から満洲国に転じて腕を振るい、占領下では開戦時の東条内閣の商工相ということもあって公職追放にあったものの、政界に復帰すると瞬く間に首相の座に上り詰めた実力者であった。岸は首相就任時に六〇歳、それまでの吉田や鳩山に比べると格段に若くエネルギッシュであった。

岸と言えば日米安保改定で知られるが、その一方でアジアに向けても盛んに外遊し、積極的な外交を展開した。当時のアジアは依然としてインドのネルーなどが率いる中立主義が勢いを保ち、反植民地感情を帯びたナショナリズムも旺盛であった。そのなかで展開された岸のアジア外交は、戦後外交のなかでも「アジアの一員」という立場を最も強く打ち出したものであり、同時にアジアのナショナリズムと欧米との「橋渡し」役を演じようとするものであった。しかしそれは同時に両者の間で、微妙なバランスと舵取りを必要とするものであった。

「東西の架け橋」

岸政権の発足から半年あまり経った一九五七年九月、初めての『外交青書』(『わが外交の近況』)が刊行された。そこで日本外交の基調を成すものとして打ち出されたのが、(1)国連中心、(2)自由主義諸国との協調、(3)アジアの一員としての立場の堅持という「外交三原則」であった。外務省は三原則相互の関連について、国連が所期の目的を果たしていないので、自由主義諸国が共産主義諸国に対して結束することで平和を維持し、かつアジアにおける平和を実現するため、アジアの一員として公正な発言者としての役割を果たすことだと説明した。

しかし実際には、このように相互の連関が考え抜かれていたというよりは、策定に携わった外務省員が言うように、「そのころ国民の間に育っていた対外願望を要約したもの」(斉藤鎮男『外交』)という方が適切であろう。日米安保という現実、国際的な権力政治を否定するものとしての国連への期待、そしてアジアの一員でありたいという願望が並置されたのが、この「三原則」であった。そして現実の外交としては、高揚するアジアのナショナリズムをいかに欧米と協調的なものに導くか、国連を舞台にその可能性を模索するというのが、この時期の日本外交の大きな課題の一つであった。

一九五六年一二月に日本の国連加盟が実現した際、重光外相は国連総会において、日本は「東西の架け橋」になるとして、格調高く日本加盟の意義を説いた。ここで重光が言う東西は、東西冷戦ではなく、日本がアジア・アフリカの反植民地主義やナショナリズムと欧米諸国との「架け橋」になるという決意表明であった。当時アジア・アフリカの植民地から次々と新たな独立国が生まれていたが、それらの国々は宗主国に対する独立闘争の経緯もあって、反欧米かつ親共産主義に傾く傾向にあった。そしてこれら新興独立国は国連においても徐々に多数を占めるようになり、欧米が対応に苦慮する局面も増えつつあった。そこで仲介者として振る舞うことに、日本は自らの外交上の使命を見出そうとしたのである。

鳩山政権から岸政権期にかけて、日本の「東西の架け橋」たらんとする意思が試される局面が続いた。一九五六年七月、エジプトのナセル大統領がスエズ運河の国有化に踏み切り、これに反発する英国はフランス、イスラエルと組んでエジプトに圧力をかけ、戦争の可能性が高まった。スエズ危機である。国連加盟を控えた日本はエジプトに「エジプトのナショナリズムについて全面的な同情を持つ」と伝えつつも急進的な行動を控え、国連に提訴するよう説き、安保理で調停案が採択されるとその受諾をエジプトに働きかけた。結局、英仏、イスラエルがエジプトに対する軍事侵攻に踏み切り、日本の努力は実らなかった（その後、英仏、イスラエルは米ソはじめ世界の批判を受けて撤退）。英国は日本がエジプトの説得に努めたことを批判したが、日本は事態を放置すればソ連を利するだけだと答えた。

一九五八年には同じ中東のレバノンで危機が発生する。イラクでおきた革命の波及を懸念した米国がレバノンに出兵したことに対し、国連加盟後、非常任理事国に選出されていた日本は、国連監視団を強化して米軍の撤退を求める独自の決議案を提出した。結果的に日本の決議案は採択されなかったものの、各国から高く評価された。しかしその後、ハマーショルド国連事務総長が日本の構想を受ける形で国連監視団の増強を図り、日本にも自衛隊員の派遣を求めると、日本は憲法上の問題はないが、自衛隊法などに違反する疑いがあるとして断った。日本が「国連中心」を掲げつつ、国連主導の安全保障にどう関わるかが問われたのだが、日本国内で本格的な議論には発展しな

とになる。

かった。停戦監視目的で自衛隊が海外に出るのは、一九九〇年代にカンボジアPKOへの参加が実現してからのこ

東南アジアへの展開

日米安保改定とともに岸が取り組んだ外交課題が、東南アジアであった。岸は首相に就任した一九五七年、二度にわたって東南アジア歴訪を行った。五月にビルマ、インド、パキスタン、セイロン、タイ、中華民国の六カ国を回り、六月の訪米を挟んで一一月には南ベトナム、カンボジア、ラオス、マラヤ、シンガポール、インドネシア、オーストラリア、ニュージーランド、フィリピンの九カ国を訪れた。この地域の主要国を網羅する勢いである。

岸は後年の回顧で、一回目の東南アジア歴訪の目的は、日米安保条約改定を前にアジアをまわり、「アジアの中心は日本であることを浮き彫りにさせること」によって、日米交渉における自らの立場を強化するねらいがあったと語っている。しかし実際には二度にわたる東南アジア歴訪で岸が注力したのは、「東南アジア開発基金」構想であった。これはコロンボ・プランの参加国を対象に、世界銀行などの融資対象から外れた案件に対して低利、長期返済の資金を供給し、経済開発を進めるという構想である。その背景には、日本の影響力強化というねらいと並んで、中国の東南アジアに対する経済的浸透への懸念、ヨーロッパにおける共同市場発足の動きに刺激されたことなどがあった。

岸はこの構想を携えて各国を歴訪したが、反応はおしなべて冷淡なものであった。アジア諸国は新しい基金の創設が、米国や世界銀行からの既存の援助の削減に繋がるのではないかと警戒し、資金拠出を期待された米国も積極的ではなかった。

その一方で岸は、インドのネルーと核実験への反対で歩調を揃えるなど、必ずしも米国と軌を一にしない外交姿勢も垣間見せ、他方で戦時中の記憶から対日感情が厳しかったフィリピンやオーストラリアでは、謝罪を明確にする演説を行った。だが一連の東南アジア歴訪における最大の成果は、やはり賠償問題の解決ということになるであろう。南ベトナムでも賠償交渉に一定の成果を上げたが、より大きな意味を持ったのはインドネシアであった。

一九五七年一一月にインドネシアを訪れた岸はスカルノ大統領の間で、難航していた賠償交渉を一気に妥結させた。先述した「借金棒引き」を岸が受け入れたのである。しかしこのときインドネシアは、スカルノの容共姿勢や中央集権に反発する地方勢力が反乱を起こし、これにスカルノ政権打倒をもくろむ米国が水面下で支援を与えるという事実上の内戦状態にあった。その最中にスカルノはオランダ資産の接収に乗り出し、独立後も経済的実権を握るオランダの影響力を一気に排除しようとした。この局面でスカルノに肩入れするかのような日本の賠償交渉妥結は、複雑な政治的意味をはらむものであった。米国は岸の行動を歓迎しなかったものの、オランダ追放後の「真空」に中ソが進出する可能性を考慮すると、賠償を先陣とする日本のインドネシア進出を黙認せざるを得なかった。冷戦と脱植民地化、そして日本のアジア再進出が重なったのが、インドネシア賠償の国際政治的な意味であった。

やがて一九六〇年代に入ると中印戦争に見られるように「アジアの連帯」は分解し、岸政権を継いだ池田勇人首相は、国内では「所得倍増」、国際的には「アジアの一員」から「日米欧＝自由主義陣営の三本柱」へと外交の重心を移していく。日本がやがて「先進国」を自認するにつれ、アジアとの関係もその「一員」から、「援助する側」とされる側」へと移行していくのであった。

5　近くて遠い、中国、韓国

ここまで見たように、一九五〇年代の日本のアジアとの関係再構築は、インドなどに始まり、賠償交渉の妥結に伴って東南アジアへと至った。しかしその一方で、日本に隣接する中国、朝鮮半島との関係は分断と対立を基調とする厳しいものであった。日本による植民地化や戦時中の被害など歴史にまつわる負の遺産に加えて、中国と朝鮮半島の双方が戦後、分断国家となったことは、日本外交にとって大きな制約要因となった。

日韓関係の厳しさ

まず韓国との関係である。一九四八年に樹立された大韓民国（韓国）との間で最初に結ばれたのは、日韓通商協定(一九四九年)であり、これによって貿易再開が可能となった。日本は占領下にあったが、日韓それに米国にとって、日韓の経済関係を早期に再開することが重要だと認識されたのである。だが、経済的に再び日本に統合されることを懸念する韓国側の警戒心はきわめて強かった。

政治面においては、事態は一層困難なものであった。日韓国交樹立を目指す交渉は、一九五一年に予備会談が開始された。しかし、すぐさま問題が続発する。一九五二年、韓国の李承晩政権が韓国周辺海域に「李承晩ライン」を設定し、その域内に立ち入った日本漁船の拿捕《だほ》を始めたことに対して、日本側は「李ライン」の設定を含め、韓国側の措置を一方的なものだとして強く抗議した。

一九五三年には日韓交渉の席上で日本側の久保田貫一郎《くぼたかんいちろう》代表が、韓国が日本に対して植民地支配に伴う損害への補償を求めた、いわゆる請求権問題について議論する過程で、日本の植民地支配には「よかった面、たとえば禿山が緑の山に変わった、鉄道が敷かれた、港湾が築かれた、また米田が非常にふえたというふうなこと」もあったと述べたことが韓国側を激高させた。日本が植民地支配について反省していないことを象徴する発言だと受けとめられたのである(「久保田発言」)。交渉は決裂し、会談が再開されるまで四年半を要することになった。

このような日韓両国を、なんとか結び付けようと注力したのが米国であった。共産主義陣営に対抗するため、アジアにおける自由主義諸国間の連結を強めたい米国にとって、日韓の緊張関係は頭の痛い問題であった。米国は日本側には久保田発言の撤回を、韓国には李承晩ラインの撤廃を働きかけるなど、水面下で日韓関係改善を図ろうと試みた。

日韓交渉は一九五八年になって再開されたが、今度は北朝鮮(朝鮮民主主義人民共和国)や在日朝鮮人をめぐって紛糾する。一九五九年に入って赤十字国際委員会の仲介によって、日本と北朝鮮との間で、在日朝鮮人の北朝鮮送還に向けた協議が始められた。差別の厳しい日本に留まるよりも、祖国建設に寄与しようという朝鮮総聯(在日本朝鮮人総聯合会)の呼びかけに応じて、多くの在日朝鮮人が北朝鮮に渡ることになる(その多くは、戦後に韓国となる朝鮮半島南部の出身であった)。この動きに対して、自国を朝鮮半島における唯一の正当な政府だと主張する韓国政府が猛烈に反発したのである。赤十字を交えた日朝の協議が妥結するに至って、韓国は対日貿易の断絶を発表した。
そのようななか、一九六〇年四月に韓国で李承晩政権の権威主義的体質に反発する学生や市民が蜂起し、李政権は崩壊する。その後、日韓交渉が実質的な進展をみるのは、一九六〇年代に入って韓国で軍部主導の朴正熙《パクチョンヒ》政権が成立してからであり、日本側では池田勇人政権の時代になっていた。

「平和攻勢」と日中民間貿易

スターリンの死去（一九五三年）を契機に朝鮮戦争とインドシナ戦争という二つの発火点が相次いで休戦に至ると、アジアにも緊張緩和が訪れた。それを受けてソ連や中国は、それまでにない柔軟な態度で自由主義諸国などへの関係改善を呼びかけるようになり、「平和攻勢」と呼ばれた。

一九五四年一〇月、ソ連と中国は日本に関係改善を求める共同宣言を発表した。「平和攻勢」は日本にも向けられたのである。同年一二月、吉田に代わって首相の座に就いた鳩山一郎は中ソとの関係改善に前向きな姿勢を示し、日中の接近に神経をとがらせる米国の警戒心を呼び起こした。

そのような中で開かれたバンドン会議において、日本政府代表の高碕達之助・経済審議庁長官と周恩来が、閣僚レベルで戦後初めて接触したことは前述の通りである。この会談で周恩来が、経済関係の拡大だけでなく国交樹立に向けた取り組みを求めたのも、「平和攻勢」の一環と言えるであろう。この動きを察知した米国が、高碕と周とのさらなる会談を中止に追い込んだのも、すでに見た通りである。逆に言えば、中国側の「平和攻勢」には、日米間にくさびを打ち込むねらいがあった。

このような駆け引きの一方で、日中間の民間貿易を再開する取り組みが始まっていた。中華人民共和国が成立して翌年の一九五〇年、米当局は占領下の日本に中国との貿易再開を許可したが、朝鮮戦争が始まるとこれを禁止した。独立回復後も日本と共産主義国との貿易は、米国主導のＣＯＣＯＭ（対共産圏輸出統制委員会）に組み込まれることになり、とくに日中貿易については西欧諸国よりも厳しい基準が適応され、多くの品目が統制の対象となった。

このような中、日本政府の意思に反して北京を訪れた日本の国会議員団が、中国側と第一次日中民間貿易協定を締結した（一九五二年）。しかし右記の統制によって、実際に取り引きできる品目は限定的なものであった。

その後、日中民間貿易協定は第二次（一九五三年）、第三次（一九五五年）と締結され、制限の範囲内ではあったが徐々に貿易は拡大し、文化交流も増加した。米国による対中封じ込め政策と、日本が台湾の国民政府を「中国」として国交を持つという制約の中で、中華人民共和国と民間レベルで経済、文化交流を徐々に増やしていこうという試みは「積み上げ方式」と呼ばれ、政治と切り離してひとまず経済関係を進展させるという「政経分離」方式でもあった。

中国側が実質的な「政経分離」を受け入れたのは、国内経済建設の必要性や、吉田退陣後、鳩山、石橋と対中関係改善に意欲を持つ日本の首相が現れたことへの期待からであったが、その主眼はあくまで経済関係をテコに日中の政治関係を構築することであった。中国側は新たな民間貿易協定が締結されるたびに、日本政府の関与や貿易代表機関の設置など、政治関係構築に繋がる項目を盛り込もうと試みた。第三次民間貿易協定には、両国が常駐の通商代表部を置くこと、その要員には外交官待遇が与えられることが記され、鳩山首相はこれに「支持と協力」を表明した。しかしそれは口頭による表明にとどまった。鳩山は米国や国民政府の反発を考慮して、書面にすることを避けたのである。

長崎国旗事件と日中関係の断絶

このような「積み上げ方式」によって徐々に進展していたかに見えた日中関係は、岸政権の下で一挙に途絶する。岸政権の下で行われた第四次日中民間貿易協定のための交渉は難航の末、一九五八年三月に調印された。この協定には、第三次協定では「外交官待遇」と記されていた通商代表部の扱いについて、国旗掲揚の権利などがより具体的に列挙されていた。岸は「協定に同意することはできないが、支持協力はするということで中共〔中国共産党政権〕の了解を得る一方、この措置が中共政権の承認とは無関係であるとすることによって、米国や国府の疑惑をとこうとした」（『岸信介回顧録』）。日本の経済界は対中貿易で西欧諸国に遅れをとることを懸念しており、その圧力を受ける岸にとっては苦肉の策であった。

しかし、これに台湾の国民政府が激しく反発した。蒋介石総統が岸に親書を送り、この協定を日本政府が承認しないよう迫り、明確な反応が得られないと見るや、日華通商会談の中止、立法院による対日非難決議、日本商品の買い付け停止を矢継ぎ早に打ち出し、さらなる強硬措置を示唆した。

国民政府の猛烈な抗議に直面した岸政権は、設置される通商代表部に特権的な地位は与えない、また「中共のいわゆる国旗を民間通商代表部に掲げることを権利として認めることはできない」との声明を発表した。国民政府はこれを了解したものの、今度は北京の中国政府が強い不満を表明した。

この局面で起きたのが、長崎国旗事件である。同年五月二日、長崎市のデパートで開催中であった日中友好協会主催の中国産品展示会の会場に掲げられていた中華人民共和国の国旗（五星紅旗）を、一人の男が引き下ろしたのである。男はただちに逮捕されたものの、即日釈放された。日本政府は中国を承認していないため、五星紅旗は国旗にはあたらず、日本の刑法九二条で定められた外国国章毀損にはあたらないと判断されたのである。これに対して中国政府は激しく反発し、五月一一日、陳毅《ちんき》外交部長は日中間のあらゆる通商・文化関係を断絶すると宣言した。

唐突にも見えた中国の強硬措置の背景には、岸政権を揺さぶる意図があった。岸は前年（一九五七年）六月に東南アジア歴訪の一環として台湾を訪れた際、蔣介石総統に「大陸反攻」（国民政府による中国大陸奪還）への支持を伝えるなど、国民政府寄りとも見えた。その一方で最大野党の社会党は、このあと五九年に訪中した浅沼稲次郎《あさぬまいねじろう》書記長が「アメリカ帝国主義は日中人民共同の敵」と述べるなど、中国の主張に同調する姿勢をとっていた。長崎国旗事件が起きたのは、衆議院が解散され、選挙戦が行われている最中であった。そのタイミングで日中関係の途絶を宣言することによって日本世論を分断し、選挙結果に影響を及ぼすのが中国側のねらいだと見られた。しかし自民は現状維持、社会党は予想ほどは伸びず、中国側の戦略は大きな効果を上げることはなかった。

その後、中国は同年（五八年）八月に訪中した社会党議員に対し、「政治三原則」と呼ばれる対日関係における原則を示した。⑴直ちに中国を敵視する言動と行動を停止し、再び繰り返さないこと。⑵「二つの中国」をつくる陰謀を停止すること、⑶中日関係の正常関係の回復を妨げないこと、という三つである。そして中国はこの原則に反しているとみなす岸政権に対する対決姿勢を一層強め、特に安保改定に対して強烈な批判を向けていくのであった。

この時期の中国の強硬姿勢への転換は、対日関係に限ったものではなかった。中国国内では反右派闘争と呼ばれる引き締め運動が展開され、スターリン批判（ソ連共産党第一書記のフルシチョフが開始したスターリンへの批判）を契機としてソ連との関係も緊張を含んだものに転じつつあった。そして中国は台湾海峡でも国民党政権が支配する金《きん》門島《もんとう》への砲撃を開始するなど、米国や国民政府に対しても攻勢に出ていた。これらはすべて連動しており、スターリン批判が中国国内に影響を及ぼすことを懸念する毛沢東主導の方針転換であったとみられる。

このように一九五〇年代の日本にとって、隣接する中国、朝鮮半島との関係は非常に困難なものであった。戦争や植民地支配の「過去」に加え、双方が分断国家となったことが拍車をかけていた。近年の研究によれば長崎国旗事件は、日中の接近を阻止しようとする国民政府特務機関の工作によるものであった。共産党政権と国民政府、「二つの中国」の間の熾烈な対立とせめぎ合いが垣間見える一件である。いずれにせよ、日本にとって「近くて遠い」のが、一九五〇年代の北東アジアであった。

参考文献

赤根谷達雄『日本のガット加入問題』東京大学出版会、一九九二年。
浅野豊美編著『戦後日本の賠償問題と東アジア地域再編』慈学社出版、二〇一三年。
石井修『冷戦と日米関係』ジャパンタイムズ、一九八九年。
池田慎太郎『日米同盟の政治史』国際書院、二〇〇四年。
池田慎太郎『独立完成への苦闘——一九五二—一九六〇』吉川弘文館、二〇一一年。
井上正也『日中国交正常化の政治史』名古屋大学出版会、二〇一〇年。
岡田晃『水鳥外交秘話』中央公論社、一九八三年。
倉沢愛子『戦後日本＝インドネシア関係史』草思社、二〇一一年。
権容奭『岸政権期の「アジア外交」』国際書院、二〇〇八年。
後藤乾一・山崎功『スカルノ』吉川弘文館、二〇〇一年。
デヴィ・スカルノ『デヴィ・スカルノ回想記』草思社、二〇一〇年。

添谷芳秀『日本外交と中国　一九四五—一九七二』慶応通信、一九九五年。

高崎宗司『検証　日韓会談』岩波新書、一九九六年。

陳肇斌『戦後日本の中国政策』東京大学出版会、二〇〇〇年。

中北浩爾『一九五五年体制の成立』東京大学出版会、二〇〇二年。

永野慎一郎・近藤正臣編『日本の戦後賠償』勁草書房、一九九九年。

波多野澄雄・佐藤晋『現代日本の東南アジア政策』早稲田大学出版部、二〇〇七年。

原彬久編『岸信介証言録』中公文庫、二〇一四年。

保城広至『アジア地域主義外交の行方　一九五二—一九六六』木鐸社、二〇〇八年。

松岡完『ダレス外交とインドシナ』同文舘、一九八八年。

宮城大蔵『バンドン会議と日本のアジア復帰』草思社、二〇〇一年。

宮城大蔵『戦後アジア秩序の模索と日本』創文社、二〇〇四年。

吉川洋子『日比賠償外交交渉の研究』勁草書房、一九九一年。

李鍾元『東アジア冷戦と韓米日関係』東京大学出版会、一九九六年。

李鍾元・木宮正史・浅野豊美編著『歴史としての日韓国交正常化Ⅱ　脱植民地化編』法政大学出版局、二〇一一年。

渡辺昭夫『アジア太平洋の国際関係と日本』東京大学出版会、一九九二年。

渡辺昭一編『コロンボ・プラン』法政大学出版局、二〇一四年。

コラム3 スカルノ——「独立」の達成と日本

「建国の父」と呼ばれるインドネシア初代大統領・スカルノは、その長い政治的履歴を通じて、日本と深い結びつきを持った政治家であった。

オランダ植民地時代のインドネシア（蘭領東インド）において、現地人エリートは宗主国オランダで大学など高等教育の最終段階を終えることが多かった。スカルノと同時代に活躍したハッタ（初代副大統領）、シャフリル（インドネシア社会党の指導者）などいずれもライデン大学などオランダ本国で学んでいる。

これに対して数少ない現地人学生としてジャワ島のバンドン工科大学を卒業したスカルノは、オランダに渡ることなくインドネシアで自己形成を遂げた。オランダ留学組が、オランダ本国の開明的知識人とも親交を結んだのに対し、スカルノにとってオランダ人とはあくまで冷徹な植民地主義者であり、オランダ支配打倒のためであれば、太平洋戦争開戦とともに南下し、インドネシアを軍事占領した日本は、「有用な敵」であった。スカルノは日本軍政に協力姿勢をとって卓越した民族主義指導者としての地位を固め、終戦直後に初代大統領としてインドネシア独立を宣言したのであった。

一九五五年には新興独立国を糾合したバンドン会議（アジア・アフリカ会議）開催で名を馳せたスカルノであったが、当時の憲法では実権は首相にあり、大統領の座は象徴的なものであった。一九五〇年代後半になるとスマトラ島やスラウェシ島で、ジャワ島中心の国家建設に反発した内乱が勃発する。スカルノは機能不全に陥った政党政治にとって代わるように憲法を改正し、政治の実権を掌握する。その過程で依然として経済の中枢を握っていたオランダ資本を追放し、「独立」の実質化を推し進めようとした。ここでオランダ追放後に生じた空白を埋めるように進出してきたのが賠償交渉を妥結させた日本であった。日本による賠償事業でホテルやデパートがインドネシアに建設され、その過程で渡航した日本人女性がやがてスカルノの第三夫人・デヴィとなる。

演説するスカルノ・国民党党首
（1920年）（AFP＝時事）

一九六二年にニューギニア島西部から残存していたオランダ勢力を駆逐したスカルノは権勢の絶頂に達するが、その後は中国と結んだ左傾化路線を歩み始めた。英植民地を統合してマレーシアが隣国として建国されると、これを認めないとしてマレーシアや英連邦諸国と「マレーシア紛争」に突入する一方、国連から脱退して米国とも敵対した。

この間、日本政府はスカルノを穏健路線に引き留めようと試み、デヴィも日本とスカルノのパイプ役を担った。しかしスカルノはクーデタ未遂、九・三〇事件（一九六五年）で失脚する。インドネシアはスハルト第二代大統領の下、反共を掲げた開発体制を歩むことになるが、日本とのパイプは援助や投資を通じてより太いものとなる。

デヴィの存在もあって「親日家」として知られたスカルノであったが、オランダそして英国と、植民地勢力からの「独立」を終生の目標としたスカルノにとって、日本とはその時々で「独立完遂」のために有用な存在であったと言えよう。そしてまた日本にとってもスカルノは、円滑な軍政、あるいは戦後東南アジアへの再進出に際して有用な存在であった。その種の力学がスカルノと日本を戦前、戦中、戦後と、局面は変わっても深く結びつけることになったのである。

参考文献

後藤乾一・山崎功『スカルノ』吉川弘文館、二〇〇一年。
宮城大蔵『戦後アジア秩序の模索と日本』創文社、二〇〇四年。

第4章　アジア冷戦の分水嶺
——一九六〇年代——

井上正也

一九六〇年代は、アジア諸国にとって分水嶺とも言うべき一〇年間であった。一九六〇年代前半、脱植民地を旗印にアジアの新興独立国ではナショナリズムが猛威を振るっていた。しかし、アジア諸国は、一九六〇年代を通じて大きく変貌し、経済開発に邁進し始める。このアジア諸国の先頭を切り、飛躍的な経済成長を実現したのが日本であった。一九六〇年代末に「経済大国」の地位を確固たるものとした日本は、アメリカがベトナム戦争で国力を消耗するなかで、アジアにおける経済的影響力を徐々に拡大していく。本章は、政治の季節から経済の季節へと移り変わった一九六〇年代において、日本がアジア諸国といかに向きあったかを考察する。

1　東アジア外交の展開

一九六〇年代のアジア冷戦と日本

一九六〇年代はアジア全体が緊張に覆われた一〇年であった。インドシナでは北ベトナムによる南ベトナムに対する軍事浸透が本格化し、これを阻止すべく、米国は同地への軍事介入を拡大させ、ベトナム戦争の泥沼へと突入していった。他方、中国は盟邦ソ連との対立を深める一方、独力での核開発を継続し、米国への対決姿勢を強めていく。米中対立を中心に展開されたアジア冷戦は、核戦争の深淵をのぞいたキューバ危機の後、米ソの緊張緩和が進展したヨーロッパとは対照的にむしろ激化しつつあったのである。

このようなアジア国際関係の緊張は、冷戦の舞台がヨーロッパから第三世界に移り、核や通常兵器による全面戦争から、反乱・政府転覆・非正規戦へと移行したことと無縁ではない。毛沢東の「中間地帯論」に基づき第三世界の糾合を目指した中国政府は、アジア・アフリカ各地での武装闘争を積極的に支援した。現地ナショナリズムと結びついた第三世界の内戦は、大国の介入によって一層長期化し、ベトナムを筆頭に多くの国々に厖大な犠牲と軍事的負担を強いたのである。

しかし、アジア国際関係の緊張は、負の遺産のみを残したわけではない。経済学者でケネディ政権の国務省政策企画本部長に就任したロストウは、自身の経済理論に基づき、アジアの低開発国に対して米国の資本、技術、思想を注入することで、共産主義に拠らずに近代化を達成することが可能であると主張した。ケネディ、ジョンソン両政権で採られた「ロストウ路線」は、国際開発庁（ＵＳＡＩＤ）の設置や、アジア開発銀行（ＡＤＢ）の設立に結実し、一九六〇年代後半からアジア各国が経済的に「離陸」する土台となった。

一方、日本もアジアの紛争を遠景に高度経済成長の道を邁進していた。一九五五年を境に高度成長期に入った日本経済は、石油危機に見舞われる一九七三年まで、実質経済成長率にして年平均九・三％、実質国民総生産は四・九倍という成長を示した。重化学工業化の急速な進展に伴い、太平洋ベルト地帯には臨海製鉄所や石油化学コンビナートが続々と建設され、農村から都市への大量の人口移動をもたらした。

国内政治においても、一九六〇年代に入ると経済成長を支える政治的条件が整った。安保闘争という苦い経験を経た自民党政権は、国会での野党との対決を回避し、憲法改正の棚上げを選択する。一九六〇年七月に成立した池田勇人政権は、大平正芳や宮澤喜一といった大蔵官僚出身の秘書官グループの助言を得て、経済政策に重点を置く路線を推進した。こうした路線は続く佐藤栄作政権にも引き継がれ、ここに軽軍備・経済中心を基軸とする「吉田路線」は定着を見たのである。

一九六〇年代の高度経済成長は、日本のアジア外交にも影響をもたらした。最も顕著な特徴は、日本が「途上国」から「先進国」の側に立ったことで、日本の経済力を外交資源として戦略的に活用する構想が具体性を帯びてきた点である。それは米国の国力低下や中ソ対立によって国際社会の「パワーの拡散」が進行するなかで、「経済大国」となりつつある日本が、米国の冷戦戦略を補完しつつ、アジアに台頭してきたことを意味した。

とはいえ、以上の主張には二点の留保が必要であろう。第一に、高度経済成長下にあっても、一九六〇年代前半には短期的な好不況の波が依然存在しており、大蔵省による財政均衡主義は根強かった。日本政府は、一九六五年に戦後初の国債発行を決定し、経済協力関係予算も増大していくが、日本の経済協力は、概して財政的制約が強く、被援助国の需要を十分に満たすものではなかった。第二に、日本のアジア外交は、多くの面で米国のアジア戦略を補完する文脈から展開されたが、同時に対インドネシア政策や東南アジア開発閣僚会議の設立に見られるように、しばしば、米国の冷戦の論理とは一線を画し、経済開発を重視する日本の独自性も強調されていた。その意味で、日本のアジア外交は、「対米協力」と「自主外交」の両方の顔を併せ持っていたのである。

日中関係の前進

一九五〇年代の賠償交渉の妥結とともに、日本は東南アジア諸国との国交を樹立したにもかかわらず、東アジアの隣国である中国と韓国との国交は未だ樹立されていなかった。その意味で、依然として日本の東アジア外交は「戦後処理」が大きな課題であった。

日中関係をめぐっては、一九五八年五月の長崎国旗事件を契機に、中国政府が民間関係の断絶を決定した。中国政府は、同年八月に訪中した佐《さ》多《た》忠隆《ただたか》社会党議員に「政治三原則」を示し、中国を「敵視」する行動を岸政権が停止するまで、あらゆる面の交流中断を継続すると言明したのである（第3章参照）。

中国政府の決定の背景には、反右派闘争から大躍進政策に至る中国国内の急進化が存在した。この時期、中国政府はそれまでの日中民間交流の拡大を優先させる方針から、政府間の公式接触を拒絶し、岸政権への反対勢力を選別して交流を行う方針に対日戦略を転換させていた。中国政府は社会党や自民党内の反岸勢力の取り込みを重視し、日本国内で高揚していた安保反対運動への支援と結びつけて、「反米帝国主義・反岸」闘争の実現を目指したのである。社会党の浅沼稲次郎書記長、後に自民党の「親中国派」と呼ばれる石橋湛山、松村謙三《まつむらけんぞう》の相次ぐ訪中は、こうした中国側の対日戦略の文脈から理解できよう。

しかしながら、中国政府の強硬路線はわずか二年余りで転換を余儀なくされる。大躍進政策の破綻によって崩壊した国内経済を再建する必要性に加え、中ソ対立によってソ連からの技術供与が途絶したためである。安保闘争後に岸政権が退陣し、池田政権が成立した直後、中国政府は新たに「貿易三原則」を示し、友好貿易方式による日中貿易の再開を宣言した。友好貿易とは中国側の「政治三原則」に同意した企業が、中国側の認可を得たうえで取引を開始できる制度である。中国政府は、表面上は日本に対する厳格な政治姿勢を維持しつつも、経済的苦境から対日貿易再開に踏み切らざるを得なかったのである。

一方、池田首相は、経済外交の文脈から日中貿易の拡大に関心を示していたが、中国政府と台湾の国民政府との間の「二つの中国」問題に苦慮していた。一九六一年には国際連合への中国加盟の気運が高まり、外務省内でも両政権の二重承認を視野に入れた「二つの中国」論が検討された。だが、最終的に池田政権は米国の要請に応え、中国代表権問題の表決について、国連総会において三分の二以上の得票を必要とする重要事項指定案の共同提案国となり、国民政府の国連議席維持に協力した。池田の決断は、日中関係の前進を望みながらも、決定的局面においては冷戦の論理を優先せざるを得ない日本外交の現実を示していた。

日中関係が大きく進展するのは一九六二年に入ってからである。池田と交流のあった財界人の岡崎嘉平太《おかざきかへいた》は、友好商社とは異なる企業グループを結成して、中国側との貿易協定を締結する構想を官邸に提出した。岡崎の構想は、友好貿易では不可能であった大型機械類やプラントの延べ払い輸出を含めた取り決めを提示することで、中国側に友好貿易方式とは異なる政治的に中立な貿易協定を受け入れさせることが狙いであった。

岡崎の構想は中国側にも受け入れられた。一九六二年九月に松村謙三が訪中して中国側と協議を行い、貿易方式の大枠が合意された。そして、松村に続いて同じ自民党の高碕達之助が業界団体を同行して訪中し、一一月九日に高碕と廖承志《りょうしょうし》との間で「日中総合貿易に関する覚書」（高碕と廖の頭文字をとってLT貿易と称された）が交わされた。

LT貿易の成立をめぐって、池田政権は表面上の関与を避けていたが、実際には松村や高碕と密接な事前調整を行っていた。その意味でLT貿易は「準政府間貿易」ともいうべき性質を持っていた。他方、日中接近に懸念を示す米国政府に対して、池田政権は重ねて日中関係が「政経分離」の枠に留まることを強調し続けた。このような慎重姿勢もあって、池田政権は断絶状態にあった日中関係を再び軌道に乗せることに成功したのである。

日韓交渉と「大平・金メモ」の成立

池田政権前半期における東アジア外交の今一つの成果は、日韓関係の進展であった。一九五〇年代の日韓国交正常化交渉は、在日朝鮮人の北朝鮮帰国問題（北送問題）が争点になり中断していた。しかし、一九六〇年四月の学生革命で李承晩政権が倒れたことで事態が動き始めた。一九六〇年九月に池田政権の小坂善太郎外相が、戦後初めて韓国を公式訪問し、一一月から第五次日韓会談が開始される。また自民党内でも一九六一年四月に石井光次郎《いしいみつじろう》を座長に岸信介、佐藤栄作らをメンバーとする日韓問題懇親会が発足した。

一九六一年五月に朴正熙将軍による軍事クーデタが発生した後、日韓交渉の早期妥結を目指す動きは一層加速する。朴正熙政権は、低迷する韓国経済を建て直し、軍事政権の政治基盤を築くためにも、日本からの資金調達を重視していた。この日韓交渉を後押しし、韓国の外交攻勢を側面支援したのが米国である。冷戦の重点が第三世界へと移行するなかでケネディ政権は、米国の負担を軽減するためには、日韓国交正常化を早急に実現させて、日本に対韓国支援を実施させる必要があると考えていた。

とはいえ、日韓交渉は容易に妥結に至ったわけではない。最大の争点は植民地支配の精算の象徴とも言える請求権問題であった。日韓交渉妥結を急ぐ朴政権は、軍事クーデタから四カ月後の九月段階で、金額においては実質三億ドル、形式としては賠償ではなく日本側の主張する「経済協力方式」を受け入れる方針を固めていた。そして、一一月には朴正熙議長が来日し、政治決着を図るべく池田首相との首脳会談に臨んだのである。

しかし、池田政権は日韓交渉妥結の必要性を認めながらも、金額を含めた具体的な内容を詰めることに消極的であった。一九六二年一月、池田首相は、外務、大蔵両省に対して請求権の試算を命じたが、その結果は「外務省約七〇〇〇万ドル、大蔵省約一六〇〇万ドル」であり、韓国側の要求にはほど遠かった。

事態が動くのは一九六二年七月の第二次池田政権の発足以後である。新外相の大平正芳の主導で、請求権総額の隔たりを埋めるべく日韓折衝が再開された。米国政府は、東京とソウルの大使館を通じて、日韓双方が互いの「腹案」を探り合う媒介役を果たした。結局、数カ月にわたる日韓の非公式折衝を経て、一一月一二日、大平・金鍾《キムジョン》泌会談《ビル》で「無償供与三億ドル、有償借款二億ドル、商業借款一億ドル以上」とされる「大平・金メモ」の合意がなされたのである。

ところが、大平の合意は欧州歴訪中の池田の判断を仰がない独断であったため、帰国した池田は「大平・金メモ」の合意事項を留保した。この背景には、当時閣内で実力を付けてきた大平に対する池田の「嫉妬」という見方もあるが、同時に「大平・金メモ」の成立が、日中LT貿易協定締結のわずか三日後であった点も想起せねばならない。首相秘書官であった伊藤昌哉《いとうまさや》が、池田は日韓より日中関係の解決を重視していたと回想するように、国内世論に訴求力を持つ日中貿易に比べて、多額の財政支出を伴う日韓交渉に池田は依然消極的であった。そこには日韓よりも日中の打開を優先する池田のアジア外交におけるグランド・デザインを見て取ることもできよう。

最終的に「金・大平メモ」は一二月二五日に池田首相によって承認された。だが、その後も池田政権下での日韓交渉は遅々として進まなかった。翌一九六三年は、韓国国内の民政移管をめぐる政治的混乱によって交渉は再び停滞する。一九六四年に入ると再び交渉を進める動きが見られたが、李承晩ライン撤廃をめぐる漁業問題が大きな争点となった。さらに韓国内においても朴政権の対日交渉を「低姿勢」とする反対運動が高揚した。そのため、朴大統領は同年六月三日に戒厳令を宣布して、交渉を一時凍結することで反対運動を抑え込まざるを得なかった。

東アジア外交の後退

一九六〇年代前半に米中関係の緊張が高まるなか、米国の戦略が、日本とアジア自由主義陣営諸国との連帯を強化し、米国の軍事・経済的負担を軽減することにあった点を鑑みれば、日中貿易の推進や日韓交渉に消極姿勢をとっていた池田政権の東アジア外交は、米国の意に反するものであった。それにもかかわらず、米国が対中貿易の阻止や日韓交渉の進展に直接圧力を行使しなかったのは、安保闘争の後、ケネディ政権が日米の「イコール・パートナーシップ」を掲げ「占領者メンタリティー」の払拭を重視していたからに他ならない。このような米国の抑制的な姿勢を背景に、池田政権には、一定の「自主外交」を展開する余地があったのである。

しかしながら、池田政権の対中接近は、冷戦の論理を前に後退を余儀なくされる。池田政権の対中国政策に、激しく反発したのは台湾の国民政府であった。一九六三年八月、池田政権がビニロン・プラントの対中国輸出に際して、日本輸出入銀行融資による延べ払い輸出を承認し、続いて一〇月に中国訪日代表団通訳が亡命した周鴻慶《しゅうこうけい》事件が発生すると、国民政府は日本に対して国交断絶をも辞さない強硬姿勢に転じた。こうした国民政府の反発に連動したのが岸や佐藤といった自民党の反池田勢力であった。対中接近を志向し、松村や高碕といった「親中国派」との関係を強め、対中接近を志向する池田に対して、岸や佐藤は水面下で台湾の国民党と連携して池田政権に圧力を加えた。彼らは佐藤の自民党総裁選出馬という政治的思惑とも重なる形で「親台湾派」として池田への対決姿勢を強めていたのである。

池田と反池田勢力の対立が深まるなか、両者を仲裁すべく動いたのが吉田茂元首相であった。一九六四年二月に台湾を訪問した吉田は、蔣介石総統と三度会談を行い、国民政府の対日不信を和らげることに成功した。だが、その代償として吉田帰国後の五月に「吉田書簡」が台湾に送付される。「吉田書簡」は、池田政権が一九六四年内は中国向けプラント輸出に輸銀資金を用いないことを約束したものであった。この「吉田書簡」は、池田政権の対中接近に歯止めをかける結果になるのである。

一九六四年一月にフランスが中国を承認するなど、中国問題をめぐる国際世論の関心が高まるなか、日中民間関係は徐々に拡大していた。同年四月には松村謙三が訪中して、記者交換協定と、東京と北京の双方に常設貿易連絡事務所を設置する覚書が取り決められた。

しかし、同年七月の総裁選で佐藤に辛勝した池田にとって、「親台湾派」や日韓交渉の早期妥結を主張する「親韓国派」の意向は無視できない状況になっていた。池田が第三次改造内閣で、岸の側近であった椎名《しいな》悦三郎《えつさぶろう》を外相に指名したのは反池田勢力への政治的配慮に他ならなかった。

自民党内の外交路線をめぐる対立は、池田が病気のため退陣して一一月に佐藤政権が成立すると一層鮮明となり、「親台湾派」と「親韓国派」を中心とした「アジア問題研究会（A研）」と、「親中国派」による「アジア・アフリカ問題研究会（AA研）」が相次いで発足する。このようなイデオロギーの分極化を背景に、外交政策をめぐる自民党内の対立も激化したのである。

2　東南アジアにおける日本外交

対東南アジア経済協力の拡大と限界

イデオロギー対立が色濃く表れる東アジア外交に比べて、東南アジア外交においては、日本政府は、経済の論理を前面に押し出しやすかったことは確かであろう。一九五〇年代における日本の東南アジア外交は、賠償を梃子にした資源供給地や商品市場の確保といった経済的権益が主目的であった。しかし、一九六〇年代以降、日本の東南アジア外交は、経済協力の拡大を通じた地域の政治経済的安定に重点が置かれるようになる。換言すれば、東南アジアは、経済力を外交資源に転化することで日本が影響力を行使できる「場」として認識されるようになったのである。

日本の東南アジア諸国に対する経済協力は、一九五〇年代に妥結された賠償支払いが順調に継続され、経済開発や民生安定の面で着実に成果を上げつつあった。経済協力拡大の気運が高まるなか、日本政府は、一九五九年に外務省に経済協力部を設置し（一九六三年に経済協力局に昇格）、一九六一年三月には海外経済協力基金を発足させる。同基金は、岸政権下で幻に終わった「東南アジア開発基金」構想のために確保された円資金を転用したものであり、東南アジアを中心とする低開発国の開発事業のために融資や出資を行うことが目的であった。

とはいえ、日本の経済協力をめぐる制度の整備が、援助や借款の急速な拡大に直結したわけではない。一九六〇年代前半までは、国際収支の悪化によって景気引締めを必要とする「国際収支の天井」のために、日本経済は短期的な好不況の波が依然存在していた。政府内でも国際収支均衡の悪化を恐れる大蔵省の反対は根強く、財政制約は一九六〇年代の日本の東南アジア外交に影を落としていたのである。

その一つの典型例がアジア経済協力機構（ＯＡＥＣ）構想に対する日本の姿勢であった。ＯＡＥＣとは、一九六〇年にバンコクで開催されたＥＣＡＦＥ（国連アジア極東経済委員会）総会の採択を受けて検討されていた地域協力機構であり、特恵関税の設置による域内の貿易促進や、貿易収支の不均衡を是正するための地域的多角決済機構の創設などを軸としていた。この「東アジア共同体構想」の原型ともいうべきＯＡＥＣ構想の気運がアジア諸国で高まった背景には、世界的な地域主義の拡大の流れがあった。ヨーロッパでは、一九五八年に独仏主導のＥＥＣ（欧州経済共同体）、一九六〇年には英国主導のＥＦＴＡ（欧州自由貿易連合）が設立されるなど、地域協力機構の創設が相次いでいた。

世界的な地域主義の流れを背景にしたＯＡＥＣ構想は、一九六二年三月に東京で開催予定であった第一八回ＥＣＡＦＥ総会を前にＥＣＡＦＥ事務局から各国に提案された。そして、来たる総会においてＯＡＥＣ設立の共同宣言に署名した国によって正式に発足する予定であった。

しかし、日本政府の対応は煮え切らないものであった。池田首相や外務省はＯＡＥＣ構想に好意的であったが、アジア諸国に対する信用供与拡大による財政負担を恐れた大蔵省と、国内農業保護を重視する農林省は反対であった。その結果、日本政府は、共同宣言案の署名には拒否するが、ＯＡＥＣ設立の是非を含めたアジア各国の閣僚会議や協議開催を提案するという折衷的な姿勢を採らざるを得なかった。結局、ＥＣＡＦＥ加盟国は、日本の姿勢をＯＡＥＣに対する反対と受け取り、構想に見切りを付ける。ＯＡＥＣ構想の挫折は、日本が経済面から東南アジアの地域主義を主導していく意思や資金力を未だ持ち合わせていないことを示していたと言えよう。

東南アジア援助と冷戦の文脈

財政制約が依然として存在したといえ、二国間レベルにおいては、日本は対東南アジア経済協力を徐々に拡大しつつあった。一九六一年一一月、池田首相はパキスタン、インド、ビルマ、タイの四カ国を親善訪問している。この外遊で外交課題となっていたのは、タイの特別円問題とビルマの追加賠償問題であった。

タイ特別円問題は、戦時中の日本の債務である特別円勘定の扱いをめぐるものであった。一九五五年に締結された日タイ特別円処理協定で、日本側は五四億円の支払いと九六億円を上限とする「投資およびクレジット」を供与することに同意していた。しかし、タイ政府は、その後に九六億円分についても無償供与を主張したために問題が紛糾していたのである。法的には再考の余地のない問題であったが、タイ政府は国民感情の観点からタイ側が債務者となる決定は受け入れられないという強硬な姿勢であった。結局、この問題は日本が譲る形となり、池田のタイ訪問時のサリット首相との首脳会談で、日本側が九六億円分を無償供与として、日本からの生産物・役務の調達に充てることで合意がなされた。

他方、池田外遊でも決着できなかったのがビルマに対する追加賠償問題であった。前章でふれたように、ビルマは他の東南アジア諸国にさきがけて一九五四年に賠償協定を締結していたが、他国の賠償額を斟酌して金額の見直しを提起できる条項が含まれていた。この条項を根拠に、ビルマ政府は一九五九年四月に日本に再交渉を要求していたのである。しかし、二億ドルの追加無償供与を求めるビルマと日本の賠償提示額の隔たりは大きく、交渉は難航した。事態が進展するのは一九六二年三月のビルマの軍事クーデタの発生後である。新たに成立したネ・ウィン軍事政権は、「ビルマ式社会主義路線」を打ち出し、銀行の国有化や外資の排除といった急進的な経済政策を推進し始めたのである。

日本政府にとっては、ビルマの左傾化を阻止するためにも、早期に賠償問題を決着し、新政権との関係を強化する必要があった。こうしたなか、一九六三年一月、軍事政権の実力者で、かつ親日派でもあったアウン・ジー准将が来日し、大平外相との間で賠償交渉が再開される。交渉は二億ドルの総額と償還期間をめぐって難航したが、最終的に無償一億四〇〇〇万ドル・償還期間一二年、有償三〇〇〇万ドルという形で交渉は妥結されたのである

日本が譲歩する形で賠償交渉を妥結した背景には、国境線を接する隣国中国のビルマへの影響力拡大があった。この当時、中国政府は大躍進期に悪化したビルマとの関係修復を進めており、一九六〇年一月には国境問題を解決して、ビルマと友好不可侵条約を締結していた。さらに一九六一年一月には、周恩来がビルマを訪問し、総額八四〇〇万ドルの経済技術協力協定を締結していたのである。日本政府にとって、外交的には中立主義を維持していたとはいえ社会主義を標榜するビルマ政府が、中国に傾斜することは阻止せねばならなかった。その意味で、日本のビルマ援助は、経済的手段を武器に用いた「政治経済戦争」としての冷戦の一翼を担っていたといえよう。

東南アジアに対する日本の援助は、高度経済成長を実現した日本の開発モデルを低開発国に提示する意味合いもあった。池田の東南アジア外遊に同行した際に、伊藤昌哉首相秘書官が、「人々が豊さを求めて、中共方式か日本方式かいずれかを選ぼうとしている」と感じたように、一九六〇年代の東南アジアは、中国と日本の「体制間競争」の場でもあったのである。

マレーシア紛争調停工作

日本の東南アジア外交において、最も重視されたのが地域大国インドネシアである。岸政権下での賠償交渉の妥結以来、スカルノ大統領率いるインドネシアと日本は政治経済の両面において緊密な関係を構築していた。この当時、脱植民地化を最大の目標とするスカルノは、西イリアン（西部ニューギニア）の帰属権をめぐって旧宗主国オランダと激しく対立していた。この問題は、スカルノの共産圏への接近を恐れる米ケネディ政権の仲介もあって、最終的に一九六三年にインドネシアへの帰属が確定する。しかし、西イリアン問題が沈静化するなか、スカルノは新たな矛先をマレーシアに向け始めた。

マレーシア紛争の発端は、一九五七年にマラヤ連邦のラーマン首相が、マラヤ、シンガポール、英領ボルネオからなるマレーシア連邦構想を発表したことにさかのぼる。スカルノは当初、この構想に強い反発を示していなかった。だが、マレーシア連邦への編入に反発したブルネイでの反乱事件を契機に、マラヤに対して「対決政策（コンフロンタシ）」を表明する。そして、一九六三年九月に英国主導の下でマレーシア連邦が発足すると、ジャカルタでは反英暴動が発生し、スカルノは「マレーシア粉砕」を掲げ、ボルネオ国境からゲリラ部隊を投入して本格的な紛争に突入していくのである。

インドネシアが国際的孤立を深めるなか、日本は一貫してスカルノ寄りの姿勢を継続した。ジャカルタ暴動が発生した直後の一九六三年九月、池田首相は東南アジア諸国を訪問したが、その際に「西太平洋五カ国首脳会談」構想を提案している。池田と大平外相の政治主導による同構想は、インドネシアとマレーシアの直接的な仲介を目指したものではなかったが、アジア太平洋諸国の信頼醸成を実現することを通じて、インドネシアの穏健化を図る狙いがあった。

一九六四年に入ると、日本政府による紛争仲介工作も本格化する。日本政府の工作の中心は、池田首相と同郷であり、駐インドネシア大使時代にスカルノと親交のあった黄田多喜夫《おうだたきお》外務事務次官であった。同年五月、池田は黄田が策定した仲介構想を関係各国に提案する。同構想は、インドネシアの撤兵とマレーシア内のサバ、サラワクにおける帰属についての住民投票の実施を中心としたものであった。日本が本格的に動き始めた背景には、インドネシアの対中接近を恐れた米国がロバート・ケネディ司法長官を特使として仲介工作を開始していたことが挙げられる。日本政府の狙いは、米国と共同歩調をとることでスカルノ政権を安定化させ、対外軍事行動から国内経済建設に関心を向けさせようとしたのである。

しかし、これらの工作も挫折に終わり、米国は対インドネシア援助の全面停止を決定する。他方でインドネシアも一九六五年一月に国連から脱退し、「北京＝ジャカルタ枢軸」を掲げて中国に急速に接近しつつあった。東南アジアの緊張が高まるなか、池田の退陣後に首相の座を継いだ佐藤栄作は、一九六五年四月のバンドン会議開催一〇周年の記念式典に、自民党副総裁の川島正次郎《かわしましょうじろう》をインドネシアに派遣して、さらなる仲介工作を模索した。だが、川島の仲介もスカルノには受け入れられることはなかった。

こうしたなか、状況を一変させたのが「九・三〇事件」の発生であった。同事件は未だ謎の部分が多いが、スカルノに対するクーデタ未遂事件の発生を契機としたスハルト陸軍少将による共産党掃討によって、東南アジア最大の党員数を誇ったインドネシア共産党は壊滅する。そして、スカルノもまた一九六六年三月に大統領職を停止されるなどして失脚した。

この後、日本政府はスハルトと国軍の権力確立を歓迎し、スハルト政権への経済支援を本格化させていく。そしてＩＧＧＩ（対インドネシア債権国会議）と後に呼ばれるようになるインドネシア援助の多国間枠組の構築を主導していくのである。

3　ベトナム戦争とアジア

ベトナム戦争をめぐる日米関係　一九六〇年代前半からケネディ政権は、北ベトナムの共産党政権に対抗すべく南ベトナムへの軍事顧問団を増強していた。しかし、北ベトナムが主導する南ベトナム解放民族戦線（ベトコン）を通じた武力闘争によって、南ベトナムは徐々に苦況に追い込まれていた。一九六三年一一月にゴ・ディン・ジェム政権が軍部クーデタによって打倒された後、南ベトナムはさらに混迷を深めつつあった。

このような状況の打開を図るべく、暗殺されたケネディの後任となったジョンソン大統領は、一九六五年二月、北ベトナムに対する空爆（北爆）を発動し、翌月には米地上兵力の派遣も開始された。地上兵力は中国の介入を回避するために南ベトナムに活動を局限されたが、派遣兵力は一九六九年春までに五〇万人にまで拡大したのである。

ベトナム戦争での米軍
（1965年5月）（AFP＝時事）

ベトナム介入の本格化は、一九六〇年代前半から深刻なドル流出を招いていた米国の国際収支をさらに悪化させた。一方、高度成長に邁進する日本は、一九六四年にＩＭＦ八条国に移行し、さらに同年ＯＥＣＤ（経済協力開発機構）に加盟して「先進国クラブ」入りを果たした。そして、一九六五年には初めて対米貿易黒字を達成したのである。こうしたなか、同盟国日本のアジアにおける「責任分担」を増大させるべきという主張は米国内で高まりつつあった。

一九六四年一一月に首相に就任した佐藤は、池田政権の経済偏重姿勢を批判しながらも、対米関係をはじめとする外交政策では、おおむね池田の方針を継承した。しかし、ベトナム戦争に対する日本の姿勢は米国から見れば煮え切らないものであった。佐藤政権は、対米協調の立場から米国のベトナム介入への支持を明らかにしていた。だが、自民党内部でも北爆の支持をめぐって、A研とAA研の間では意見が対立していた。また自民党は一九六五年三月に、外交官出身の松本俊一《しゅんいち》元衆議院議員をインドシナ諸国の現地視察に派遣したが、帰国した松本は、米国の北爆の効果に疑問を呈し、日本が米国とアジアの間に立って平和の橋渡しをすべきであると報告した。松本の主張は党内で受け入れられなかったが、佐藤はこうした党内の慎重論を無視できなかった。

さらに日本国内での反戦運動の高揚も、佐藤に積極的な米国支持を躊躇《ためら》わせる要因となった。四月には、作家の小田実《おだまこと》を代表に「ベトナムに平和を！市民文化団体連合」（べ平連）が発足し、既成の革新政党とは一線を画した反戦運動として支持を集めていた。

このような世論を背景に佐藤政権も、五月初旬には北爆の一時停止を米国に要請し、さらに七月には沖縄からベトナムへのB52爆撃機の渡洋爆撃に対して米国に懸念を伝えるなどした。また、三木武夫外相を通じてベトナム和平工作を模索するようになる。

だが、こうした佐藤政権の姿勢に、米国は不信感を募らせた。一九六六年にライシャワーの後任として着任したジョンソン駐日大使は、回顧録の中でベトナム戦争に対する日本の姿勢を批判し、「アメリカの軍事的保護の恩恵を被りながら、自分ではそれを望んでいることを自覚せず、それに伴う責任を引き受けようとしなかった」と記している。このような米国の対日不満と国内の反戦運動の板挟みの中で、佐藤政権は厳しい外交運営を強いられたのである。

東南アジア開発閣僚会議の開催

ベトナム戦争の本格化は、日本の東南アジア外交に新局面をもたらした。その契機となったのがボルチモア演説である。一九六五年四月に米国東部、ボルチモアのジョンズ・ホプキンズ大学の講演で、ジョンソン大統領は、米国政府がベトナム問題解決への無条件交渉に応じる用意と、東南アジア開発のために一〇億ドルを拠出するというジョンソン構想を明らかにした。この演説は、中国の東南アジア進出を阻止するという冷戦戦略に基づいたものであったが、同時にベトナム戦争後のインドシナを見据え、東南アジアの経済社会開発のための多国間枠組みを形成する狙いがあった。

こうした米国の地域主義政策を背景に設立されたのがアジア開発銀行（ＡＤＢ）である。アジア地域開発に必要な資金を補填する金融機関の設立構想は、一九五〇年代半ばから存在しており、前述したＯＡＥＣ構想にも地域開発銀行の設立が含まれていた。財政負担を憂慮した米国は当初設立に消極的であったが、ジョンソン構想を推進する手段としてＡＤＢ設立を推進した。その結果、一九六六年一一月にＡＤＢは、マニラを本店所在地に正式に発足し、設立構想に関与してきた元大蔵省財務官の渡辺武が初代総裁に就任した。

ジョンソン構想では、当初から日本は資金面での貢献を求められていた。日本政府も、前年三月に開催された国連開発貿易会議（ＵＮＣＴＡＤ）で、途上国への経済援助をＧＮＰの一％とする目標を示した経緯もあり、佐藤首相はジョンソン構想の発表直後から歓迎するという意思を米国側に伝えていた。こうしたなか、佐藤の指示を受けて外務省経済協力局が作成したのが、経済開発を通じてベトナム和平を目指した「アジア平和計画」である。同計画は、参加国をアジア域外国の西欧諸国や共産圏にも広く求め、第一回拠出金として米国による一〇億ドルの他に日本が五億ドルを計上するという野心的なものであった。

しかし佐藤は、国内不況による緊縮財政路線を維持していたことや、別途台湾や韓国への経済協力を実施していたことを理由に、さらなる財政支出には消極的であった。そのため同計画は実現せずに幻に終わる。「アジア平和計画」が頓挫するなかで、代わって日本政府内で浮上したのが東南アジア開発閣僚会議である。注目すべきは、同構想がジョンソン構想との関連を否定する形で日本独自のイニシアティブで進められた点である。日本がジョンソン構想から距離を置いた理由は、東南アジア開発構想がベトナム戦略と結びつけられ、米国の「アメとムチ」政策の一環を担っているという批判を恐れたためである。国内でベトナム反戦運動が高揚するなかで、佐藤政権は米国主導の「上からの援助」ではなく、日本独自の援助体制を作り上げることを目指していた。

だが、依然として問題は日本の財政的制約であった。大蔵省は、並行して進められていたＡＤＢに二億ドルの出資を決定した以上、新たに会議を開催することは無意味であると強硬に反対した。外務省は、開発閣僚会議の開催に合わせ、GNP一％援助に向けた長期援助計画や新規円借款を主張していたが、大蔵省の抵抗を前に大規模な東南アジア開発計画を具体化することはできなかった。

第一回東南アジア開発閣僚会議は、一九六六年四月に東京で開催された。具体的な援助計画こそ示せなかったが、佐藤首相や福田赳夫蔵相は、GNP一％援助目標の実現や東南アジア開発援助の拡大に言及した。また、日本政府は、この会議で農業開発・軽工業の重視という地域経済開発の方針を示している。これを受けて、翌年一二月に東南アジア農業開発会議が開催され、東南アジア地域を対象に融資を行う農業開発基金をADBに設置することが決定された。

東南アジア開発閣僚会議は、その後、期待された日本や米国からの大規模援助の導入に寄与せず、最終的に一九七四年を最後に消滅する。日本の地域主義外交は米国の構想とは一線を画しながら自律的に展開された。だが、結果として日本の構想は、東南アジアの安定を目指す米国の戦略を間接的に支援することに繫がっていたのである。

アジア地域主義の萌芽

前述したADBや東南アジア開発閣僚会議に見られるように、ベトナム戦争の本格化と前後する一九六〇年代中頃から、アジアにおいては米国主導による地域主義が興隆を見せた。この背景には、何より共産化防止を念頭においた米国政府の「上からの地域主義」政策が存在したが、他方、アジア諸国においても、マレーシア、シンガポール、インドネシアのスハルト政権、フィリピンのマルコス政権といった「親米反共」政権が相次いで誕生したことも大きな要因であった。これらの政権は、ナショナリズムの矛先を「脱植民地化」に向けた一九五〇年代とは異なり、権威主義体制下で、西側諸国の支援を受けながら、経済開発路線を推進したのである。

もっとも、この時期のアジアにおける地域主義が、すべて米国主導で推進されたわけではなかった。東南アジア開発閣僚会議が示すように、米国の側面支援を受けながらも、基本的にアジア域内国に主導された「下からの地域主義」もこの時期活況を呈した。

一九六六年六月にソウルで第一回閣僚会議が開催されたアジア太平洋協議会（ASPAC）がその一例である。

ＡＳＰＡＣは、アジアの反共主義諸国間の協力を推進する目的で韓国が主導した。韓国は、後述する日韓国交正常化によって日本から経済協力を引き出す一方、自国主導の地域協力を形成することによって、経済的影響力を拡大してきた日本の従属的立場に置かれない相対的な自立を目指したのである。

しかし、ＡＳＰＡＣ創設にあたっては、反共主義をめぐって各国間には温度差があった。東南アジア条約機構（ＳＥＡＴＯ）の代替的な軍事同盟を想定する台湾や南ベトナムに対して、日本やマレーシアは反共軍事色の色彩が強い機構への参加に消極的であった。韓国は、米国の支援を受けながら、反共色を薄める形でＡＳＰＡＣの開催にこぎつけた。ＡＳＰＡＣは、米中和解が進むなかで一九七二年には活動停止となるが、米国主導とは異なる形で、域内国によって模索されたアジア地域主義の一形態と見ることができる。

短命に終わったＡＳＰＡＣとは対照的に、東南アジアを代表する地域機構に発展したのは、一九六七年に設立された東南アジア諸国連合（ＡＳＥＡＮ）であった。東南アジアの域内国によって地域協力が模索されるのは、インドネシアの「九・三〇事件」後、スハルト政権がマレーシアに対する「対決政策」を停止した後である。ＡＳＥＡＮに対する米国や日本の評価は、当初決して高いものではなかった。だが、一九六八年に北ボルネオをめぐるマレーシアとフィリピンの領有権紛争が再燃した際、ＡＳＥＡＮの枠組みを利用した非公式外相会議の開催によって問題解決に成功する。ＡＳＥＡＮの緩やかな連帯は、一九六〇年代末からの国際環境の激変を乗り越え、一九七〇年代以降、東南アジアの地域機構として、徐々に国際的評価を確立していくのである。

4　日本の地域的責任と沖縄返還交渉

日台円借款協定と日韓国交正常化

ベトナム戦争が本格化した一九六五年は、日本の東アジア外交にとっても大きな転換点であった。佐藤政権発足後の日本の東アジア外交における最初の進展は、台湾、韓国に向けた経済協力が本格的に開始された点である。

台湾の国民政府が初めて日本政府に円借款を要請したのは一九六二年のことである。この背景には一九六〇年代前半の国際的な資本自由化の潮流と、それまで外資導入に消極的であった国民政府の政策転換があった。だが、LTの開始や周鴻慶事件の発生によって日華関係が悪化したため、円借款交渉は停滞していた。

状況が動き始めたのは、前述した「吉田書簡」の発出後である。この頃になると、ベトナム情勢の緊張を背景に、日本の台湾向け円借款は、アジアにおける日本の地域的役割という点でも重要となっていた。この時期、米国政府は、朝鮮戦争の勃発以来、国民政府に毎年一億ドル前後を供与してきた「米援」の打ち切りを決定していた。日本の円借款は「米援」の一部を肩代わりする役割が求められていた。佐藤政権が発足すると交渉は本格化し、一九六五年四月に総額一億五〇〇〇万ドルからなる台湾向けの第一次円借款協定が締結されたのである。

一方、日韓関係も経済協力を軸に大きな進展が見られた。「大平・金メモ」によって請求権問題は大枠で合意されていたが、その後、韓国での反対運動の高揚もあって、池田政権下での交渉は停滞していた。しかし、緊迫するベトナム情勢を背景に、米国政府内でも日韓交渉の早期妥結に向けて積極的に介入すべきであるという意見が強まっていた。

佐藤政権が誕生すると、韓国政府も交渉妥結に期待をかけ、外相として留任した椎名悦三郎のソウル訪問を要請した。一九六五年二月にソウルに到着した椎名は、両国に「不幸な期間」があったことを「深く反省する」と述べ、婉曲的ではあったが、政府高官として初めて植民地支配に対する「謝罪」を表明した。そして、二月二〇日に日韓基本条約案が仮調印されたのである。

その後、交渉の争点は三懸案と呼ばれた請求権・漁業・在日韓国人の法的地位をめぐる協定に移った。請求権問題に関しては、「大平・金メモ」の定める「商業借款一億ドル以上」の増額を韓国側が主張し、最終的に「三億ドル以上」に総額を引き上げる形で合意がなされた。その一方で、日本側は、「完済条項」として知られる「請求権放棄についての条文案」を提示し、個人請求権も含めた請求権問題の最終決着を求めた。その結果、両国の請求権問題については「完全かつ最終的に解決されることになる」という文言が協定に盛り込まれた。漁業、在日韓国人の法的地位問題も含めた三懸案の合意事項の仮調印が行われたのは四月三日であった。

なお、日韓双方が領有権をめぐり対立していた竹島（＝独島）問題については、日韓条約調印式の当日未明まで決着が付かず、最終的に島名を明記せずに、両国間の紛争は、まず外交上の経路を通じて解決するものとした「紛争解決の交換公文」を交わすことで妥協が図られた。しかし、この背後には、自民党の河野一郎と丁一権《チョンイルグォン》総理との間で「解決せざるをもって、解決したとみなす」という領土問題を棚上げする「密約」が存在したという指摘もある。

日韓基本条約ならびに四つの附属協定が締結されたのは六月二二日であった。韓国内では日韓条約に反対する学生デモが高揚したが、朴政権は、戒厳令を布告して反対運動を押さえ込んだ。日本では韓国ほどの反対運動の盛り上がりは見られなかったが、政府は衆参両院において強行採決を行い、日韓基本条約の批准を実現した。

日韓国交正常化の実現によって、日本政府は、韓国政府に総額五億ドルの経済協力を実施し、これとは別に一九六六年以降の一〇年間で八億ドル以上の商業借款が日本から導入された。朴政権は、日本からの経済協力をインフラの整備に投入し、「漢江《ハンガン》の奇跡」と呼ばれる高度経済成長の基盤とした。しかし、日韓国交正常化は、交渉過程において冷戦の論理が強調された反面、日本の植民地支配の清算という色彩は薄められ、韓国政府による自国民への賠償支払いも限定的であった。そのため後年、従軍慰安婦問題に見られる個人補償を求める声が韓国内で噴出することになるのである。

日中関係の悪化

日本の台湾、韓国への経済協力は、池田政権以来の既定路線であり、佐藤政権下で急速に進められたわけではない。また佐藤政権は、台湾や韓国との連携が反共色を帯びないように注意を払っていた。一般的に自民党内の「親台湾派」と結びつきが強いと見られる佐藤であったが、首相就任前には、側近を通じてビルマでの周恩来との会見を模索するなど、日中関係の進展に消極的であったわけではない。佐藤のブレーン・グループである佐藤オペレーション（Sオペ）のメンバーには、柔軟な対中政策を主張し、緊張緩和を目的とした日中対話を進言するものもあった。

しかしながら、「親台湾派」や「親韓国派」を自らの派閥に抱える佐藤首相が、台韓との経済協力の強化に踏み切ったことは、中国政府から見れば、日本が中国「封じ込め」を目指した日台韓による「反共の三角形」の構築を進めることに他ならなかった。そのため、ベトナム情勢が緊迫化するなかで、日中関係が再び悪化することは避けられなかった。

そのようななか、中国政府の対日姿勢を決定づけることになったのが、中国向け延べ払い輸出における輸銀融資問題である。前述したように、池田政権が台湾に発出した「吉田書簡」によって、日本政府は、一九六四年中は中国向けプラント輸出に輸銀資金を用いないと約束していた。だが、財界は、翌年には政府が輸銀融資を再開すると見越し、プラントや貨物船といった延べ払いを要する大型契約を進めていたのである。

そのため一九六五年に入ると、佐藤政権が中国向けプラント輸出に輸銀融資を認めるかが政治争点となった。佐藤は日中関係の悪化を避けたいと考える反面、吉田茂や自民党内の「親台湾派」への配慮もあって、台湾との関係も重視せざるを得なかった。佐藤は、プラント問題をめぐる「二つの中国」の対立を前に、決断を逡巡していたのである。結局、北爆開始によるベトナム情勢の緊張を踏まえた佐藤が輸銀資金の不使用を決断したのは三月末であった。

しかし、佐藤政権の決定に中国側は強く反発した。中国政府は、輸出契約の失効を通告して対日批判を開始する。一一月に日韓基本条約が衆議院で批准されると、中国の佐藤批判は一層激しさを増した。中国政府は、佐藤政権が「日本軍国主義」の復活を目指し、韓国や台湾との「東北アジア軍事同盟」の結成を目指していると激しく批判した。中国政府の狙いは、ベトナム反戦が高揚する日本国内の大衆運動に期待をかけ、ベトナム反戦と佐藤政権打倒を結びつけることにあった。中国政府はかつて岸政権に対してとった政治闘争路線に回帰したのである。

このような一九六五年後半の中国の急進化の背景には、中国共産党が主導した「革命外交」への逆風も存在した。米軍の北爆開始は、東南アジアへの「革命の輸出」を図ってきた中国に衝撃を与えた。中国政府は米国との直接戦争は慎重に回避し続けたが、今や米国との全面対決に備えなければならなくなった。

そこで、中国政府が目指したのは、インドネシアと協調して第二ＡＡ会議を開催して、第三世界を結集した「反米統一戦線」を構築することであった。だが、中国の急進的な反米姿勢は、他の参加国の支持を得られず、第二ＡＡ会議は、開催予定地のアルジェリアでクーデタが発生したために延期となる。さらに「九・三〇事件」によって、東南アジアで最大の規模を誇ったインドネシア共産党も壊滅することになる。バンドン会議以来、脱植民地化を掲げて、第三世界の支持を獲得してきた中国外交はここに行き詰まりを見せたのである。

中国を取り巻く国際環境が悪化するなか、毛沢東は徐々に対外危機を背景にした「国内革命」に関心を向けるようになる。翌一九六六年五月より本格化した文化大革命の実態は、毛沢東が中国共産党内に広がりつつあった「修正主義」に対して、自らの復権を企図して発動した権力闘争であった。文化大革命の発動によって中国の外交機能は麻痺し、経済活動も長期にわたって停滞することになるのである。

一方、日本側では、一九六〇年代後半に入ると中国の核軍備増強に対して強い懸念を抱くようになった。一九六四年一〇月に原爆開発に成功していた中国は、一九六七年六月には初の水爆実験に成功した。また一九六六年には、核弾頭を搭載して日本の米軍基地を攻撃可能な中距離弾道ミサイル（ＩＲＢＭ）の配備が開始される。文化大革命で中国全土が混乱に陥るなか、佐藤首相は、合理的な判断能力を失った中国指導部が日本に核を向けることに強い懸念を抱いた。そして、「核の脅威」という点では中国はソ連以上に危険であるという認識を示すようになっていたのである。

日中の相互不信が高まるなかで、その犠牲となったのは日中民間貿易であった。ＬＴ貿易が五年間の期限満了を迎えた一九六八年二月の日中民間貿易交渉では、中国側が佐藤批判を展開し、政治原則の受諾を日本側に迫ったために厳しい交渉となった。調印式は三月六日に行われたが、共同声明には日本側の抵抗にもかかわらず、中国側の主張する「政治三原則」と「政経不可分」に、日本側が「同意した」とする内容が盛り込まれた。さらにＬＴ貿易は「覚書貿易」と呼称が変更され、協定は毎年の更新とされた。以後、毎年行われる貿易交渉で、日本側は中国の厳しい批判を受け続けねばならなかった。日中関係は苦難の時代を迎えるのである。

沖縄返還交渉とアジア外交

一九六〇年代後半における日本のアジア外交を論じるうえで欠かせないのは、沖縄返還交渉である。七年八カ月に及んだ佐藤政権の外交は、沖縄の施政権返還交渉を中心に展開されたといっても過言ではない。太平洋戦争の激戦地であった沖縄は、サンフランシスコ講和条約によって、米国が施政権を行使できるが、その主権は日本に残されることが取り決められていた。だが、沖縄には米軍基地が集中しており、米国の極東軍事戦略における拠点となっていた。佐藤首相は、政権発足当初から沖縄問題に関心を抱き、一九六五年八月には現職首相として初めて沖縄を訪問し、「沖縄の祖国復帰が実現しない限り、わが国にとって、『戦後』が終わっていない」という有名な演説を行った。そして、沖縄問題閣僚協議会を設置し、本格的に沖縄返還に向けて取り組む姿勢を示したのである。

とはいえ、ベトナム戦争が拡大していくなかで、沖縄の施政権返還を実現することは容易ではなかった。沖縄返還を実現するためには、高度成長を実現した日本が、安全保障と経済の両面で、アジアでの地域的責任を担う姿勢を米国に示す必要があった。

一九六七年に入ると、日米間で沖縄返還に向けた協議が本格化し、日本のアジアにおける地域的責任がクローズアップされた。五月に東京で日米高級事務レベル協議が行われ、沖縄の軍事的価値や、東アジアの安全保障における沖縄の役割が論じられた。また九月には三木武夫外相が渡米してラスク国務長官と会談を行った。ラスクは、アジアの自由主義諸国の結束を促進させるための日本の役割を強調し、共同防衛に関する日本の責任の拡大に言及した。これに対して三木も、一九六六年の日本の援助総額が五億四〇〇〇万ドルにのぼった点を強調し、日本が米側の要求に応えていると答えている。

こうしたなか、一一月に予定された日米首脳会談を前に、佐藤は大規模なアジア・オセアニア外遊を行っている。それは九月七日から台湾を訪問し、一時帰国の後、九月二〇日からビルマ、マレーシア、シンガポール、タイ、ラオス、一〇月八日からインドネシア、オーストラリア、ニュージーランド、フィリピン、南ベトナムと、計一一カ国を訪問する精力的なものであった。佐藤が、中国の批判を招くことが必至である台湾、さらに国内世論の反発の強い南ベトナムを外遊先に含めたのは、アジアにおける日本の地域的責任を米国に対して強調する政治的なデモンストレーションに他ならなかった。

しかし、ベトナム関連の軍事支出の増大から国際収支を急速に悪化させていた米国にとって、日本が地域的責任を担う姿勢を示すだけではもはや不十分であった。一九六七年一一月の日米首脳会談において、米国側は「両三年(within a few years)内」という時期を区切った沖縄施政権返還を示すと同時に、インドネシア、南ベトナム向け援助の拡大とADB特別基金への二億ドルの追加出資、さらに中期債や武器購入からなる五億ドルの対米国際収支協力を要求したのである。

米国の露骨ともいえる対日要求は、アジアでの泥沼の戦争のなかで衰退していく自由主義陣営の盟主と、「経済大国」となりつつあった日本との力関係の変化を如実に示すものであった。国内で高揚する反戦運動と米国の対日協力の拡大要求の板挟みにあいながらも、佐藤政権は沖縄返還に向けて足場を固めていったのである。

安保条約と日台韓関係

一九六七年一一月の日米首脳会談で沖縄問題が具体的な進展を見た後、日米協議の最大の争点となったのは、沖縄に配備されていた核兵器の撤去問題と並んで、返還後の在沖縄米軍基地の使用問題であった。一九六〇年に締結された日米安保条約第六条に関する「交換公文」では、在日米軍の配置や装備における重要な変更、他国への戦闘作戦行動のための基地使用は、日本側との事前協議の対象に含まれるとされた。しかし、米国防総省・軍部は、事前協議制度によって返還後の米軍基地の運用が制約されることを懸念し、在沖縄基地を事前協議の対象外にすることを望んでいた。

一方、沖縄返還については台湾と韓国も安全保障の観点から否定的な見解を示した。台湾の国民政府は、元来、沖縄に対する中華民国の領有権を主張していたことに加えて、米国の沖縄返還が在沖縄米軍の撤退に繋がり、台湾の安全保障に悪影響を及ぼすことを懸念していた。これに対して、一九六七年九月に訪台した佐藤は、蔣介石との会談で沖縄問題を切り出し、米国の極東防衛体制の弱体化を招くことが自分の本意ではないと強調している。佐藤は、台湾側の安全保障をめぐる不安を和らげることで、沖縄返還について台湾から了解を得ようとしていた。

他方、韓国政府の沖縄返還への反対論はより切迫したものであった。韓国では、一九六八年一月二一日に北朝鮮の特殊部隊による朴大統領暗殺未遂事件（青瓦台《せいがだい》事件）が発生し、さらに二日後には米情報収集艦プエブロ号が北朝鮮に拿捕されるという、北からの軍事的挑発によって緊張が高まっていた。

また同じ頃ベトナムでも北ベトナム側によるテト攻勢によって、サイゴンの米国大使館が一時占拠された。テト攻勢は軍事的には失敗に終わったが、米国内では厭戦気分が広がり、三月三一日、ジョンソン大統領は北爆の一方的停止と次期大統領選への不出馬を表明した。この「ジョンソン・ショック」は、韓国にとって米国のアジア関与の後退を示唆するものと受け止められた。

こうしたなか韓国政府は、一九六八年以降、日本の国内世論が「核抜き・本土並み」による沖縄返還に傾斜していることに不信感を強めていた。一九六九年三月に佐藤首相が「核抜き・本土並み」を目指して対米交渉を行う方針を明らかにすると、韓国政府は沖縄返還後の米軍による在沖縄基地の自由使用を求めて、日米両国に働きかけを開始したのである。

一九六九年二月にニクソン政権が発足し、沖縄返還の具体的な条件をめぐる日米協議が開始されると、基地使用問題をめぐる議論が両国政府間で本格化した。台湾や韓国の懸念表明に加えて、ベトナム戦争の遂行に手を縛られることを望まない米国側は、韓国、台湾、ベトナムに対する、在沖縄米軍基地の「自由使用」を日本側が保証することを求めた。

これに対して日本側は、一一月に予定された日米首脳会談の共同声明で、極東有事に際しての協力姿勢を示すことで米側の要求に応えようとした。日本側の狙いは、事前協議制の建前を維持したまま、共同声明によって、米軍による極東有事に際しての基地使用を事実上受け入れる姿勢を示すことにあった。

一九六九年一一月の佐藤・ニクソン共同声明第四項における「韓国条項」と「台湾条項」は、このような日米間の駆け引きから生まれたものであった。すなわち日本政府は、この共同声明において、「韓国の安全は日本自身の安全にとって緊要」であり、「台湾地域における平和と安全の維持も日本の安全にとって極めて重要な要素」という認識を示すことで、有事に際しての韓国と台湾における在沖縄米軍の戦闘作戦行動を支持したのである。日本政府は、沖縄の施政権返還に際して、自国の安全保障に留まらず、韓国と台湾を含めた東アジアの安全に対しても日本が責任を有していることを初めて対外的に表明した。それは日本が、経済協力のみならず安全保障面においても東アジアにおける地域的役割を担うことを意味したのである。

5　米中接近と「二つの中国」

米中接近の衝撃

一九六〇年代後半、日本はアジア諸国への経済協力を強化し、ベトナム戦争で苦況にある米国のアジア戦略を補完すべく、東アジアにおける米国の地域的責任の一部を担う意思を示すことで沖縄の施政権返還を実現した。しかし、一九六九年の日米首脳会談において、日本が沖縄返還の確約を米国から得た時、米中対立を軸としたアジア冷戦は大きな転換期を迎えつつあった。

米中関係転換の契機となったのは、中ソ国境紛争である。中ソ関係は、一九六〇年代を通じて悪化していたが、一九六九年三月、両国の国境に位置するウスリー江の珍宝島（ダマンスキー島）で武力衝突が発生し、中ソ両国は臨戦態勢を整え、互いに相手からの先制核攻撃を警戒するまでに至った。ソ連からの軍事的脅威に直面した中国指導部は、ソ連を米国以上の脅威と見なすようになったのである。

一方、一九六九年一月に成立したニクソン政権も、巨額の財政赤字とインフレの昂進、国際競争力の低下に苦しむなかで、ベトナム戦争からの「名誉ある撤退」を実現すべく、新たなアジア戦略を模索し始めた。その第一は、アジア関与の縮小である。ニクソン政権は、九〇万人以上のアジアにおける米軍兵力の削減を図り、国土防衛の責任を同盟国に委ねるベトナム戦争の「ベトナム化」を目指した。

そして第二に、一九五〇年代から米国のアジア戦略の根幹をなした対中「封じ込め」政策の転換を図ることであった。中ソ武力衝突の発生によって、ニクソン政権は、対ソ連戦略の優位を確保する目的もあり、米中関係を転換する決意を固める。ニクソン政権は、対中貿易と渡航制限の緩和を発表し、米中大使級協議の再開を決定するなど、対中関係の転換へと舵を切り始めたのである。

一九七一年七月のキッシンジャー大統領補佐官の電撃的な訪中は、アジアの自由主義諸国に大きな衝撃を与えた。米中関係の急転換は、「ニクソン・ショック」と呼ばれる衝撃を日本国内にもたらした。佐藤長期政権に倦《う》んだメディアや世論に加え、自民党内の反主流派も、佐藤政権の中国政策に対する批判を強めた。

日本を「頭越し」にした米中接近は、佐藤首相の後継者と目されていた福田赳夫外相にとっても大きな政治的打撃となった。このような国際政治の激変のなか、急速に存在感を増してきたのは田中角栄である。一九七一年七月の内閣改造で通産相に就任した田中は、当時、懸案であった日米繊維交渉を就任三カ月で妥結させ、その実力を政官界に印象づけたのである。

佐藤は「ニクソン・ショック」で苦境に立たされるなか、様々なルートを通じて日中接触を試みた。だが、佐藤の対中工作は全て中国側に拒絶される。中国側が佐藤政権との接触を拒絶した最大の要因は台湾問題であった。中国としては米中和解の結果、仮に米軍を台湾から撤退させることに成功させても、日本が米軍の代替的役割を担うことになれば、中国による「台湾解放」は実現不可能となる。それゆえ中国政府は、日中国交正常化に際して日華関係の断絶を何よりも重視していた。

実際、米中接近に先立つ一九七一年六月、周恩来は、日中国交正常化の前提として日本が受諾すべき原則（「復交三原則」）を提示していた。復交三原則は、(1)中華人民共和国は中国を代表する唯一の合法政府である、(2)台湾は中華人民共和国の不可分の一部である、(3)日華平和条約は不法・無効であり、廃棄されねばならない、という台湾問題を中心にしたものであり、中国政府は、これらを佐藤政権が受け入れるまで、国交正常化交渉に一切応じない姿勢を採っていたのである。

国連中国代表権をめぐる攻防

米中接近によって最も苦況に追い込まれたのは台湾の国民政府であった。その最初の衝撃は台湾の国連における議席喪失である。国民政府の国際的地位については、一九七〇年の国連総会で、国連から中華民国を追放するアルバニア案が過半数を獲得したことで危機が到来していた。国連中国代表権問題は、「二つの中国」をめぐる対立の縮図であった。第二次世界大戦後、戦勝国の一員となった中華民国は、国際連合の安保理常任理事国の地位を一貫して保ち続けていた。だが中国政府は、国連代表議席の回復と中華民国の議席剥奪を主張し、北京と台北のいずれが中国の代表政府であるかをめぐる論争が国連を舞台に長らく繰り広げられてきていた。

米中接近以前から日本政府は、米国の国務省と共同で、国民政府の国連議席を確保したまま、中国の国連加盟を認める「二重代表制」の導入を検討していた。自民党内の「親台湾派」の影響力が強い佐藤政権は、国民政府を国連に留めつつ、他の国連加盟国の支持を得るための駆け引きとして「二重代表制」の推進を考えていた。しかし、国民政府は、「二つの中国、一つの台湾」に繋がる「二重代表制」に強く抵抗しており、説得は難航していたのである。

一九七一年七月の米中接近は、国連中国代表権の行方に決定打を与えた。米中接近を受けて国民政府は、「二重代表制」戦術の導入には応じたが、依然、安保理常任理事国の地位には固執した。こうしたなか佐藤首相は、国民政府に懸命の説得工作を続けた。七月に来日した張羣《ちょうぐん》総統府秘書長に国連から脱退すべきでないと説得し、翌月には腹心の松野《まつの》頼三《らいぞう》を訪台させて蒋介石への説得を試みた。また九月二二日には、日本国内の激しい反発を押し切って、国府の国連追放を総会の三分の二の得票を必要とする「逆重要事項指定案」と「二重代表制」の共同提案国になることを決定した。

佐藤が国民政府の国連残留にこだわりを見せた背景には、第一に、日本が台湾を見捨てることへの抵抗があった。佐藤は、台湾が中国から独立した政体として生存し続けることを望んでおり、台湾との関係を維持したまま日中国交正常化を実現したいと考えていた。第二に、国連中国代表権問題は佐藤の後継者レースとも密接に関わっていた。国民政府が国連議席を失えば、中国承認を求める世論を背景にした党内反主流派が次期総裁選で優位を占め、福田外相に不利に作用することは間違いなかった。佐藤にとって国民政府の国連残留は、現状の中国政策を維持したまま、福田に政権を禅譲するために不可欠であった。

一〇月一八日から国連総会で中国代表権の審議が開始されるなか、日本政府は、愛知揆一《あいちきいち》前外相を政府全権としてニューヨークの国連本部に派遣し、懸命のロビー工作を展開した。だが、審議開始の直前にキッシンジャーが二度目の訪中を行うなど、中国の国際社会復帰への大勢を覆すことはできなかった。一〇月二五日の総会で「逆重要事項指定案」は否決され、アルバニア案の通過を待たずに、国民政府は国連脱退声明を読み上げて、議場から退出したのである。

台湾の国連脱退と中国の国連加盟は、日華平和条約の締結以来、中華民国を中国の正統政府として国交関係を維持してきた日本の立場を大きく揺るがせた。その結果、外務省内においても、国民政府との外交断絶を前提とした日中国交正常化を支持する声が強まるようになる。佐藤首相は、その後も退陣直前まで日中接触を模索し続けたが、中国政府は佐藤政権との交渉に応じることはなかった。

佐藤政権期の日台関係の強化は、中国政府の対日不信を惹起した。米中和解の進展によって中国政府は、米国による台湾防衛の責任を日本が「肩代わり」することを何より恐れたのである。佐藤政権の対中接近が挫折に終わった直接原因は台湾問題であったが、他方で日本のアジアにおける影響力の急速な拡大がその背景にあったといえよう。

日本の経済大国化とアジア外交

一九六〇年代はアジア諸国にとって分水嶺の一〇年間であった。一九六〇年代初頭のアジアには、脱植民地化を掲げたナショナリズムの熱気が多く残存していた。だが、冷戦の舞台が第三世界に移行し、米国のベトナム介入が本格化する一九六〇年代後半、急進的なナショナリズムは姿を消し、多くのアジア諸国は経済開発に向けて邁進し始めたのである。

アジア諸国の先頭を切って急速な経済成長を実現した日本は、一九六〇年代末には「経済大国」の地位を確立していた。「シニア・パートナー」たる米国がベトナム戦争で国力を消耗し、社会主義陣営が中ソ対立によって混乱するなか、日本はアジアにおける影響力を着実に増大させた。アジア諸国に向けられた日本の経済協力は、一方では米国の冷戦戦略を補完するものであったが、他方で、敗戦から短期間で高度経済成長を実現した「日本モデル」を示す政治的役割も込められていた。一九五〇年代以来、「アジアの一員」としてのあるべき立場を模索してきた日本は、平和的手段による経済発展の可能性を示すことで、途上国のナショナリズムを「経済開発」に向けさせようとしたのである。

しかし一九六〇年代の日本は、周囲から「大国」と見なされる一方、未だ「大国」としての自覚を欠いていた。「経済大国」の実質を備えながら、財政的制約を理由に、アジアの地域秩序形成に向けた積極的なイニシアティブをとろうとしない日本の姿勢に、米国や東南アジア諸国は少なからず不満を抱いた。また、逆に実像以上に「大国日本」の影に怯えたのが中国であった。平和的発展を説きながらも、米国のアジア関与の縮小と入れ替わりに、地域への影響力を拡大させていく日本の姿は、中国にとって、「日本軍国主義復活」の悪夢に他ならなかった。一九六〇年代のアジアにおける日本の影響力の拡大は、期待や歓迎のみならず、新たな不信や摩擦を周辺国に生み出す負の側面も伴ったのである。

参考文献

浅井良夫「高度成長と財政金融」石井寛治・原朗・武田晴人編『日本経済史5　高度成長期』東京大学出版会、二〇一〇年。

伊藤昌哉談「池田内閣の舵取り役」大平正芳記念財団編『去華就實——聞き書き・大平正芳』大平正芳記念財団、二〇〇〇年。

池田慎太郎「自民党の『親韓派』と『親台派』」李鍾元・木宮正史・浅野豊美編『歴史としての日韓国交正常化I　東アジア冷戦編』法政大学出版局、二〇一一年。

井上正也『日中国交正常化の政治史』名古屋大学出版会、二〇一〇年。

大澤武司「戦後初期日中関係における『断絶』の再検討（一九五八—一九六二）」添谷芳秀編著『現代中国外交の六十年』慶應義塾大学出版会、二〇一一年。

川島真・清水麗・松田康博・楊永明『日台関係史』東京大学出版会、二〇〇九年。

神田豊隆『冷戦構造の変容と日本の対中外交』岩波書店、二〇一二年。

木宮正史『国際政治のなかの韓国現代史』山川出版社、二〇一二年。

木宮正史「韓国の対日導入資金の最大化と最適化」李・木宮・浅野『歴史としての日韓国交正常化Ⅰ』。

木村隆和「LT貿易の軌跡」大阪歴史学会『ヒストリア』二一六号（二〇〇九年）。

河野康子「沖縄返還と地域的役割分担論」（二）『法学志林』第一〇六巻三号（二〇〇九年）。

国際協力銀行編『海外経済協力基金史』国際協力銀行、二〇〇三年。

小林聡明「沖縄返還をめぐる韓国外交の展開と北朝鮮の反応」竹内俊隆編著『日米同盟論』ミネルヴァ書房、二〇一一年。

佐々木卓也編著『ハンドブックアメリカ外交史』ミネルヴァ書房、二〇一一年。

U・アレクシス・ジョンソン（増田弘訳）『ジョンソン米大使の日本回想』草思社、一九八九年。

末廣昭「開発体制論」和田春樹他編『岩波講座 東アジア近現代通史8 ベトナム戦争の時代一九六〇―一九七五年』岩波書店、二〇一一年。

鈴木宏尚『池田政権と高度成長期の日本外交』慶應義塾大学出版会、二〇一三年。

曺良鉉『アジア地域主義とアメリカ』東京大学出版会、二〇〇九年。

高崎宗司『検証 日韓会談』岩波書店、一九九六年。

高橋和宏「『南北問題』と東南アジア経済外交」波多野澄雄編著『池田・佐藤政権期の日本外交』ミネルヴァ書房、二〇〇四年。

高橋和宏「『東南アジア経済開発』とヴェトナム戦争をめぐる日米関係（一）（二・完）」『筑波法政』三六号／三七号（二〇〇四年）。

高橋和宏「佐藤・ジョンソン会談（一九六七年一一月）再考」二松学舎大学国際政治経済学部「Discussion Paper No. 2」（二〇一二年）。

田所昌幸「経済大国日本の原型」五百旗頭真編『戦後日本外交史 第三版補訂版』有斐閣、二〇一四年。

ロー・ダニエル『竹島密約』草思社、二〇一三年。

張紹鐸『国連中国代表権問題をめぐる国際関係』国際書院、二〇〇七年。

中島琢磨『沖縄返還と日米安保体制』有斐閣、二〇一二年。

中島琢磨『現代日本政治史3 高度成長と沖縄返還』吉川弘文館、二〇一二年。

野添文彬「東南アジア開発閣僚会議開催の政治経済過程」『一橋法学』八巻一号（二〇〇九年）。

波多野澄雄『歴史としての日米安保条約』岩波書店、二〇一〇年。

波多野澄雄・佐藤晋『現代日本の東南アジア政策』早稲田大学出版部、二〇〇七年。

ジョージ・R・パッカード（森山尚美訳）『ライシャワーの昭和史』講談社、二〇〇九年。

保城広至『アジア地域主義外交の行方』木鐸社、二〇〇八年。

宮城大蔵『戦後アジア秩序の模索と日本』創文社、二〇〇四年。

宮城大蔵『「海洋国家」日本の戦後史』筑摩書房、二〇〇八年。

李鍾元「東アジアにおける冷戦と地域主義」鴨武彦編集『講座　世紀間の世界政治——アジアの国際秩序』三、日本評論社、一九九三年。

李鍾元「日韓会談の政治決着と米国」李・木宮・浅野『歴史としての日韓国交正常化Ⅰ』。

李東俊『未完の平和——米中和解と朝鮮問題の変容』法政大学出版局、二〇一〇年。

鹿雪瑩『古井喜実と中国』思文閣出版、二〇一一年。

吉次公介『池田政権期の日本外交と冷戦』岩波書店、二〇〇九年。

渡邉恒雄『渡邉恒雄回顧録』中央公論新社、二〇〇〇年。

コラム4　朴正熙——開発政治と日本

朴正熙は一九一七年に慶尚北道の貧しい農村で生まれた。軍人の道を志し、日本の陸軍士官学校にも留学した朴は、満洲国軍中尉として終戦を迎える。その後、韓国軍に加わり軍歴を重ねた朴が、政治の表舞台に躍り出たのが、一九六一年の五・一六軍事クーデタであった。クーデタの中心であった朴は、翌年三月に大統領権限代行として名実共に権力を掌握し、北朝鮮に遅れをとっていた韓国の近代化を推し進めていく。

経済学者のアムスデンも指摘するように、朴の経済開発のビジョンは、他国の開発経験から帰納的に導き出されたものであった。近代化のモデルとして、朴が特別に関心を寄せたのが日本の明治維新であったという。一九七二年、朴政権は大統領直接選挙を廃止し、「維新体制」に移行するが、その際、「維新」という言葉を用いたことは、彼にとって日本の近代化がいかに身近なモデルであったかを示している。

朴正熙大統領（左は訪韓した佐藤栄作首相）（1967年6月）（時事通信フォト）

朴政権は、アメリカの主導によって、輸出指向型工業化政策へと舵を切る一方、国際競争力を持つ巨大企業の育成に努め、重化学工業への構造転換を図るべく産業政策を主導した。また、一九五〇年代からの課題であった日本との国交正常化も実現させている。朴政権は、植民地支配への謝罪と賠償を求める世論の反発を押し切って、日韓基本条約を締結し、「経済協力」という名目で日本からの資本導入に成功した。

成長開始に遅れをとった後発国ほど、ひとたび軌道に乗れば、後発性の利益を享受し、先進国を上回る加速で経済成長を遂げる。韓国もその例外ではなく、朴政権の開発路線によって、一九六二年以降高度経済成長期に入った。一九七九年に朴が暗殺による非業の死を遂げた時には、一人当たりGNPは一九倍にまで増加し、韓国は近代的な工業国家になっていた。韓国の経済成長は、「漢江の奇跡」として世界中から注目されることになる。

朴の生涯は、満洲国軍人の前歴のみならず、政権獲得後も日本からの資本導入、自民党親韓派との癒着など日本との関係が常につきまとった。そのため、後年「親日派」の側面を批判されることになった。だが、朴の選択は、日本への親近感よりも、韓国の近代化のために日本からの支援が不可欠であるという怜悧な判断に基づくものであったといえよう。

参考文献

木宮正史『国際政治のなかの韓国現代史』山川出版社、二〇一二年。
趙利済、渡辺利夫、カーター・J・エッカート編『朴正熙の時代』東京大学出版会、二〇〇九年。

第5章　冷戦構造の流動化と日本の模索
——一九七〇年代——

若月秀和

一九七〇年代前半、米中和解と米ソデタントに象徴される東西冷戦対立の緩和という新事態に直面した田中政権は、中国との国交正常化を断行する一方、ソ連との関係改善も試みた。もっとも、超大国間の緊張緩和状況の下、日本周辺の朝鮮半島と東南アジアの情勢が流動化する。これに対し、三木政権は米国と歩調を合わせて、韓国の軍事政権との関係を進展させ、日中正常化で断交した台湾との実務関係も修復した。そして、ベトナム戦争終結後、米国の存在感が著しく低下した東南アジアに対して、福田政権は政治的関与を強化していく。他方、福田政権が日中平和友好条約を締結し、次の大平政権が対中円借款供与に踏み切ることで、中国の近代化を後押ししながら、その国際社会への取り込みを図るようになる。さらに、大平政権は一九八〇年代をにらんで、オーストラリアと連携しながら、経済発展を進めるアジア諸国を広く包摂する新たな地域秩序構想を提示する。

1　東西冷戦対立の緩和と日本外交の多角化

田中政権の成立と日中国交正常化の断行

一九七一年に表面化した米中和解を契機に、米ソ両超大国間の緊張緩和が進む一方、東アジアでは米中ソ三極構造が現出する。こうした冷戦対立構造の変動を受け、自国の安全保障を米国に委ねる日本は、当時相互に鋭い対立関係にある中国、ソ連の両社会主義大国といかなる関係を結んでいくのかという問題に直面する。

一方、日本の国内政治も重要な転換点にあった。一九七二年六月一七日の佐藤栄作首相の引退表明後、田中角栄通産相と福田赳夫外相を軸に後継総理総裁をめぐる争いが展開された。対外政策について、田中は憲法第九条を対外政策の根幹としたうえで、日中国交正常化の速やかな実現を訴えたのに対し、福田は、日米安保関係を基軸に、日中正常化と日ソ平和条約の締結に取り組むと主張した。結果は、日中正常化を大義名分に活発な多数派工作を行った田中が勝利した。

七月七日に田中政権が成立すると、大平正芳外相は、一九五二年締結の日華平和条約は対中正常化後には存在しないと述べ、初めて「一つの中国」を明確に受け入れた。これに対し、周恩来首相も、早期の対中正常化を目指す新政権の政策を歓迎すると声明する。さらに、同月下旬に中国側は、田中首相と大平外相の訪中に歓迎の意を示したうえで、後述する「復交三原則」を国交正常化交渉の前提条件としない旨を伝えた。佐藤政権時代、中国側が同三原則を国交正常化交渉開始の前提条件としてきたことからすれば、大きな譲歩であった。

しかし、田中や大平に訪中を決意させ、外務省事務当局が対中正常化交渉に臨むにあたっての最大の判断材料となったのが、訪中した竹入義勝《たけいりよしかつ》公明党委員長が周恩来との会談を経て持ち帰った「竹入メモ」であった。それによれば、田中、大平が訪中して交渉を行う際に、中国側が、(1)日米安保には触れず、一九六九年の佐藤・ニクソン共同声明（「台湾条項」）にも言及しない、(2)戦争による「賠償請求権」を放棄する、(3)日華平和条約については、日中共同声明に盛り込まず、というものであった。

中国にとって最大の脅威であったソ連が、佐藤政権末期の一九七二年一月にグロムイコ外相を初訪日させて対日接近を強めるのを受け、中国も、ソ連外交に対抗するべく、対日接近を早急に進める必要があった。他方で、日台関係を断絶し、日本が台湾独立を支援する可能性を確実に断っておく時期は、今をおいて他はないという判断もあった。しかも、当時高齢で癌を患っていた周恩来には、残された時間が少なかった。

田中政権成立当初、自民党でも外務省でも、親中国派と親台湾派に鋭く意見が分かれていたことがあり、大平は橋本恕中国課長ら少数の外務官僚が極秘裏に日中正常化の準備を進める手法をとった。首相訪中決定後は全省的な取り組みに移行するが、準備過程からは省内のチャイナ・スクールは排除された。日中正常化は、日本外交の対米基軸の枠内で行う必要があった。

それゆえに、日中国交正常化を断行するためには、米国に対する根回しは必要不可欠であった。当時、ニクソン政権は、日中国交正常化の結果、日本が日米安保条約の適用範囲から台湾を除外することで、台湾海峡で緊急事態が発生した際に在日米軍基地が使用できなくなることを懸念していた。したがって、八月三一日のハワイにおける日米首脳会談で、田中と大平は、日米安保条約に抵触しないように対中正常化を進めると約束した。

さらに、労を要したのは、日台断交に反対する党内の親台湾派に対する説得であった。それでも、九月八日に「(日台間の)従来の関係が継続されるよう、十分配慮のうえ、交渉すべきである」との基本方針が党議決定された。「従来の関係」に「外交関係を含む」のか否かについて、親台湾派と親中国派の双方に解釈の余地を残したまま、何とか党内合意を取り付けたのである。

そして、日台断交後においても、可能な限り円満に台湾との実務関係を維持するべく、九月一七日、椎名悦三郎自民党副総裁が政府特使として訪台した。すでに断交やむなしの状況下で日本政府の特使が台湾へ赴き、蔣経国《しょうけいこく》行政院長と互いの立場を表明し合い、相容れないながらも頷きあってきたことこそ、椎名訪台の最大の意義であった。

九月二五日、田中は大平を伴い、日本の首相として初めて中国の地を踏んだ。交渉の焦点は、戦争状態の終了の仕方とその表現、日中戦争の責任に関する表記、そして「復交三原則」の取り扱いの問題であった。

まず、戦争状態の終了については、日本側が、日華平和条約締結をもって中国との戦争状態は終了しているとする立場であったのに対し、同条約を不法とする中国側は、日中共同声明が発表される日に戦争状態が終了するとの主張に固執した。最終的には共同声明の前文で「戦争状態の終結」と書く代わりに、第一項において、「戦争状態」ではなく「不正常な状態」が、「この共同声明が発表された日に終了する」と表記することで決着した。

また、日中戦争の責任表明は、二五日の歓迎宴における首相スピーチ(「ご迷惑」という表現が問題となるが)でなされるとともに、共同声明の前文で「責任を痛感し、深く反省する」と明言されることとなった。もっとも、親台湾派からの反発を回避するべく、中国側の主張する「日本軍国主義」の表現は除かれた。

次いで「復交三原則」については、前文で日本側が「十分理解する」とする一方で、第二項で、「中華人民共和国が中国の唯一の合法政府であることを承認する」として第一原則を認めた。また、第二原則の台湾の帰属に関しては、第三項で、「台湾が中華人民共和国の領土の不可分の一部である」という中国側の主張を、日本側は「十分理解し、尊重する」とした。さらに、日本側はサンフランシスコ講和条約において台湾を放棄したという法的な立場を維持しつつ、「ポツダム宣言第八項に基づく立場を堅持する」と付け加えることによって、一九四三年のカイロ宣言の履行、すなわち、台湾は「中国」に返還されるべきとの政治的立場を間接的に表明する。

そして、共同声明では、「復交三原則」の第三原則にあたる日華平和条約の破棄は言明されなかった。その代わり、九月二九日の最終会談で、大平は、日本が「台湾独立」を支援する考えを否定したうえで、同日の共同声明調印直後、日華平和条約が終了したとする政府見解を発表した。ここに、台湾問題は一つの結末を迎え、日中国交正常化が果たされた。一方、台湾側は対日国交断絶宣言を発するも、経済、民間交流はその後も発展的に継続する。

田中首相の訪ソ――「米中日」提携の枠内で

他方、日中共同声明第七項に中国の反ソ戦略を体現する「反覇権条項」が明記された。外務省事務当局も、共同声明全体をまとめるために、「受け入れても、日本はそれほど国益を害することにはならない」という判断で応じた。日本側全体として、当時の中ソ対立の状況下で、日中正常化が日ソ関係に与える影響について問題意識が希薄であった。

一〇月二三日、日中正常化に関する説明のためにモスクワに赴いた大平外相に対して、グロムイコ外相は反覇権条項について執拗に問い質してきた。しかし、当時、日本の対ソ経済協力は、ソ連の経済事情からすれば少ない額ではなかった。そこで、日中が関係改善したことによって、その資金が中国に向かうことを恐れたソ連は、対日アプローチを図る。すなわち、ブレジネフ書記長が、一二月のソ連邦五〇周年記念大会の演説で、第二次大戦後の日ソ間の「諸問題」を解決するための交渉を呼び掛けるのである。

そこで、新井《あらい》弘一《ひろかず》東欧第一課長ら外務省事務当局は、上記演説中の「残された諸問題」とは「領土問題」以外にないという解釈を、党書記長として不動の権力基盤を確立しているブレジネフ自身から引き出すことに照準を合わせた。そのために必要なのは、田中、ブレジネフ両首脳による直談判であった。そこには、日中関係の発展に苛立つソ連との関係改善に向けた努力は必要であり、また東西対立が緩和するとともに、日本の経済力が高まった現時点こそが、対ソ関係打開の絶好の機会との判断があった。

日ソ首脳会談開催というプランは、大平、田中に採用された。日中国交正常化に際してソ連への配慮が十分でなかったと反省した大平は、日中・日ソ両関係の均衡を図る観点から、首脳会談の必要性を認識するようになっていた。一方、田中は、もともと「米中日」提携によりソ連に対抗する外交観を持っていたが、中国との外交関係を築いたことで、ソ連からのシグナルを受ける決断をした。一九七三年三月以降、日ソ両首脳間で親書が交わされ、田中訪ソによる首脳会談開催が政治日程に乗っていく。ソ連が領土問題に応じれば、経済協力を行うというのが田中の立場であった。

一方、中国は日ソ関係改善の動きに水を差そうとした。一月一五日、周恩来首相は自民党国会議員団に対して、中国側は北方四島のみならず、千島列島全体の日本の領有権を支持する旨を表明した。また、四月中旬に来日した廖承志中日友好協会会長は、シベリアのチュメニ油田開発のプロジェクトへの日本の参加は、中国の安全保障にとっての直接的な脅威であるとして明確に反対した。

しかし、日本側に米中両国との関係を損なう形での対ソ関係打開に踏み込む意思は毛頭なかった。七月三〇日に訪米した田中は、ニクソン大統領に対し、ソ連の軍事力が日中両国の脅威になっていると指摘したうえで、領土問題の解決が前提となっているために、日ソ平和条約の締結が難しいとの認識を示している。また、田中は、中国が懸念を抱かぬように、日米共同の形でシベリア開発を行うべきとの見解を示し、ニクソンもこれに賛成した。

他方、ソ連側は、首相訪ソに向けた事前の折衝で、シベリア開発を念頭に入れた経済協力協定の締結に最大の重点を置くと同時に、討議対象をできるだけ広げて、平和条約問題の比重を低くしようとした。これに対して、日本政府の立場は、⑴平和条約は、四島が返還されない限り締結しない、⑵経済協力協定には領土問題が解決されない限り応じないとの基本方針の下、「領土問題は存在しない」とのソ連側の主張を修正させ、共同声明に「領土」という二文字を明記させることを、最大の眼目とするものであった。

一〇月八日から一〇日のモスクワにおける一七年ぶりの日ソ首脳会談は、両国首脳が領土問題で真っ向から対立する激しい交渉となった。結局、このときの首脳会談の共同声明では、領土問題を公式に文書化できず、「未解決の諸問題」のなかに領土問題が含まれることについて、ブレジネフから口頭で確認するに留まった。

日ソ首脳会談の結果に中国は安堵したのであろう。一〇月一二日、張香山《ちょうこうざん》中日友好協会副会長は、超党派の訪中議員団との会談で、領土問題で原則的な立場を貫いた田中の姿勢を称賛するとともに、日ソ共同声明に「アジア集団安保構想」が明記されなかった点も評価した。もとより、外務省は同構想をソ連のアジア進出と対中国封じ込め、日米安保条約の切り崩しの意図の表れとして、明記に応じない方針であった。あくまでも、田中政権は「米中日」提携の基本線の枠内で、対ソ関係打開を試みたのである。

険悪化する日韓関係と曲がり角の対東南アジア外交

性急な日中国交正常化は、ソ連のみならず、韓国にも懸念を与えた。一九七二年一〇月一一日、日中国交正常化をめぐる日本の立場を説明するために訪韓した木村俊夫政府特使に対し、朴正熙大統領は、北朝鮮の平和攻勢が武力戦略のための戦術であると指摘し、日本が北との接触を自制すべきであると要請した。なお、朴は日本の対北接近を封じるべく、一一月に韓国大統領として初めて日本を公式訪問する予定であったが、一〇月一七日に自ら発表した特別宣言と非常戒厳令により（「維新体制」のはじまり）、訪日は中止となった。

米国が一九六九年のニクソン・ドクトリンに則って、七一年に在韓米軍六万二〇〇〇人のうち二万人を撤退させた後、対中接近を明確化させるに至り、朴大統領は米国に不信感を募らせ、自国の生存に関して強い危機感を覚えていた。アジアで緊張緩和が拡大していくことに動揺する韓国は、むしろ「冷戦の戦士」として、従来同様の脅威認識を維持した。したがって、米中和解に続く日中国交正常化も、韓国にとっては重大な懸念となった。

日本と北朝鮮との接近に関する韓国の懸念にはそれなりの根拠があった。九月五日から六日にソウルで開かれた

第六回日韓定期閣僚会議に出席した大平外相は、「北朝鮮との交流は、人事、文化、スポーツに加え、経済面でも進もう」との見通しを述べた。北朝鮮との経済交流を求める動きが、日本国内でも高まっていた。

一方、九月一七日、金日成首相も田中政権に対して、日韓関係を維持しながら日朝国交正常化が可能であることを示唆するメッセージを送る。さらに、一九七三年二月二日、金日成は明確な対朝国交正常化要求を行うと同時に、過去の償いを日本に求めない構えすら見せた。日中国交正常化交渉の過程で、中国が対日賠償の請求を放棄したことに影響された発言であろう。日韓間の条約・協定の無効と対日賠償請求権を要求する従来の立場からの大きな譲歩であった。

田中政権の朝鮮半島政策は、北朝鮮との政治的な関係を結ぶことを時期尚早とした米国の朝鮮半島政策の枠を破るものではなかった。それでも外務省は、日朝貿易の意義について、(1)日本が徐々に北朝鮮と関係を拡大して、韓国一辺倒政策を修正した方が、韓国に対して経済援助を維持し、増大することを容易にする、(2)北朝鮮社会に国際的な影響を及ぼすのに役立つとの二点を挙げていた。韓国一辺倒政策に対する日本の国内世論の批判を回避する一方、米国には対韓経済協力の重視をアピールすることで、北朝鮮との交流拡大を続けることへの了解を得て、朝鮮半島の緊張緩和に関与しようとするものであった。

事実、一九七三年当時、従前の韓国一辺倒政策が維持できないほど、日本国内の対韓感情は悪かった。とりわけ、八月八日、韓国当局が反体制派のリーダー・金大中《キムデジュン》を日本国内から拉致する事件が起きると（金大中事件）、日本の国会では連日、政府の対応が追及され、対韓経済援助の中断を求める声が強まった。それと同時に、日本では朴政権の独裁体制そのものが問題視されるようになった。結局、一一月二日、金鍾泌首相が朴大統領の親書を携行して来日し、陳謝したことによって、日本政府は金大中の原状回復の主張を放棄して、事件の「政治決着」が図られた。日韓関係を阻害する同事件の早期幕引きを田中は望んだ。

ところが、その後、日韓関係は一層緊張の度合いを増す。一九七四年八月一五日、朴大統領が狙撃され危うく難を逃れたものの夫人が犠牲になる事件が起きた（文世光《ムンセグァン》事件）。その狙撃犯が在日韓国人であったため、韓国の対日態度は著しく悪化した。次いで木村俊夫外相が八月二九日の国会答弁で、韓国に対する北からの軍事的脅威は客観的に見て存在しないという見解を示し、さらに九月五日の答弁では、韓国が朝鮮半島での唯一の合法政権であるとの認識は持っていないと発言する。一連の発言は、韓国側の感情をいやがうえにも刺激し、一時は国交断絶前夜と言われるほどの険悪な状況に陥った。

他方、一九七三年秋の時点で、金日成は日本との関係改善に以前ほどの関心を示さなくなった。北朝鮮指導部にとっては、対日国交正常化という目標に到達するには、関係改善の速度が遅々としていたからである。田中政権にも、北朝鮮と外交関係樹立に踏み込む用意はなかった。以後、日朝接近の動きは、低調なものになっていく。

日韓関係が緊張状態にあった時期、日本と東南アジア諸国との関係も曲がり角にあった。とりわけインドネシアでは、すでに一九六〇年代末に学生・インテリを中心として、強権的姿勢と外国資本に依存するスハルト体制への反発と、それを支えていると見られた日本への不信感が強まっていたが、七〇年代の初めには、日本企業の東南アジアへの進出が急増したことで、現地社会との摩擦が生じ、反日運動や日本品不買運動が頻発していた。東南アジア諸国に対する日本の関心は、輸出入市場の確保に留まり、同諸国を第一次産品国として従属させているという「新植民地主義」として批判されるようになっていた。

かくして、一九七四年一月七日から一六日に東南アジア諸国を歴訪した田中は、タイで学生デモに遭遇したばかりか、インドネシアでは首都全体を混乱に陥れる暴動に見舞われるのである。

確かに、このときのジャカルタでの暴動は、反日に名を借りたインドネシア国内の権力闘争であったことは否めない。しかし、前年の第一次石油危機時における日本政府の中東政策の修正と、急遽実施された三木武夫副総理の中東産油国歴訪は「油乞い」外交として見なされていた。また、田中歴訪では、シンガポールやマレーシアを週末に駆け抜けながら、石油・天然ガス輸出国のインドネシアに三日間も割いたことも、日本は理念なき経済優先であるとの軽侮を招き、反日感情の火に油を注いだと指摘できよう。

2　ベトナム戦争終結と過渡期の日本外交

難航する日中航空協定交渉

一九七二年の国交正常化時に発表された共同声明の規定に則り、日中両国は貿易・海運・航空・漁業の四つの実務協定の締結を目指した。ところが、その中の一つである航空協定の交渉は、同年一二月の開始から一年半以上もの時間を要した。

交渉が長期化したのは、台湾航空機の地位をめぐり、中台双方が国際社会における正統性を賭けた外交闘争を展開する状況下で、日中両国が、日台関係維持に関するコンセンサスをいかに形成するかという困難な問題に直面したためであった。また、日中両国の国内政治の不安定化も大きく作用した。中国では、毛沢東主席が外交政策の実務を担ってきた周恩来首相を「右傾投降主義」と批判したのを機に、周への批判は、「批林批孔《ひりんひこう》運動」へと発展する一方、日本でも田中政権が、台湾当局と連携して協定締結に反対する自民党内の親台湾派からの攻勢にさらされ、両国の指導者が交渉で柔軟な対応をとれなくなったのである。

それでも、一九七三年一〇月末頃、日本政府部内では事態を打開するべく、大平外相が訪中して、周恩来と直接交渉する策が検討されるようになる。日中関係の進展がこれ以上妨げられるようでは、田中政権の外交姿勢が問われかねないという考慮があったためである。また、日中国交正常化が、ソ連の目を日本へ向けさせる一助となっただけに、対ソ戦略上も、日中友好関係の維持が必要であるとの認識が、外交当局にもあった。

一九七四年一月二日、大平は訪中したが、中国側の姿勢は硬かった。そこで、大平は唐突に交渉を打ち切り、帰国を宣言する。ここに及んで、中国側は、急遽日本側の立場を受け入れ、焦点の台湾問題については、日本政府の認識発表という形で収めることをはじめ、羽田と成田の使い分けによって中台の航空機の並立を避けるとした点について同意した。最高権力者の毛沢東は、対ソ戦略を台湾問題よりも重視して、日中平和友好条約を早く締結するために航空協定に目途をつけるべきとの判断に傾いたのである。

四月二〇日、日中航空協定が調印されると、大平は、「台湾の航空機にある旗の標識をいわゆる国旗を示すものとして認めていない」との外相談話を発表した。台湾はこれに強く反発し、翌日、中華航空の運航を停止した。さらに、自民党親台湾派の反発も激しく、五月七日に同協定が国会審議にかけられ全会一致で承認された際にも、親台湾派の議員八〇数名が、協定に反対するという趣旨で欠席した。

こうして日中航空協定交渉は、両国首脳が大きな戦略上の観点から下した決断によって前進した。ソ連の存在は日中関係を推進させる一要因となった。しかし、両国のソ連に対する立場の違いは、実務交渉に続く平和友好条約交渉で顕在化し、その締結にとって最大の障害になった。

一九七四年一一月一三日、中国外交部の韓念龍《かんねんりゅう》副部長が海運協定調印のために来日した際、平和友好条約の案を日本側に説明した。同案は共同声明の規定をそのまま移してきたもので、平和五原則などと並んで「反覇権条項」が含まれていた。

これに対して、東郷文彦《とうごうふみひこ》外務事務次官は、平和友好条約は「日中両国の永きに亘る平和友好関係を謳うもの」であり、第三国の覇権に対する反対に関わる問題ではない旨を指摘した。共同声明は両国首脳の単なる政策の表明にすぎず、両国を法的に拘束するものではないが、条約となれば、それは締約国を法的に拘束するものであるので、共同声明と同じく、条約の中に反覇権条項を挿入すると、いろいろな問題を生むというのが、外務省の立場であった。外務省は内外への影響を考慮して、中国から同条項挿入の申し入れがあったことを極秘とした。

日中・日ソ両関係の停滞
――中ソ対立の狭間で

日中平和友好条約交渉開始直後の一九七四年一一月二六日、田中首相が金脈問題で退陣表明に追い込まれた後、椎名副総裁の裁定の結果、一二月九日に三木武夫政権が発足する。

自民党内の最左派に位置する三木首相は、中国、ソ連といった共産圏諸国との関係改善に熱心であった。首相就任直後の一九七四年一二月一四日の国会での所信表明演説においても、「日中共同声明の諸原則を誠実に履行し、日中平和友好条約の締結を促進いたします」と表明した。

その一方で、一九七五年一月二四日の施政方針演説では、日ソの協力関係を「世界史的意義を持つもの」として称揚するとともに、両国間の「相互信頼感の増進」の重要性に言及して、必ずしも四島一括返還論にこだわらない意図を滲ませた。九月には、自らのブレーンを通じ、歯舞・色丹の二島返還による平和条約締結、残る二島については二〇世紀末まで凍結するという新たな構想を打ち上げた（しかし、同構想は外務省や自民党の多数派から反発を受けてお蔵入りとなる）。

このような考えに基づき、三木は、一月一五日に宮澤喜一外相をモスクワに派遣して、ソ連との平和条約交渉にあたらせると同時に、一六日には東京で日中平和友好条約の事務レベルでの予備交渉に着手する。日中・日ソの両関係の同時並行的な発展を目指したのである。

ところが、一九七三年の石油危機は、資源小国日本の脆弱性を露呈させた一方で、世界最大の産油国ソ連の立場を著しく有利にした。彼我の力関係に敏感なソ連は、これを契機に、日本に対して態度を硬化し始めた。事実、訪ソした宮澤外相との会談で、グロムイコ外相は領土問題の存在を認めず、平和条約交渉は進展しなかった。

その一方で、東京での日中条約の事務レベル交渉も、反覇権条項をめぐって折り合いが付かなかった。交渉から三日後の一月一九日に採択された中華人民共和国憲法の中でも、「帝国主義、社会帝国主義の侵略政策と戦争政策に反対し、超大国の覇権主義に反対する」と明記され、中国は「反覇権」＝反ソ連を強く訴えるようになっていた。一月二三日には『東京新聞』に、覇権反対問題が平和友好条約交渉の「核心」であり、また覇権反対は日ソ関係、日ソ平和条約と絡んでいることなどを一般国民に知らせるスクープが出た。これを受けて、二月三日、トロヤノフスキー駐日ソ連大使は、三木政権の生みの親である椎名副総裁に対し、「日中平和友好条約は、日ソ友好関係に好ましい結果をもたらさない」との申し入れを行い、条約交渉を牽制する動きに出た。

ソ連の策動により、覇権問題の取り扱いについて、日中双方とも柔軟な立場をとることが困難になる。すなわち、日本は日中友好のために露骨にソ連に対抗するような条約を結べないと主張する一方、中国は覇権に対して明確に反対しない条約は結んでも意味がないという強い態度をとり、交渉は難航していったのである。

そして中国側は、三木政権がソ連に気兼ねして、中国との条約交渉において、条約案文から反覇権条項を外すことを主張したと不信感をもって受け止めた。中国からの批判に対して、三木は動揺し始めた。六月に入ると三木は、非外務省ルートを通じて、中国側が覇権反対をソ連など特定の第三国を対象としたものではなく、普遍的原則としてとらえるならば、条約本文に反覇権条項を明記してもよいと中国に対する譲歩案を提示した。

九月二四日と二七日には、三木の意向を受けて、宮澤がニューヨークの国連総会出席に併せて喬冠華《きょうかんか》外交部長と長時間会談し、覇権反対に関する日本側の解釈を、⑴アジア・太平洋地域だけでなく世界のどこでも覇権に反対する、⑵覇権反対は特定の第三国に向けられたものではない、⑶覇権反対は日中の共同行動を意味するものではない、⑷国連憲章の精神と矛盾することは受け入れられない、と四点に整理して提案した（「宮澤四原則」）。そして一一月、覇権反対に関する具体的な条項を、「宮澤四原則」に即して記載した条約案を中国側に提示する。

しかし、歩み寄りを模索する日本に対し中国側が一切応ぜず、一九七六年に入ると日中交渉は休眠状態となる。その背景には、中国内部の政治的混乱があった。同年一月に周恩来、九月には毛沢東が相次いで死去する一方、毛―周に代わって外交を統括した鄧小平も、「四人組」の策動により四月に再失脚に追い込まれた。このような混乱著しい政情は、中国が条約交渉で臨機応変かつ積極的に対応するための意思と能力を喪失させた。一方、三木政権もロッキード事件をめぐる党内抗争に忙殺され、外交問題が手つかずの状態となる。

他方、一九七六年一月九日、七二年以来四年ぶりに来日したグロムイコ外相は、反覇権条項はソ連を対象にしているとして、「宮澤四原則」によって同条項の反ソ的体裁を薄め、日中平和友好条約を締結しようとする三木政権の姿勢を批判した。前年一二月にフォード大統領が「新太平洋ドクトリン」を発して、米国が東アジアにおいて日中両国と関係を強化する意思を表明したことで、ソ連は日中関係の動向に一層神経質になっていた。

その後二月、ブレジネフ書記長が第二五回ソ連共産党大会の演説で、日本の北方領土返還要求は根拠のない不法なものであると示唆した。九月には、ソ連の最新鋭戦闘機ミグ25が函館に強行着陸し、操縦していたソ連軍中尉が米国への亡命を求める事件が発生した。これにより、中尉の身柄とミグ25の機体引き渡しをめぐって、日ソ関係の緊張状態が一気に高まった。当初の三木の意欲とは裏腹に、日中間の条約締結交渉は休眠したまま、日ソ関係は悪化の一途をたどるという皮肉な結果となった。

日韓・日台関係の修復――宮澤外相の「後遺症外交」

少数派閥の領袖にすぎなかった三木首相は、自民党内の反田中陣営、すなわち親台湾派・親韓国派の力を借りなければ政権運営が不可能なため、党と政府の役職は椎名副総裁をはじめ党内右派が占めることとなった。

そのような党内力学のなかで外相となったのは、宏池会《こうちかい》（大平派）所属で、「ハト派」と目された宮澤であった。ところがその就任早々、「日中正常化という大きな出来事の後には、『後遺症』が生じているのは当然であり、その処理に大きな努力をしなければならない」と発言した。一九七三年の金大中事件で悪化した日韓関係の修復と、七四年の日中航空協定の調印で停止された日台空路の再開に努力するとの意思表明であった。それはまた、椎名自身の強い意向でもあった。宮澤としては、日台・日韓両関係の重要性もさることながら、日中平和友好条約締結に踏み込んでいく前に、日台空路再開と日韓関係改善を実現して、権力基盤の弱い三木政権を支えている党内右派を宥める意図があったようである。

まず、一九七五年二月以降、宮澤は、亜東関係協会東京弁事処（七二年の日台断交後、実質的に大使館としての機能を持つ機関）の馬樹禮《ばじゅれい》代表らとの間で、日台空路再開に必要な政治的条件を秘密裏に詰めつつ、運輸省を通じて民間航空取り決めの交渉を行った。空路再開の条件として台湾側が求めたのは、日本側が一九七四年四月の大平外相談話を否定することによって、中華民国の「国家としての尊厳」を回復し、日台関係促進の基本方針を表明することであった。

七月一日の参議院答弁で宮澤は、日台間の友好的交流の促進を希望するとしたうえで、多くの国が「青天白日旗を国旗として認識しているという事実」は、「何人も否定し得ないところ」であるとの認識を示した。台湾側はこの国会答弁を評価して、日本との民間航空取り決めの調印を決定する。この時、廖承志らが宮澤答弁を非難したものの、中国政府は報復措置をとらなかった。こうして、日台空路は再開された。

一方、宮澤は韓国に対する「後遺症外交」にも着手する。おりから、一九七五年四月末にサイゴンが陥落して、米国がベトナムから撤退する事態に至ると、アジアにおける米国の安全保障上の関与についての疑念を共有した日韓両国は、相互に関係修復に向けた動きを加速していく。

当時、日韓関係を緊張させていたのは、一九七三年の金大中事件と翌七四年の文世光事件であった。そこで、日韓両国は、この二つの事件を一括して解決し、緊張関係を解消する道を選択した。すなわち、(1)金大中事件で指紋が発見された金東雲《キムドンウン》駐日韓国大使館一等書記官について、容疑事実は立証されなかったが、公務員としての地位を喪失させる、(2)日本政府が韓国政府を転覆をねらったテロ活動などを厳しく取り締まるという方針に従い、必要な措置と捜査結果を通報するという二点を、両国間で確認し合ったのである。この間の日韓和解の動きを後押ししたのは、両国の同盟国である米国であった。

七月二三日から二四日、宮澤は訪韓し、「金大中事件はこれで完結した」と宣言した。事件の韓国側捜査に対する疑惑や批判が日本国内で依然として強かった中での、「第二次政治決着」と言われる合意であった。主権侵害問題よりも、日韓関係を修復し、サイゴン陥落後のアジア情勢の流動化を阻止することが優先されたのである。次いで八月二日、三木首相が訪米し、フォード大統領と「韓国の安全が日本の安全にとって緊要」とする「韓国条項」を再確認した。

そして、九月にソウルで開催された第八回日韓定期閣僚会議では、日本は、韓国の第四次経済発展五カ年計画(一九七七〜八一年)に新たな経済支援を行うことを約束し、韓国鉄鋼業の拡充のために多額の借款を供与することとなる。田中政権期に見られた日韓間の険悪な雰囲気は大幅に解消された。かくして、党内リベラル派と見られた宮澤の手による「後遺症外交」は、三木政権の数少ない外交上の成果となった。

東南アジア政策の再検討——ポスト・ベトナムをにらんで

ベトナム戦争終結を視野に入れた日本外交の動きは、すでに一九七〇年代前半から始まっていた。すなわち、一九七二年に北ベトナムとの接触が着手され、翌七三年一月にベトナム和平協定調印により米軍が撤退したのを受けて、九月に日本と北ベトナムの間で国交が樹立された。

北ベトナムとの関係を拡大して、インドシナ戦後復興で大きな役割を果たそうというのが日本政府の意図であった。

しかし、一九七三年二月にパリで開催されたベトナム和平保証国際会議の日本の参加は、当の北ベトナムが、日本が米国や南ベトナムに協力してきたことを理由に反対したために実現しなかった。また、日本は米国や南ベトナム政府への配慮から、ＰＲＧ（南ベトナム臨時革命政府）の承認や多額の賠償供与といった北ベトナムの要求は飲むことができなかった。したがって、日本と北ベトナムとの関係は進展せず、「国交の樹立があるが、実質的な政府間交流が存在しない」という状態が続いた。

しかし、一九七五年四月にサイゴンが陥落してベトナム全体が共産化するとともに、カンボジアとラオスが共産化するというインドシナ全域の共産化という新たな国際状況に直面して、外務省では東南アジア政策の再検討が着手された。その結果、北ベトナムをはじめとするインドシナの共産主義諸国との接触強化の方針が確認された。とくに、数年以内に北ベトナム主導の南北ベトナム統一がなされるとの見通しをもとに、ハノイとの関係構築を最優先事項とした（一九七六年七月、北ベトナムは南のＰＲＧを吸収する形で、全土統一する）。

一九七五年一〇月、日本政府は、北ベトナムと一三五億円の無償援助（一九七五年度八五億円、七六年度五〇億円）を日本が供与するという線で妥協するとともに、相互に大使館を開設し、大使を交換することで合意した。一九七六年二月末には、有田圭輔《ありたけいすけ》外務審議官を団長とする関係省庁の課長クラスで構成される日本政府経済協力代表団が、ハノイに派遣された。当時の外務省幹部たちは、日本が北ベトナムへの経済協力を強化することによって、同国が国土統一と戦後復興に専心し、ソ連や中国に対する依存を強めるのを抑制しようとしていた。他方、インドシナでのプレゼンスを失った米国政府もそうした日本の外交的イニシアティブを肯定的に捉えていたようである。

他方、日本とＡＳＥＡＮとの関係強化に向けた動きも展開される。当初、米国との安保関係を外交の基軸とする日本としては、ＡＳＥＡＮが標榜する中立化宣言を支持できなかったし、ＡＳＥＡＮそのものが地域機構として実態を備えていないと目されていた。これに対して外務省アジア局は、ＡＳＥＡＮ諸国間の結束が、域外諸国によって現実に認知され、尊重されていると省内で主張して、ＡＳＥＡＮ重視政策への転換を進めた。一九七五年八月に訪米した三木首相も、ワシントンでの演説で、ASEANが「地域の政治的、経済的安定に重要な役割を果たしている」と評価し、日本がその活動を積極的に支援していく意向を表明した。

一九七六年の時点で、外務省事務当局は、東南アジア安定のために日本はASEANの強靭性強化に協力すると同時に、ASEAN諸国とインドシナ諸国間の関係を協調的なものとするために側面から協力すべきであるとの政策提言をまとめている。後述の「福田ドクトリン」の基本的方向性は、すでに固まりつつあった。

3　一九七〇年代アジア外交の帰着点

在韓米軍撤退問題への対応——親韓国派首相のジレンマ

一九七七年一月に誕生した米国のカーター民主党政権は在韓米軍撤退政策を掲げ、当事国の韓国はもちろん、日本やその他のアジア諸国にさらなる米国のアジア離れを印象付け、不安感を与えた。

日本では、一九七六年一二月に首相が三木から福田赳夫に代わった。親台湾・韓国派の保守派と目された福田は、翌七七年一月の『ニューズウィーク』誌とのインタビューで、撤退政策について「とりわけ賢明なものではない」と語った。福田は一月末に来日したモンデール米副大統領に対しても、「朝鮮半島の安全と台湾問題が、日本にとっての大きな懸念材料になっている」と指摘しながら、南北朝鮮間の勢力均衡において在韓米軍が果たす役割の重要性を強調した。

しかしながら、モンデールが在韓米軍撤退問題を「日米関係の最重要問題とみなし続けている」と発言したのに対して、福田は問題をあくまで米韓の二国間問題として位置づけようとした。福田は会談後の記者会見でも、日本にとっての韓国の安全の重要性について言及していない。首相官邸や外務省は、在韓米軍撤退に伴う米国からの日本への責任分担要求を憂慮していたし、日本が米韓間の安全保障問題に関わるということになれば、与野党伯仲下での国会対応も困難になるとの判断から、撤退反対論のトーンを抑制したのである。

その一方で、三月下旬の福田首相訪米を意識して、二月中旬、日本側二四三名を含む日韓議員連盟が共同声明を発表し、在韓米軍が「朝鮮半島の戦争抑止力として果たした役割を高く評価」するとともに、その削減は「朝鮮半島はもちろん、北東アジア全体の不安定を招く」と訴えた。三月半ばには、自民党の安全保障問題調査会が、在韓米軍の撤退は日米韓の協議のうえ、あくまで慎重を期するべきだとカーター大統領に伝えるよう福田に提言した。

以上のような国内世論を福田も無視できなかった。三月二一日から二二日の日米首脳会談で、福田は在韓米軍問題を持ち出し、朝鮮半島の軍事的均衡を崩さないよう配慮することをカーターに促した。また、会談後の共同声明では「撤退」ではなく「削減」という表現を用い、計画の実施にタイム・テーブルを設けないよう提案した。しかし、カーター大統領はこれらの福田の要請を拒み、共同声明にも「撤退」の文言が使用された。在韓米軍撤退問題で影響力を行使しようとする福田の試みは成功しなかった。

ところが、五月、在韓米軍撤退政策に反対したシングローブ在韓米軍参謀長が解任されたのを機に、カーターが軍部を含めた関係部署と十分な議論を行わずに撤退政策を推進したことが明らかになり、米議会を中心にカーターの早急な撤退政策に反対する声が強まった。米議会の継続的な牽制によって、一九七八年四月、カーターは撤退政策の推進計画の修正を発表する。

米議会の積極的な反対を感知した日本政府は、それまでよりも撤退反対を明確に表明するようになる。一九七八年五月、福田は二回目の訪米における演説で、米国のアジア残留と防衛公約を立証する具体的措置をとるように要求した。さらに、一九七九年に入ると、北朝鮮が地上兵力で韓国に優位にあるとの情報がリークされ、七月に撤退政策そのものが延期となる。しかし、一九七七年以来の在韓米軍撤退問題に刺激されて、福田政権は、在日米軍が在韓米軍の二の舞にならぬよう、米軍駐留の環境を整備すべく、「思いやり予算」(在日米軍駐留経費追加的負担)を導入した。

さらに、在韓米軍撤退政策は日韓両国を相互に接近させた。両国は竹島(独島)の領有問題、貿易不均衡、漁業問題などを含む利害対立を抱えていたが、一九七七年九月に東京で、翌年九月にソウルで日韓定期閣僚会議が一年毎に滞りなく開催されて、友好関係を維持した。

東南アジア外交の展開——「福田ドクトリン」表明

福田は、首相就任からまもない一九七七年一月の年頭会見で、自ら東南アジア諸国を訪問する意思を表明した。岸信介元首相の政治的直系であった福田は、東南アジアに「前々から特別な関心」(『回顧九十年』)を持っていた。また、蔵相として借款問題の協議を通じ、ASEAN諸国との関係を深めていたし、同諸国の元日本留学生相互および日本の関係者との交流を手掛けていた。

これに対し、一九七七年二月のASEAN特別外相会議において、八月開催予定のASEAN首脳会議への福田の正式招請が決定された。ASEAN諸国の経済閣僚たちを中心に、最大の援助国である日本の協力なしにはASEANの活性化は困難であるとの現実的な認識が広がっていたことが、福田招請の背景にあった。

福田の外交政策は、日米関係を外交の基軸としたうえで、様々な地域的問題にも広く働き掛けていくというものであった。とくに、「アジアの一員」である日本が、インドシナを中心に緊張感が高まっていた東南アジア地域の安定と繁栄のために積極的に貢献する責任があると考えていた。

一九七七年三月の日米首脳会談で、福田はアジア地域における米国のプレゼンス維持を要請した。また、福田とカーター大統領に、ASEANの強靭性強化の努力を評価し、地域の結束と発展のために協力していくことを確認する。さらに、東南アジアに対する中ソ両国の影響力拡張を防止するべく、日米がベトナムと関係を結ぶことでも合意する。もっとも当時、米国はベトナム戦争の後遺症を引きずり、対アジア外交で主導性を発揮するのは困難であった。このときの会談は、日本が今後東南アジア諸国との関係を強化していくと伝える意味合いが強かった。

そして、八月六日、東南アジア歴訪の途に就いた福田は、翌七日、マレーシアのクアラルンプールにおいてASEAN五カ国首脳との会談に臨んだ。

まず経済問題について福田は、ASEAN五カ国のために日本が特恵関税を設定することは拒む一方、多角的関税交渉(MTN)のなかでの同諸国の関心品目への重点配慮、非関税障壁の軽減、輸出所得補償制度の創設などには前向きに応じた。また、ASEAN工業プロジェクトへの一〇億ドルの円借款供与については、「ASEANの共通プロジェクトとして確立し、さらにフィージビリティー(実現可能性・実施の妥当性)が確認」されることを条件に、積極的に協力することを約束した。

このように、日本が他の域外大国に先んじてASEANの地域経済協力に対し積極的に支援する姿勢を表明したことは、これまで進捗していなかったASEANの域内協力を活性化させる契機となった。また、福田はこの場で、ASEAN域内文化交流への資金協力を申し出た（拠出額五〇億円）。こうした文化面での支援提案は、「日本は経済優先」との批判を封じる意味合いがあった。

一方、ASEAN首脳たちのベトナムに対する警戒感は依然強かった。これに対して福田は、ベトナムが自主独立の外交路線をとっていると指摘しつつ、「日本にとっては、ASEANが第一のパートナーだが、インドシナともある程度の接触を保ち、（ベトナムを）野放しにしないことが必要」と述べて、ASEANとインドシナの共産主義諸国との緊張緩和の必要性を訴えた。

八月一八日、歴訪の締めくくりに、福田はフィリピンのマニラで「福田ドクトリン」を発表する。その骨子は、(1)日本の軍事大国化の否定、(2)心と心が触れ合う相互信頼関係の確立、(3)ASEAN各国間の連帯と強靭性強化に対する積極的協力と、ASEAN諸国とベトナムをはじめとするインドシナ三国との間での相互信頼を醸成して地域全域の平和と安定を図る、という三つの原則から成り立っていた。

このときの福田歴訪は、日本の対東南アジア外交の大きな転換点を画した。一九七〇年代に入り、ASEAN諸国が大国からの自立性を高めつつあったことに加え、日本の経済的オーバー・プレゼンスへの懸念から、同諸国は日本のイニシアティブを受容することに慎重になっていた。一九七四年一月の田中首相の東南アジア歴訪時の現地での反日暴動は、こうした国際環境や経済関係が変容する過程で起こったものである。ショックを受けた日本は、インドシナ諸国の共産化という事態を経て、東南アジア地域で自らが前面に出るのではなく、ASEANの連帯強化を側面から支援することを外交の中核に据える方向に舵を切ったのである。

他方、福田政権は、ASEANへの過度な加担の印象を与えぬよう、ベトナムとの関係にも意を用いた。一九七八年一月、債務継承問題に関して日本が債務額に見合うだけの無償資金協力を行う代わりに、ベトナムが債務を返済することで合意に至り、四月には日本が二年間で二〇〇億円（七八年度より各年一〇〇億円）の円借款の供与を行うと約束した。日本が、自らの経済力を政治力に転化してベトナムなどインドシナ諸国に対するソ連や中国の影響力を中和しようとした対越外交は、経済大国としての外交の表れであった。

日中平和友好条約の交渉再開へ

自派内に多くの親台湾派を抱える福田首相は、当初、日中平和友好条約締結に踏み切らないと見られていた。ところが福田は、首相就任直後から、外務省幹部と同条約の交渉に向けた段取りや対応策などについて真剣に検討を重ねるなど、当初から同条約の締結を本気で狙っていた。同条約の締結は日中関係を安定させるうえでも、また自らの政権維持の点からも重視せざるを得なかった。

しかしながら、一九七六年九月のミグ25事件に続き、同年にソ連が二〇〇海里専管水域を一方的に宣言したことで、日ソ関係が急速に冷却化する一方、前年の中国の国内政治の混乱からまだ日も浅かった。このような客観情勢を踏まえ、福田は、懸案の日中平和友好条約締結問題に取り組むよりも、当面、日ソ関係の調整・修復の方を優先したのである。

そのような状況下で、一九七七年二月から五月にかけての日ソ漁業交渉は、日本にとってきわめて厳しいものであった。とくに問題となったのは、二月に公布されたソ連側の二〇〇海里適用水域に、日本が固有の領土とする北方四島の周辺水域が含まれていたことである。もし、日本が漁獲確保のためソ連側の漁業水域に関する線引きを承認すれば、四島をソ連領と見なすクレムリンの立場を認めることになり、日本の領土返還要求の放棄に繫がりかねなかった。

「領土」に「漁業」を絡めて揺さぶりをかけるソ連に対して、福田政権は両問題を切り離して交渉に臨んだ。そして、難交渉の末、五月二七日に「日ソ漁業暫定協定」の調印に持ち込む。これにより、北方四島周辺水域でソ連が漁業規制を実施している現実を認めて、日本の漁船の安全操業を確保しながら、協定が領土問題に関する日本の立場に影響を与えない点を確認した。

一方、一九七七年七月、前年に再失脚した鄧小平が再復活し、八月に開催された中国共産党の第一一回全国代表大会では、文化大革命の終結が宣言されるとともに、党規約に「四つの近代化」が盛り込まれて近代化路線が明らかになった。党・政府・軍の職務に復帰した鄧小平は、合理性・実際性を重視していたため、中国の対日政策はその後弾力的になっていく。中国の外交の体制も整備された。

他方、福田も日中平和友好条約問題の打開に向け、人事面で環境を整備し始めた。一一月末の内閣改造で、条約積極派の園田《その だ》直《すなお》官房長官を外相に回し、その後任に福田派の次代のホープである安倍晋太郎を充てた。「福田ドクトリン」の表明により、東南アジア諸国との関係が安定する一方、対ソ関係も漁業交渉が妥結したことで一応落ち着いたという判断の下、日中平和友好条約締結問題を解決しようという機運が高まった。

この時期以降、福田は「全方位平和外交」を掲げて、「日中と日ソは別」というロジックで、中ソ両国に対して、平和国家・日本の立場を改めて強調すると同時に、今後、日中平和友好条約交渉では中ソ両国の揺さぶりや脅しを排して、主体的な姿勢でもって臨む意思を明示した。一九七八年一月八日にソ連を訪問した園田外相はグロムイコ外相に対し、日本が中国と共同でソ連と敵対する意思がないと表明して、日中平和友好条約締結の事前通告を行った。二月二三日にはソ連が、領土問題を棚上げするという内容の日ソ善隣協力条約の草案を、一方的に公表するという異例の行動に出たが、日本政府は黙殺した。

そして北京で、二月一四日と三月四日の二度にわたり佐藤正二駐中国大使と韓念龍外交副部長との間で予備交渉が行われ、条文に反覇権条項を明記することを前提として、国際情勢認識で可能な限りの接点を求めた。これら二回の交渉を通じて日本側は、中国側が、日中両国それぞれ独自の外交政策があり、その対ソ政策も各々独自のものであるということを納得するようになったことで、日本と議論するうえで共通の土俵に漸く乗ってきた感触を得た。

二月から三月にかけて、同じ北京では、第五期全人代第一回会議が開かれ、一九七八年から八五年までの間に農業生産額を毎年四～五％増、工業生産額を同じく一〇％増とする国民経済発展一〇カ年計画が提示された。二月一六日には、日中長期貿易取り決めが調印され、日中商談ブームを迎える。中国にとって、日本との経済交流を活発にするためにも、平和友好条約を締結して、日中関係そのものを発展させる必要性が高まってきた。

三月末、福田は、自民党から条約交渉再開に関する合意を取り付けるために、党内調整に着手した。ところが、調整最中の四月一二日、尖閣諸島の周辺水域に百数十隻の中国漁船が集結し、うち数十隻が領海侵犯を繰り返して、二週間近く同諸島周辺に居座り続けるという事件が起きる。これに党内の親台湾派が反発して、調整作業が中断してしまう。もっとも、中国側からこの事件は偶発の出来事との立場が再三示されるなど、日中両国は事件が交渉の妨げにならぬよう努め、五月半ばまでに騒ぎも鎮静化した。その後、福田は党内調整の再開を決めると、親台湾派に直接説得工作を行った。彼らの多くは基本的に福田支持勢力であったので、政権存続を念頭に置いて、条約締結に徹底的には反対しなかった。

一方、五月三日のワシントンにおける日米首脳会談でカーター大統領は、米中国交正常化を達成したいとの意思を示しつつ、日中平和友好条約締結に支持を表明した。さらにブレジンスキー大統領補佐官は、二三日に訪中の帰途東京に立ち寄り、福田・園田と会談した際、「日米関係が極東の平和と安定にとって大きな要因であるという点で中国側と完全に合意した」と発言するとともに、ソ連に気兼ねすることなく、反覇権条項明記の形で日中の条約締結を速やかに決断するよう促した。一九七〇年代半ば以降、アンゴラやベトナムなど第三世界に影響力を拡大するソ連に対し、警戒感を高めた米国は、中国との関係強化により、ソ連を牽制する路線に転じたのである。

これに対し日本側は、「わが国としては、かような中ソ対立を外交的に利用する考えはない。中国との間では一カ月位で平和友好条約を締結し、ソ連との間でも友好関係を進めていく」(園田外相)と発言し、ブレジンスキー補佐官の「中国カード」の路線とは一線を引いた。福田政権は米国の支持表明がなされる前の時点で、条約交渉再開の方針を決定しており、条約交渉への米国の影響力は限定的であった。日中交渉を米国の対中政策の動向と関連付けて考える雰囲気は福田政権には希薄であった。

五月二六日に党内調整が完了し、月末には日本側から中国側に交渉再開の申し入れがなされた。しかしながら、四月以来、中越国境での緊張が高まり、ベトナムの華僑が大量に中国に帰国する事態が発生するとともに、ベトナムがカンボジアに侵攻する可能性が出てきたことで、中国側が事態対応に追われる一方、福田のサミット出席などの外交日程の都合もあり、交渉再開は七月下旬にずれ込む。

この間、ソ連は五月に択捉島周辺海域で大規模な軍事演習を実施し、六月一九日には、日中平和友好条約が締結された場合、対日政策を修正せざるを得ないとする政府声明を発した。日ソ関係の冷却化の度合いは増す一方であったが、福田政権は日中平和友好条約締結に向かっていった。

日中平和友好条約の締結

七月二一日に北京で再開された交渉（佐藤大使と韓念龍副部長の事務レベル交渉）で焦点となったのは、「第三国条項」（「覇権反対は特定の第三国に向けられたものではない」という趣旨の条項）の表記問題であった。事務レベルで詰めた後、八月八日に園田外相が訪中し、九日の黄華外交部長との会談において、中国側が日本側提案の第三国条項案を受容することで、最大の難関であった覇権反対問題が決着した。ソ連の影響下でベトナムが勢力を拡大する状況にあって、鄧小平はソ越両国を牽制するべく、日中の条約締結を急いだのである。

八月一〇日の園田—鄧小平会談においては、尖閣諸島問題が討議された。鄧が問題の解決を後世の世代に委ねようと述べたのに対し、園田はそれを聞きおくに留めた。日本側としては、中国が問題を起こさないのであれば、自国が尖閣を実効支配する状況がそのまま続くので何の不都合もなかった。

むしろ、このときの交渉で、日本側が尖閣問題以上に重視したのは、一九五〇年に結ばれ、日本を仮想敵国とした中ソ友好同盟相互援助条約の破棄であった。中ソ対立により、同条約は「名存実亡」となって久しかったが、日本側としては対日敵視条項をそのままにできなかった。そこで、鄧は園田に対し、同条約が期限満了まであと一年となる翌一九七九年四月に破棄を宣言すると約した。かくして、八月一二日、日中平和友好条約は調印される。

一〇月二二日、鄧小平が日中平和友好条約の批准書交換のために来日し、福田と会談を行った。福田は持論の「全方位平和外交」が「等距離外交」を意味するものではないとする一方で、自衛力強化に努めるとともに、「万一の際は、日米が共同して防衛に当たることを考えている」と語った。これに対して鄧は、「世界の人民が警戒心を高め……戦争を引き起こす国の戦略上の措置を打ち砕く」必要性を説いた。そのうえで、中国が日米安保条約に理解を示し、自衛隊の増強を支持しているのも、ソ連の意図を挫くためのものであると語り、日中平和友好条約の締結を「世界の平和にとり有利である」と位置づけた。

両首脳のやり取りを通じ、日米安保条約と日中平和友好条約、そして、米中国交正常化（一九七九年一月）がそれぞれに連結して、東アジアで米国と中国、日本が、軍備増強を進めるソ連に対し緩やかに連携する構図が成立したことが窺える。翌一一月には、「日米防衛協力のための指針（ガイドライン）」（旧ガイドライン）も閣議決定されている。

しかしながら、鄧の来日のもう一つの重要な目的は、世界最先端であった日本の工業技術の発展ぶりを観察、かつ把握すると同時に、どのような技術を中国に導入できるか検討することであった。日本滞在中、経済界首脳と交流しながら、平和な国際環境の下での中日両国の経済関係の展望を語り、日本各地の工場を精力的に見学した。

さらに、福田は鄧に対し、中国の近代化の成功を「世界全体の安定と発展にとり重要」と発言し、日本が近代化に貢献することを申し出ていた。中国側の視点で見れば、日本が、日中平和友好条約の反覇権条項に賛同してソ連に反対する政治協力を誓っただけでなく、中国の経済建設への全面的協力に乗り出したと理解されたのである。

日中平和友好条約の締結は、中国が経済の近代化を行うにあたり、日米を中心とする西側諸国に接近し、名存実亡になっていたソ連との関係を名義上も断つ決断のうえに行われたものであった。東西冷戦体制の下で、東側の一大構成員であった中国を、名実ともに西側に取り込む一つの橋渡しとなったのが、同条約の歴史的な意義であった。

4　米ソ新冷戦と「アジア太平洋地域」の萌芽

戦火が噴くインドシナと自主外交の模索

一九七八年八月の日中平和友好条約の締結は、その名前の通りとはいかず、一概に世界の平和と安定に繋がるものではなかった。

事実、日中平和友好条約の締結は、インドシナ半島での中ソ対立を刺激する一因ともなった。中国・カンボジアと対立するベトナムは、日中平和友好条約締結や米中国交正常化交渉が進展するなかで孤立感を深め、一九七八年一一月にはソ越友好協力条約を結んだからである。九月の時点では、米越間の国交正常化交渉はベトナム側の積極姿勢もあり、ほぼ妥結の段階まで漕ぎつけていた。ところが、ベトナムをソ連の代理人と見なし、対ソ牽制を念頭に中国との国交正常化を優先するブレジンスキー補佐官らの強い主張によって、対越正常化は最終的に見送られた。

米中国交正常化が発表された一二月中旬、ベトナムのグエン・ズイ・チン外相が来日するが、同月初旬に成立した大平新政権でも外相に留任した園田は、ベトナム軍がカンボジア国境に集結していることに対し警告を発しながらも、一九七九年度につき円借款一〇〇億円、無償援助四〇億円を約束する。経済協力の継続を梃子にベトナムの誘導を図るためであった。ところが、同月末、ベトナム軍はカンボジアに侵攻する。ベトナムがソ連から自立し、かつ非好戦的であるという福田ドクトリンの前提が崩れてしまった。

ベトナムがカンボジアに侵攻した後、日本政府は、カンボジアへの内政干渉であるとしてベトナムに警告して、ASEANとの良好な関係を維持する立場を明らかにする。しかし、それと同時に、ベトナムとの関係に配慮し、一九七九年度分の対越援助に関して、継続も凍結も公言しない態度保留の方針をとった。一九七九年二月の中越紛争に際しても、園田外相は国会答弁で、日本は中国と平和友好条約を結んだが、ベトナムを敵とは考えてはいないと明言する。日本はインドシナ情勢を見守りながら、援助を再開して対越外交を進展させる機会を窺った。

中越紛争以後、ハイフォンやカムランでソ連艦の入港が確認されるなど、ベトナムがソ連の基地化することが懸念されたが、日本はなお、ベトナムは西側諸国からの協力を失うのを回避すべく、完全にソ連に依存することを望んでないと考えていたので、対越援助再開へのインセンティブを失わなかった。そして、七月にインドネシアで開催されたASEAN拡大外相会議において、園田は、日本の対越援助に批判的なASEAN各国外相に対し、同援助の効用を説いて了解の確保に努めた。また、同月のジュネーブ国連難民会議では、日本は会議が対越非難の場となるのを回避しつつ、ベトナムに難民流出の努力を約束させた。事実、難民数が大幅に減少したことが判明し、八月下旬、日本政府は対越援助を再開する方針を固める。

しかし、九月以降、カンボジアにおけるベトナム軍の対ポル・ポト派攻撃が活発化するに及び、日本政府の援助再開の動きに対して、米国の外交当局からの批判が明確に表れ、再開は延期となる。一二月の大平首相訪中を控えて、日本政府内では対中円借款供与との公平性を確保すべく、いま一度、再開の検討がなされるも、米国側から一層強い圧力がかかった。日本側は、情勢を見ながら慎重に対処していくと回答するほかなかった。

一九七九年末にソ連軍がアフガニスタンに侵攻したのを受け、日本政府は「西側の一員」として対ソ制裁措置で米国と共同歩調をとった。しかし、それでもなお、対越援助の凍結を公言しなかった。しかし、ベトナム軍のカンボジア駐留や、ソ連がベトナムの海空軍基地を常時使用できる状況が変わることはなく、一九八一年三月に一九七九年度分の日本の対越援助の法的期限が切れた。その後も、カンボジア情勢は膠着状態が続き、援助再開の目途は立たなかった。

対中円借款供与の決断——大平首相訪中

大平政権が成立した一九七八年一二月、中国共産党は、第一一期三中全会において、一九七九年度以降の業務の重点を階級闘争から経済建設に移行すると正式に発表した。その一方で、鄧はソ連に対する国際的な統一戦線の団結を誇示してその脅威を払拭し、また国内では人民解放軍を動員して軍事的指導権を掌握するため、一九七九年二月、ベトナムへの攻撃を発動する。

中越紛争勃発の直前の一月末、訪米した鄧はその帰途に東京に立ち寄り、米国首脳に対して行ったように、対越攻撃を事前通告した。すなわち、鄧は、中国がベトナムに対して必要な制裁・懲罰を加えなければ、ソ連がベトナムを通じて東南アジア地域を自らの勢力圏にすると主張したのである。これに対し、大平首相は、中国の武力行使に強く反対しなかった。

中国の軍事行動が長期間かつ大規模なものにならない限り、これを黙認していくというのが、日米両国政府の本音であった。インドシナ情勢に関わりなく、日中関係を安定させ、中国の近代化を支援していくのが日本の安全にとって重要であるというのが、日本政府の基本的な考え方であった。とくに、外相として日中国交正常化に関わった大平は、中国側が賠償を放棄したことを重視しており、賠償の代わりに円借款で埋め合わせする意識を明確に持っていた。しかも、自分が首相のうちに日本の自主的な判断として、対中円借款を行う考えであった。

もっとも、中国に円借款を供与することについては、当初、外務省には慎重論があった。具体的には、欧米各国から日本が中国市場を独占すると懸念されるという議論や、強力な軍事大国である中国の出現を日本がサポートする結果になるとの慎重論、さらには社会主義体制の中国へ資金協力すること自体の懸念などであった。それでも、大平政権は対中円借款供与に動くことになる。これは中国の近代化努力を支援して中国指導部を支えるとともに、対外的な中国の西側志向を確保して、その穏健化を図るという対中関与政策であった。

そして、一九七九年九月、谷牧副首相が訪日して日本政府に公式に円借款を要請した。これに対し、大平は年内訪中の意向を表明するとともに、対中円借款を次の三原則に沿って行うことを伝えた。すなわち日本として、(1)欧米諸国との協調、(2)ＡＳＥＡＮ等の各国とのバランス、(3)対中軍事協力は一切行わない、というものであった。これが、後に「対中経済協力三原則」（大平三原則）として維持されていくのである。

この三原則は、日本の本格的な対中金融支援に対する関係諸国の懸念を払拭するために打ち出された。実際に、欧米諸国は日本が借款供与により中国市場の独占を狙っているのではないか、ＡＳＥＡＮ諸国は今回の対中借款供与によって自分たちへの経済協力に陰りが生じるのではないか、またソ連は日本の借款供与が中国の軍事力強化に繋がるのではないか、とそれぞれ懸念を表明していた。日本政府は同三原則をもとに、関係各国から対中資金供与に対する理解を求めたのである。

一一月初めから本格化した円借款供与をめぐる四省庁（外務省・通産省・大蔵省・経済企画庁）間の調整で大きな問題となったのは、首相訪中時に借款の「総枠」、すなわち、一五億ドルを明示することの是非であった。通産省は、今回の円借款供与は首相訪中の「おみやげ」だとして、中国側の期待に沿うべく、総額明示を主張した。一方、外務省は総額を示さず、年ごとに年間供与額を決めるべきという立場であった。欧米諸国やＡＳＥＡＮ諸国との関係上、総額明示をして中国を特別扱いすることは避けたかった。

他方、供与方式については、外務省はアンタイド方式を、通産省はタイド方式をそれぞれ主張して対立した。外務省の主張は、米国がアンタイド方式を要求してきているなかで、タイド借款に固執すれば、日米経済関係の懸案解決、ひいては日米関係全般に悪影響を与えるとの懸念に基づいていた。一方、通産省の主張の背景には、国内企業への配慮に加えて、米国に対する外務省の「過剰配慮」に対する反発があった。

これら総枠とアンタイドの問題について、大平の最終的な政治判断は、⑴借款総額は明示しないが、次年度以後も中国から申請のあった一五億ドル・六件のプロジェクトの推進に積極的に協力する、⑵対中政府借款は資材の調達先を限定せず、「原則としてアンタイド方式」となった。

一二月五日、北京入りした大平は、鄧小平や華国鋒《かこくほう》首相との会談に臨んだ。鄧との会談において、大平は日中国交正常化時の了解に沿って、日本と台湾との実務関係を進めていると説明しつつ、「世の中の進展に従い『自然増』というものがあり、人の往来、貿易も増大している」として、日台関係の現状について理解を求めた。これに対し、鄧は、「二つの中国」論に言及してクギは刺しながらも、大平の説明を了解した。

日本側は鄧や華国鋒との会談を通じて、中国側が、一時期のように口を極めてソ連を非難する態度を示さず、国益に沿って冷静に対処する態度をとるようになったとの印象を、持つに至った。また、中国が現代を「激動の時代」と捉えつつも、各論においては西側諸国との協力関係を強調し、平和な国際環境を必要としていることが感知された。

大平首相訪中と対中経済協力の開始は、国交正常化、平和友好条約締結から続く、一連の日中関係の基礎固めの総仕上げであった。それと同時に、中国の近代化を支援することにより、同国を国際社会の穏健なパートナーにしていくという、その後の日本の対中政策の方向性を決定し、現在の中国の経済発展の下地を作った意味でも、その意義はきわめて大きかった。

環太平洋連帯構想の提示――新冷戦の中で

一九七九年、国際情勢は緊迫の度合いを急速に増した。同年二月に革命が発生したイランでは、一一月四日に米大使館人質事件が発生し、米・イラン関係は断交に至る。日本にとって米国は同盟国かつ、最大の貿易相手国で、対米関係にヒビは入れたくなかった。さりながら、資源の乏しい日本にとってイランの石油は貴重なものであり、IJPC（イラン・日本石油化学）プロジェクトなど石油化学事業分野にも進出していた。それゆえに、イランとも友好関係を維持したかった。

そして、「日米関係か石油か」の葛藤に日本が苦しんでいた一二月末、ソ連軍がアフガニスタンを侵攻し、すでに行き詰っていた米ソデタントが崩壊する。ソ連軍の軍事行動に対して、大平は、一九八〇年一月二五日の施政方針演説で、「いかなる理由によっても、正当化できないもの」として、同国軍の撤退を求めた。そのうえで、米国の対ソ経済制裁への同調姿勢を鮮明にするなど、「西側の一員」としての日本の立場に即して、ソ連に対して従来よりも強硬な方針に転じたのである。

しかしながら、大平の外交は、「新冷戦」の国際環境に順応するものに止まるものではなかった。確かに、グローバルな米ソ両超大国間の対立を背景に、アジア太平洋地域においてはインドシナ紛争や朝鮮半島の緊張が一九八〇年代を通じて継続した。それでも、地域全体で見れば、中国を含めて関係諸国の関心の重点は明らかに経済へ移っていた。そうした状況の下、大平は「環太平洋連帯構想」を打ち出す。

「環太平洋連帯構想」は、一九七〇年代の国際環境の大きな変化、米国の相対的地位の低下に伴う多極化、石油危機と資源問題の浮上、資源ナショナリズムやＮＩＥＯ（新国際経済秩序）に象徴された南北問題の先鋭化、先進国間での貿易摩擦の頻発などに直面した日本が、今後、国際社会でどのような進路をとるべきなのかについての一つの答えであった。それは、日本の地位上昇を強く意識したうえで、「太平洋」での協力推進を通じ対米協調を補完・強化する性質を有する一方で、南北問題に配慮しつつ、日本が帰属すべき共同体の提唱を内外に向けて明確化したものでもあった。

一九七〇年代末までには、ＡＳＥＡＮが国際政治の明確な主体として自己主張を始める一方、韓国、台湾、香港およびシンガポールはその目覚ましい経済成長で注目を集め、アジアＮＩＥＳ（新興工業経済地域）の名で一つのグループとして認識されるようになっていた。さらに、ＡＳＥＡＮ諸国とアジアＮＩＥＳを日本とオーストラリアが南北から挟む形で一つの経済的な地域が急速に形成されていたのである。環太平洋連帯構想を打ち出す客観的状況が生まれつつあった。

一九七九年三月、大平は、首相の私的な諮問機関の一つとして、国際エコノミストの大来佐武郎《おおきたさぶろう》を座長とする「環太平洋連帯グループ」をスタートさせ、一一月には中間報告がまとまる。なお、中間報告発表直前の内閣改造で、座長の大来は外相に転じ、以後、大平を助けて、自らが取りまとめた構想を推進することになる。

同中間報告によると、環太平洋連帯構想の特徴は、(1)太平洋地域外に対して排他的で閉ざされた地域主義ではなく、「開かれた地域主義」を原則とする、(2)太平洋地域内においても、あくまでも「自由で開かれた連帯」を目指す、(3)既に存在する地域内の二国間あるいは多国間の協力関係(例えばASEAN)と対立、競合するものではなく、むしろ相互補完関係に立つものである、というものであった。そして、多様な国家の集まりである太平洋地域においては、まず経済・社会・文化などの分野でできる協力を積み重ねることが重要で、対立が先鋭化しやすい政治・軍事は当面、協力の対象から除外することが望ましいとされた。

しかしながら、大平政権が環太平洋連帯構想を打ち出すにあたっては、なおも内外に様々な障害があった。まず、国内では、外交の一元化を主張する外務省が、自分たちに何の相談なく打ち出された構想に反発した。そのために、太平政権発足から約一年間、同構想が国会演説で言及されることはなかった。

一方、米国は、アジア太平洋地域における関心が主に政治・軍事面にあったことや、日本両国など大国が主導する環太平洋連帯構想は、ASEAN諸国などからの警戒心を招くとして、慎重な姿勢をとっていた。また、ASEAN諸国は、まず自分たちと関係の深い日本、オーストラリア、ニュージーランドとの連合体を少しずつ固めていくべきで、米国やカナダとの連帯は時期尚早と考えていた。

他方、ソ連は、同構想が自国を排除する性格のものと疑った。とくに、一九八〇年二月から三月にかけて、ANZUS条約の加盟諸国(米・加・豪・NZ)によって行われた軍事演習である「リムパック80」に、日本の自衛隊が初めて参加したことは、構想が新たな反共軍事同盟の形成に向けた動きであるとのソ連の懸念を増幅させた。実際に、同構想は、インドシナや中国を長期的には包摂する可能性を考慮していたのに対して、ソ連に対しては冷淡であった。日米を含めてアジア太平洋地域諸国の感情が、概して親中国・反ソ連に傾くという時代の雰囲気を反映していた。

関係各国から複雑な反応が出てくる状況下、日本が環太平洋連帯構想を推進するうえで第一のパートナーとしたのがオーストラリアであった。太平洋諸国のなかでも、オーストラリアは地域協力に深い関心を示し、研究面でも密接な関係があったためである。しかし、何よりも、天然資源に乏しい工業製品輸出国・日本と豊富な天然資源に恵まれた農業国・オーストラリアは、経済的に密接な相互補完関係にあったことが大きかった。

一九八〇年一月一五日、大平は大来外相を伴いオーストラリアを訪問し、フレーザー首相と環太平洋連帯構想の検討を進めるためのセミナー開催で合意した。その合意は事前に、大来がキャンベラにあるオーストラリア国立大学学長で、太平洋地域協力の研究に携わってきたクローフォードに対し、「(同大学で) 国際的な専門家のセミナーを主催してほしい」と根回ししていたことによるものであった。

そして大平は、帰国直後の一月下旬の国会における施政方針演説で、環太平洋連帯構想について初めて明確に言及することができ、構想は漸く日本国内においても公認された。さらに、一月の日豪首脳間の合意に基づき、九月にひとまず経済分野での協力の可能性を探るための緩やかな民間ベースの組織であるPECC (太平洋経済協力会議) が発足した。このPECCの活動が基礎になって、一九八九年のAPEC (アジア太平洋経済協力) 閣僚会議の実現に繋がっていく。

地域秩序の安定化に貢献した一九七〇年代の日本外交

一九七〇年代の日本外交は、米中和解とベトナム戦争終結という従前のアジアの冷戦対立構造が大きく変容する事態に対応していく過程で、近代化・経済発展へと舵を切りつつある中国との関係を強め、中国を国際関係上のネットワークに取り込んでいった。一方、ベトナム戦争終結後、インドシナが共産化した東南アジアについては、ASEANとの提携強化とその経済開発への支援を通じて、米国のプレゼンス低下によって生じた力の空白を埋め合わせていくことになる。他方、発展途上国から中進国へと移行していた韓国との協力関係も堅持して朝鮮半島の勢力均衡を経済面から支え続ける一方、日中国交正常化を機に断交した台湾との実務的関係も発展させた。

一九八〇年代以降、日本を先頭に韓国、台湾、次いでASEAN諸国、中国と他のアジア地域の国々が雁行型経済発展を遂げる構図が明確となり、大平首相が提唱した「アジア太平洋地域」が実態的なものとなって現出するようになる。このことに鑑みれば、日本外交が、一九七〇年代の国際環境の変動に巧みに対応し、より安定的で、かつ活力ある国際秩序を形成することに貢献したと解釈することができよう。いささか結果論的な言い方にはなるが、ほぼ二年ごとの頻繁な内閣の交代が生じたものの、各政権がその時点で最も必要とされている外交的対応を適宜とったことで、一九七〇年代の外交全体としては整合性のとれた成果を残したのである。

その一方で、日本が中国との関係改善を志向したことは、ソ連との関係悪化という代償を伴った。とくに、一九七〇年代後半、米中両国がソ連に対抗する構図が現れるなかで、日中平和友好条約の締結とソ連軍のアフガニスタン侵攻により、日ソ関係の冷却化が極まっていく。また、福田ドクトリンで打ち出したASEANとベトナムとの平和共存という目標も、ベトナム軍のカンボジア侵攻で当面「絵に描いた餅」と化してしまう。ASEAN重視を基本的立場とする日本には、外交的に動ける余地が少なかったからである。北朝鮮との関係改善も、韓国への配慮から大きく踏み出すことは終始できなかった。ソ連、ベトナム、北朝鮮との和解といった真の意味で東西対立を架橋する外交は、日米関係を基軸とする「全方位平和外交」にとり、あまりにも荷が重かったのである。

参考文献

新井弘一『モスクワ・ベルリン・東京――外交官の証言』時事通信社、二〇〇〇年。

池上萬奈「対越経済援助における日本外交」『法学政治学論究』第八五号・二〇一〇年六月。

伊藤剛「日越国交正常化と日米関係」日本政治学会編『危機の日本外交――七〇年代』年報政治学、一九九七年。

井上正也『日中国交正常化の政治史』名古屋大学出版会、二〇一〇年。

李庭植（小此木政夫・古田博司編）『戦後日韓関係史』中公叢書、一九八九年。

李奇泰「カーター政権の在韓米軍撤退政策と日韓安全保障協力」『法学政治学論究』第八四号・二〇一〇年三月。

枝村純郎「初の日本ASEAN首脳会議」『外交フォーラム』二〇〇八年一二月号。

江藤（猪股）名保子「中国の対外戦略と日中平和友好条約」日本国際政治学会編『国際政治』第一五二号・二〇〇八年三月。

NHK日ソプロジェクト『NHKスペシャル　これがソ連の対日外交だ』日本放送出版協会、一九九一年。

大庭三枝『アジア太平洋地域形成への道程』ミネルヴァ書房、二〇〇四年。

小倉和夫『記録と考証　日中実務協定交渉』岩波書店、二〇一〇年。

小野吉邦『わが志は千里に在り――評伝　大来佐武郎』日本経済新聞社、二〇〇四年。

神田豊隆『冷戦構造の変容と日本の対中外交』岩波書店、二〇一二年。

金栄鎬『日韓関係と韓国の対日行動』彩流社、二〇〇八年。

木村汎『遠い隣国』世界思想社、二〇〇二年。

栗山尚一（中島琢磨・服部龍二・江藤名保子編）『外交証言録　沖縄返還・日中国交正常化・日米「密約」』岩波書店、二〇一〇年。

倪志敏「大平正芳内閣と中日関係（その二）」龍谷大学『経済学論集』二〇〇九年一二月号。

高一『北朝鮮外交と東北アジア』信山社、二〇一〇年。

佐藤晋「日本の地域構想とアジア外交」和田春樹他編『東アジア近現代通史9　経済発展と民主革命　一九七五―一九九〇年』岩波書店、二〇一一年。

清水麗「日華断交と七二年体制の形成」川島真・清水麗・松田康博・楊永明編『日台関係史』東京大学出版会、二〇〇九年。

徐顕芬『日本の対中ＯＤＡ外交』勁草書房、二〇一一年。

徐承元『日本の経済外交と中国』慶應義塾大学出版会、二〇〇四年。

杉本信行「日中平和友好条約の締結」小島朋之編『アジア時代の日中関係』サイマル出版会、一九九五年。

須藤季夫「変動期の日本外交と東南アジア」日本政治学会編、前掲『危機の日本外交』。

政策研究大学院大学Ｃ・Ｏ・Ｅオーラル・政策研究プロジェクト『菊地清明（元国連大使・元外務審議官）オーラルヒストリー下巻』二〇〇三年。

政策研究大学院大学Ｃ・Ｏ・Ｅオーラル・政策研究プロジェクト『柳谷謙介（元外務事務次官）オーラルヒストリー中巻』二〇〇五年。

田中康友「ベトナム戦争終結と日本外交」日本国際政治学会編『国際政治』第一三〇号、二〇〇二年五月。

崔慶原「緊張緩和期における日韓経済協力の再調整」『法学政治学論究』第八〇号・二〇〇九年三月。

ヴィクター・Ｄ・チャ（倉田秀也訳）『米日韓　反目を超えた提携』有斐閣、二〇〇三年。

ドン・オーバードーファー（菱木一美訳）『二つのコリア』共同通信社、一九九八年。

中江要介（若月秀和・神田豊隆・楠綾子・中島琢磨・昇亜美子・服部龍二編）『アジア外交 動と静』蒼天社出版、二〇一〇年。

長富祐一郎「環太平洋連帯構想」『大平正芳』一九九四年。

波多野澄雄・佐藤晋『現代日本の東南アジア政策』早稲田大学出版部、二〇〇七年。

服部龍二『日中国交正常化』中公新書、二〇一一年。

福田赳夫『回顧九十年』岩波書店、一九九五年。

福田円「日中航空協定交渉」高原明生・服部龍二編『日中関係四十年史』東京大学出版会、二〇一二年。

藤田公郎「日中関係の展望とわが国の対応」国際情勢研究会、昭和六三年一月二八日。

古澤健一『昭和秘史 日中平和友好条約』講談社、一九八八年。

益尾知佐子『中国政治外交の転換点』東京大学出版会、二〇一〇年。

村田晃嗣『大統領の挫折』有斐閣、一九九八年。

李恩民『「日中平和友好条約」交渉の政治過程』御茶の水書房、二〇〇五年。

林暁光「一九七〇年代の中日関係」石井明・朱建栄・添谷芳秀・林暁光編『記録と考証 日中国交正常化・日中平和友好条約締結交渉』岩波書店、二〇〇三年。

若月秀和『「全方位外交」の時代』日本経済評論社、二〇〇六年。

渡邉昭夫『日本の近代8 大国日本の揺らぎ』中央公論新社、二〇〇〇年。

外務省関連文献

田島高志元カナダ大使（元外務省中国課長）へのインタビュー（二〇一一年一〇月一九日・一一月一四日）。

アメリカ局「園田外務大臣・ブレジンスキー米大統領補佐官会談（記録）」（昭和五三年五月二四日）。

アジア局中国課「福田総理・鄧副総理会談記録（第一回）」（昭和五三年一〇月二三日）。

アジア局中国課「鄧小平副総理の立ち寄り訪問（会談録等）」（昭和五四年二月七日）。

「吉田大使発外務大臣宛て電信 総理訪中（大平総理―トウ小平会談）」（一九七九年一二月六日）。

外務省アジア局中国課「大平総理の中国訪問（意義と評価）」（一九七九年一二月）。

コラム5　鄧小平——日本の「全方位外交」との接点

来日した鄧小平副首相
（1978年10月）（時事）

一九〇四年に四川省で生まれた鄧小平は、青年時代のフランスに留学時に中国共産党に参加した。二六年に帰国した後は、抗日戦争、国共内戦を通じて功績を残した。一九四九年の中華人民共和国成立後の五六年には党総書記に抜擢され、党務活動を中心に頭角を現した。経済建設を優先する現実主義の立場をとる鄧は、一九六六～七六年の文化大革命の時期に二度にわたって失脚するも、七八年末の第一一期三中全会で主導権を握ると、近代化路線を強力に推進し、改革開放の時代を築いた。その一方で、政治的には共産党一党支配の維持を主張する立場から、一九八九年の天安門事件では民主化運動を武力で鎮圧して、欧米諸国との関係が一時緊張した。しかし、一九九二年の「南巡講話」で改革開放政策を再び軌道に乗せ、九七年に死去する。

一九七六年の毛沢東死去後の中国を牽引した鄧は、七八年一〇月と七九年二月の二度にわたり来日しているが、中長期的な日中関係の方向性を決定づけたという観点に鑑みれば、とりわけ、前者の一九七八年の日中平和友好条約の批准書交換のための来日の方がより重要性を持つと見てよい。

この一九七八年の来日中に行われた昭和天皇との会見は、過去の日中関係の「不幸な」歴史に一応の区切りを画す機会となった。また、鄧は、神奈川の日産自動車の工場や大阪の松下電器産業などを精力的に視察し、日本の先端技術の相貌を目に焼き付けた。この時の体験が、鄧が提唱する改革開放政策の原動力になる一方、日本もその後、円借款供与や投資を通じて同政策を支援していくようになる。

しかしながら、日本滞在中に二回行われた福田赳夫首相との会談における国際情勢認識における両国首脳の意見交換にも注目すべきであろう。すなわち、この席で、ソ連を含めたいずれの国とも友好関係を求めるとする「全方位（平和）外交」の意義を説く福田に対して、鄧もソ連との国家関係を正常化させる希望を述べたうえで、「ソ連との関係を発展させたいと考えている国に、わが国から口を差し挟むことは良くない」と応じているのである。この鄧発言は、ソ連に対する脅威認識を一方的に押し付けてくる毛沢東存命時までの中国の硬直的姿勢の変化を示唆するものであった。事実、一九七九年四月に中ソ友好同盟相互援助条約の失効が決まった後、中ソ間で次官級の関係正常化交渉が始まり、それから三年後の八二年に中国は「独立自主の対外政策」を掲げて、ソ連を主要敵とする外交路線を放棄するのである。

実は、この「独立自主の対外政策」は非公式に「全方位外交」と呼ばれるようになった。これは、かつて福田が鄧に強調した日本の対外政策の名称であった。経済力を活用しつつ、あらゆる国との関係改善を志向する福田の持論が、新冷戦下で米ソいずれにも肩入れしないとする中国の新たな外交路線の形成に間接的な影響を与えたのかもしれない。もっとも、中国が「全方位外交」に転じた時期、「全方位外交」を標榜するのを止め、「西側の一員」の旗印の下、米国に強くコミットする立場に移行した日本が、中国を「西側」に留めおくことに意を用いるようになるのは、何とも興味深い。

参考文献

益尾知佐子『中国政治外交の転換点』東京大学出版会、二〇一〇年。

第6章　「経済大国」日本とアジア
――一九八〇年代――

佐藤　晋

過去に繰り広げられた外交は、その当時の戦略環境において展開され、本質的に拘束されたものである。一九八〇年代の日本は、対米関係を基軸として、同時に中国・韓国とも友好的な関係を築いていた。一方、今日の日本外交は、隣国との関係構築に苦慮している。しかし、一九八〇年代の外交は当時の戦略環境、すなわちソ連の脅威の増大、米ソの対立関係、中ソ関係の緊張といった状況のもとで可能となったものであった。戦略環境が異なれば全く違った外交が展開される。逆に国家は、その時々の状況を見据えて的確な戦略をたてなければならない。

1　一九八〇年代初頭のアジア外交

「新冷戦」下のアジアと日本

一九八〇年代の世界は、国際政治の激動で幕を開けた。前年末には、共産主義陣営の超大国ソ連が、アフガニスタンに軍事侵攻していた。当時、ソ連の経済力は、GNPで世界の一五%を占め、三〇%を占めていた米国に次いで第二位であった。とりわけ工業生産高では、その衛星国からなる東欧諸国を含めた経済機構COMECON（経済相互援助会議）が世界の三割を占め、これは米国一国の工業生産高とほぼ対等であった。ソ連は、今日では、その時すでに衰退しつつあったことが知られているが、当時は米国に挑戦し続けている超大国と見なされていた。国際社会は、ソ連が、アフリカ、中東、中南米など、世界各地へと軍事拡張することに恐怖を抱いた。また、ソ連の核戦力は米国と同等で、海軍力においては潜水艦の能力の面で米国を脅かしていた。これに対して、カーター大統領率いる米国では、ソ連との間で両国の核戦力を制限する内容の軍備管理条約SALTⅡの批准を上院が拒否した。これ以降、米ソ間の緊張が増大し、世界は「新冷戦」と呼ばれる時代に突入していく。

一方、アジアにおいては一九六〇年代から顕在化していた中ソ対立が先鋭化していた。この時期、米国、日本などの西側諸国より以上に、ソ連との七〇〇〇キロに及ぶ国境を抱えた中国は、ソ連の侵略行動に脅威を感じていた。その結果、一九七〇年代に進展した米中接近の延長線上において、軍事的に米中両国がソ連と対峙するという構造が形成されていく。実は中ソ両国は、ベトナム戦争では北ベトナムをともに支援していた。ところが、統一後のベトナムはソ連寄りの政策をとり、一九七八年には中国が支援するカンボジアのポル・ポト政権を軍事侵攻によって打倒した。一般的に、このような軍事行動を行うベトナムをソ連が支援しているものと見られていた。これに対して中国は翌七九年、「懲罰」と称してベトナムに対する軍事攻撃を行った。しかし、ベトナム側の激しい反撃に撤退を余儀なくされた。カンボジアでは、ベトナム軍とヘン・サムリン政権にソ連が軍事援助し、クメール・ルージュ中心の三派に中国が軍事援助して、中ソの「代理戦争」とも言える内戦が続いた。このようにアフガン問題、カンボジア問題によって、中ソ関係の悪化は決定的なものとなっていた。

さらに一九八〇年一月に米国で、強い反共姿勢を打ち出したロナルド・レーガンが大統領に就任した。レーガンは、ソ連のことを「悪の帝国」と公言してはばからず、カーターが打ち出した対ソ強硬政策を一層推し進めた。レーガン政権は自ら軍拡を推し進めたほかに、日本などに軍事力の増強を要求し、中国との軍事協力関係を推し進めることになる。一九六〇年代までの日本外交は、韓国、台湾、南ベトナムで中国共産主義の膨張が米国によって封じ込められていることを前提としていた。しかし、一九七〇年代にインドシナ全域が共産主義に支配された一方、中国はソ連への対抗から米国との協力関係に入った。アジア冷戦は米中対決の構図から、米中とソ連が対峙する形に変化し、さらに両陣営の境界線は不明確なまま大きく流動していた。

この中で、日本は一九八〇年代初めまでは、東南アジアではベトナムを中ソから切り離すこと、とりわけ同国がソ連寄りにならないことに努力した。その一方で、中国へは大平内閣期に円借款を始めたものの、米国が中国に軍事援助を与える動きにはブレーキをかけようとしていた。つまり、ソ越同盟に対して、「日米中同盟」を形成することには及び腰であった。その理由はソ連への恐怖心であり、中国への肩入れがソ連の反発を招き自国の安全が危機にさらされるのではないかという懸念であった。このような姿勢は、すでに福田内閣の「全方位平和外交」に示されていた。米ソの対立に巻き込まれることも嫌った日本が、中ソの軍事紛争も含む対立に巻き込まれて、安全保障を脅かされるような事態は絶対に避けるべきことであった。また、北朝鮮と対峙する韓国が安保協力を求めてきたことに対しても、中曽根康弘内閣になるまでは冷淡な態度をとる。

このように一九八〇年代初めのアジアの状況とは、ソ連の影響力がベトナム、カンボジアを中心に広まり、その核能力は直接的に日本、中国を脅かしつつあった。また、ソ連の経済力は、工業生産力を中心にますます強大化しているように見えた。その中で、ソ連と激しく対立する中国、ソ連の膨張を封じ込めようとする米国も、アジアにおける動きを活発化させていた。西側同盟の一員としての日本はこうした「新冷戦」状況への対応を余儀なくされたのである。しかし、一九八〇年代初頭の日本はそれまでの日本ではなかった。世界的に比類のない経済成長を果たした日本は、アジアにおける発言力を強めつつあったのである。

「経済大国」日本

一九八〇年代における日本は、まさに「経済大国」としての地位を謳歌していた。一九七〇年代に世界を襲った二度の石油危機のダメージを乗り越え、一九八〇年代初頭には米国をはじめとする先進国経済が苦闘を続ける間に、日本は好調な輸出に支えられて経済成長を果たしつつあった。確かに一九七三年までの高度経済成長期に年平均一〇%近い成長を記録したのと比べると鈍化したが、七〇年代後半は四~五%、八〇年代前半も三~四%と、国際的に比較すれば高い成長率を残していた。さらに八〇年代後半はバブル景気を迎えることになる。実際、九〇年における日本の工業生産は八〇年のほぼ一・五倍となっていた。そして、冷戦が終焉した一九八九年には米国国内の一部から「ソ連の次の敵は日本」という声が上がるまでの存在となっていく。

他方、この日米に西欧を加えた先進諸国の協調は、冷戦における西側の勝利をもたらしていく。まず、一九六〇年代までは軍事的には激しく対峙しつつも、経済的には交わることなく並行して生存していた東側世界が西側経済システムへの依存を強め始めた。具体的には、世界穀物市場、ユーロ・ダラー市場、国際原油市場との関係が深まって行ったのである。それはソ連経済の動向にも示されているが、最も劇的なものは中国において認められる。中国では、鄧小平の指導の下、改革開放政策に乗り出していたが、のちに「洋躍進」を推し進めたとして華国鋒国家主席が失脚したほど、海外資本の導入による経済改革を強力に推進していた。西側志向を強めた中国に対して、大平内閣は円借款を供与することで、西側への編入を促進させようとした。世界的な経済システムの優劣をめぐる競争で、西側のシステム、すなわち資本主義・自由市場主義のシステムが勝利するのは時間の問題であった。しかし、ソ連の最後のあがきは激烈であった。そのような中、日本外交は西側の一員として、とりわけ米国との協調関係を強めていった。ソ連のアフガン侵攻に対して、カーター大統領はソ連への経済制裁を発動し、八〇年のモスクワ・オリンピックへの参加をボイコットしたが、大平内閣も西側による対ソ経済制裁に加わり、モスクワ・オリンピックのボイコットでも米国に同調した。

また、イラン革命の勃発に際して生じた一九七九年一一月のテヘラン・米国大使館人質事件は長引き、米国は激しい怒りを示し、日本も米国の主導した対イラン経済制裁に加わった。しかし、イランのイスラム原理主義勢力が中東全体に広まることを防止しようと、米国がイランの隣国イラクのサダム・フセインを支援したことも影響して、八〇年九月にはイラン・イラク両国は戦争に突入した（イラン・イラク戦争）。このペルシャ湾岸の混乱は、原油輸出に大きな影響を与え、第二次石油危機が生じた。その結果、先進各国は、インフレーション、景気低迷と失業、経常収支赤字の三重苦に苦しめられることとなった。輸入原油に依存する先進国経済では、生活に不可欠なエネルギー価格の上昇は購買力の国内からの対外移転を意味し、国内消費を中心に強いデフレ効果がもたらされる。その一方で、エネルギー価格の上昇は消費物資の価格上昇をもたらす。このインフレは、消費者の実質購買力をさらに奪うこととなる。また一般的に、強いインフレ圧力に直面した政府・中央銀行は財政引き締め、高金利政策を採用するため、このことがまたデフレ効果を生み各国経済は景気後退と失業が増大する局面へと入っていった。また先進国から産油国への原油輸入代金の支払いも、国内の金融市場における資金供給を枯渇させ、高金利の要因となった。

一方、日本経済は、輸出主導の経済成長を継続させていた。第一次石油ショック後、日本による輸出攻勢による貿易黒字基調が継続し、日米経済摩擦を中心に先進諸国との関係が悪化した。日本は、ほぼ一〇〇％を輸入に頼る石油価格の値上がりによって一九七四年には経常収支が赤字となり、外貨準備も危険水域に近づいた。そこで、政府・民間企業とも、省エネ努力を行うとともに輸出を増大させることに躍起となった。この結果、一九六〇年代までの内需主導の経済成長パターンが崩れ、一九七〇年代後半には輸出依存体質を強めたのである。一九八〇年代の日本の経済成長も外需に支えられた面が大きかった。一方、アジア諸国との貿易関係は拡大した。日本の高度成長におけるアメリカ市場の役割を、アジアＮＩＥＳ・ＡＳＥＡＮ諸国の成長においては日本市場が果たしたのである。

さらに、この時期の日本は、国際政治上でも重要な役割を果たした。ソ連の膨張に対抗するためのレーガンの軍拡路線は、米国経済に財政赤字と経常収支赤字の、いわゆる「双子の赤字」をもたらした。日本は、貿易黒字で得たドルで、米国の国債を大量に購入し続けた。これが、米国の「双子の赤字」、とりわけ軍拡を可能とさせた巨額な財政赤字分を賄ったのであった。日本が、冷戦における西側の勝利に一役買ったことは間違いないところであろう。

「ルック・イースト」政策と日本の対応

東アジアで一九七〇年代後半から急速な経済発展を記録した韓国、台湾、香港、シンガポールは新興経済地域（ＮＩＥＳ）と呼ばれたが、これら諸国では経済モデルとして日本が意識されていた。シンガポールではリー・クアンユー首相により一九八〇年から「日本に学べ」キャンペーンが開始され、隣国マレーシアでもマハティール首相が一九八三年に日本・韓国経済の経験に学べという「ルック・イースト」政策を提唱し始めた。いずれも、当時の目覚ましい日本の経済発展の秘訣を自国に取り入れて経済成長に結びつけようとするものであった。マハティールは、七〇年代後半における訪日経験から、これを思いついたという。日本側もこれに応えて、政府首脳に日本の工場を見せて生産性向上運動を紹介したり、交番制度をシンガポールに紹介して取り入れさせたりした。結局、日本の経済システム・社会制度が大々的に取り入れられるといったような話にはならなかったが、当時のアジア諸国の日本へのまなざしを知る上で良い材料であろう。

ところが、日本の上場企業の海外進出数は、七〇〜七四年が二四〇二社であったのに対し、七五〜七九年は一九四五社、八〇〜八五年は二一九六社にとどまっていた。そのうちのアジアへの進出企業数も、七〇〜七四年が一〇三〇社であったのに対し、七五〜七九年が七三九社、八〇〜八五年が七二六社であった。この傾向を逆転させ、アジアへの企業進出が盛んとなるのは、八五年のプラザ合意以降の円高局面を待たなければならない。

韓国、台湾をはじめとする東アジア諸国は、それまでの輸入代替戦略が行き詰ったことを受け、輸出主導型の発展戦略を採用した。狭隘な国内市場において輸入品を国産品で代替したとしても、すぐに生産の伸びが頭打ちになった。それ以上の経済成長を望むのならば、目を世界市場に向けなければならなかった。そこには無限大の市場が広がっていた。ただし、そのためには世界市場で競争して勝てる商品を作り出す必要があった。ＮＩＥＳ諸国が頼ったのは比較的安価で優秀な労働力の豊富さであった。労働集約的な繊維のような産業が主要な輸出品となり、新たな技術は、先進国からの対内直接投資の流入に伴って移転されてきた。その結果、一九八〇年代における東アジア諸国の実質経済成長率は六・六％で、輸入代替工業化にこだわったラテンアメリカ諸国が一・七％であったのとは対照的な結果をもたらした。その原動力は輸出の伸びであった。同じく八〇年代における東アジア諸国の輸出成長率は一一・〇％で、ラテンアメリカ諸国は四・八％であった。さらに輸出の中身も高度化し、一九九〇年における工業製品比率はラテンアメリカ諸国が二七％であったのに対し、東アジア諸国のそれは六五％に到達していた。輸出ドライブの最初は原料でも、その獲得外貨を利用して軽工業から重工業、ハイテク産業へと、輸出品の高度化、すなわち付加価値額の上昇が実現していった。この動きは、先進国からの直接投資によって、いっそう促進された。この産業構造＝輸出構造の高度化が、日本→アジアＮＩＥＳ→ＡＳＥＡＮへと連鎖して実現していったのがアジア経済成長の実態であった。いわゆる「雁行《がんこう》形態的経済発展」であった。

このような「アジアの虎」の成功に目をつけたのが、鄧小平率いる中国であった。沿海部の原料輸入・製品輸出の輸送上で有利な地区を「経済特区」に指定し、有利な条件で外国資本の輸出企業を誘致し、国内の安価な労働力と結び付け始めた。ところが、八一年一月に中国側は一方的に各国企業と契約していたプラント輸入の破棄を通告してきた。いわゆる「宝山《ホウサン》ショック」である。宝山とは日本企業が建設予定の製鉄所のあった地名であり、この時破棄された大口契約を象徴するものであった。この時破棄されたのは契約済みのプラント輸出七九・九億ドルのうちの三〇億ドル分で、そのうち日本企業の契約は一五・七四億ドルを占めていた。しかし、狙いは日本の排除にあったのではなく、中国国内の経済運営上の問題、とりわけ財政赤字の深刻化回避とインフレを抑え込むことであった。また、このショックを日本側は円借款の供与で埋め合わせしようとし、結局、ほとんどのプロジェクトが外国からの融資によって再開されている。この事件について益尾知佐子は、ソ連に対抗するために各国を連帯させるという「一本の線」戦略が中国国内で批判され、より自主的、とりわけ対米依存的ではない政策に変化する際の一時的な混乱だったとする。このように、中国の対外経済政策は、国際的な戦略から導かれる傾向が強かった。

一方、政府間関係では、日本から東アジア諸国への政府開発援助（ODA）が拡大した。まず、韓国、中国への経済援助は、ソ連共産主義の脅威の増大に対処するための意味合いを持っていた。日本のODAは八九年に世界一となるが、その多くはアジア向けであった。さらに、受け入れ側のアジア諸国から見ても、日本からの援助がその大半を占めていたのである。もっとも、援助自体がどれほど経済成長に貢献したかは評価が難しい。というのも、資金の流れ全体でみると、民間資本の流入額の方が格段に多いからである。しかし、日本の援助がインフラ整備に集中したことを考えると、外国資本の呼び水となり、その後の経済成長の基盤となったことは間違いない。

また、ASEAN諸国への援助は、経済力強化によって共産主義への抵抗力＝「強靭性」を増大させようという相手国の政策に呼応したものでもあった。とりわけ、直接的にベトナムの軍事攻勢を受けていたタイへの援助は「戦略援助」と呼ばれ、ソ連・ベトナムの共産主義の膨張を封じ込めるためのものであった。ASEAN諸国は、日本が中国への援助を開始したことで、自らへの援助が減らされるのではという不安を表明していたが、実際は、全体のパイが拡大したこともあって、供与額としては拡大を続けた。日本としても、自らが育て上げたと自負する東南アジア市場と政府・国民への影響力を、中国に奪われるつもりはなかった。また、八〇年代には日本の財政にも余裕はあったし、中国はまだまだそのレベルに到達してはいなかった。

日韓関係の停滞

韓国では、一九六〇年代に日本との関係を強化しながら驚異的な経済成長を独裁的な政治手法で実現した朴正熙《パクチョンヒ》大統領が、一九七九年一〇月に暗殺された。この結果、済州島を除く全土に戒厳令が敷かれた。その後、大統領代行となっていた崔圭夏《チェギュハ》が正式に大統領に就任したが、国内では民主化を求めるデモが相次いだ。そこで、政府は翌年五月、全土に戒厳令を拡大し、軍部の実権を握っていた全斗煥《チョンドファン》が軍事クーデターを起こした。この過程で、のちに大統領となる金大中《キムデジュン》が逮捕され、野党指導者であった金泳三《キムヨンサム》は自宅軟禁に、金鍾泌《キムジョンピル》も連行されるなど、民主化運動家らが一斉に身柄を拘束された。これに抗議して、同月一八日、金大中の政治的地盤であった全羅南道の光州市で大規模な学生・市民デモが発生した。これに対して、軍部は武力による大規模な弾圧を行い、死者二四〇名、行方不明者四〇九名、負傷者五〇〇〇人以上を出す事態となった。いわゆる光州事件である。韓国政府は、この事件を口実に金大中に死刑判決を下した。

金大中の死刑判決に日本政府は衝撃を受けた。鈴木善幸内閣は、金大中の死刑に反対し、かりに処刑された場合には経済援助の凍結などの対韓政策見直しを行うと警告した。一方、全斗煥は、日本の内政干渉を非難した。日本政府は、日本国民の独裁政権への反感を考慮に入れざるを得なかったのである。八一年三月に全斗煥が大統領に正式に選出され、その後、金大中は米国の働き掛けで減刑されたが、米国への亡命生活を余儀なくされる。

このような経緯で成立した全斗煥政権であったが、米国のレーガン新政権は、その最初の訪問客に、この全斗煥を選んだ。人権問題を重要視した前任のカーターとは打って変わって、レーガンは全斗煥政権の正統性を承認し、在韓米軍の撤退を否定し、共産主義に対抗する前衛としての韓国へのコミットメントを保証したのであった。しかし、レーガン政権が、韓国、日本との関係強化を通じてソ連に立ち向かおうとする一方で、日韓関係は停滞し続けていた。北朝鮮へ対抗するための援助を韓国側が求めてきたのに対し、日本は安全保障問題と経済援助を切り離そうとしたためであった。

この時期の日韓関係は経済援助をめぐる交渉に費やされていた。韓国側は、一九八一年八月の日韓外相会談で六〇億ドルの円借款を要求してきた。これは、当時の日本の対アジアＯＤＡ総額の半分以上で、韓国に供与していた額の一六年分に相当した。韓国は、東アジア冷戦の最前線で北朝鮮に対面している点を強調して、日本が自らの安全への韓国の寄与を鑑みた経済協力面での貢献を要求していたのである。これに対し、日本側は円借款一五億ドル、商品借款二五億ドルの計四〇億ドルを回答した。さらに、園田外相が、借金をする方が威張るのはおかしいと発言したことで、韓国側の感情的な反発をも引き起こしてしまった。日本側は、国内配慮から安全保障とからんだ援助という図式は受け入れたくなかったのである。次に、韓国は、総額は日本側に譲歩したものの四〇億ドルの内訳を、円借款二三億ドル、商品借款一七億ドルという案を提示した。日本側はこれを受け入れず、両国の折り合いはつかなかった。

第一次歴史教科書問題の発生

一九八二年六月二六日、朝刊各紙は高校日本史教科書の文部省による検定結果に関して、日本の中国に対する「侵略」が文部省の検定によって「進出」に書き換えられたと報じた。実際には、この時、「侵略」と記述していた教科書三種類のうち、より客観的な価値判断を伴わない言葉に改めてはどうかという検定意見を受けて、「侵略」を「進出」に改めたのは一社のみであった。ところが、この報道を受けて中国政府は厳しい批判を行った。七月二六日に中国外交部は、日本の駐北京公使を呼んで、正式な抗議を行った。

中国では、この時、「独立自主の対外政策」への転換が進められており、一九八二年八月の台湾への武器援助に関する米中コミュニケ発表前の七月、鄧小平は米国との提携の解消を決断していた。さらに米中コミュニケでは、中国側が大幅な譲歩を余儀なくされていた。そこで、米国に従属する日本へ向けて厳しい姿勢を打ち出すことで、内外に向けて台湾に関しての中国の国益を擁護する強い姿勢をアピールしようとした。そのため、鄧小平は、偶然、日本側で生じた教科書問題を利用して、日本が「過去の行動を侵略ではないとしてしまいたい」という目的を持っているとの「観点について反駁を行え」と、自ら指示を出した。日本のマスコミが誤報したかどうかにかかわらず、良いチャンスを鄧小平に提供したわけである。そのため、中国側交渉者は強硬な態度をとることになった。

他方、そもそも日本の教科書は、各社が研究者に執筆を依頼し、出来上がった原稿を文部省の検定にかけて認定を受けるという制度となっている。政府内では、文部省を中心に検定制度の堅持を主張し、外国の介入によって教科書の内容を訂正すべきではないという勢力と、外務省を中心に近隣諸国との関係を考慮して是正を主張する勢力に分かれた。鈴木善幸首相、宮澤喜一官房長官らは、外務省の主張に理解を示した。そこで、八月二六日の宮澤官房長官談話で、近隣諸国に配慮して、即時には修正に応じないが、早い時期に検定基準を見直し、予定より繰り上げて教科書の検定を行うとの姿勢を示した。こうした外務省が主張するように対外配慮が優先されたことで、一時的に問題は沈静化する。

2 「米中日同盟」の発足？

米中関係と日本

一九八〇年一月、米国のブラウン国防長官は訪中後、日本に立ち寄り、大平正芳首相に対して防衛費のいっそうの増額を要請した。ブラウンは、米中はソ連によるアフガニスタン侵攻の結果としてパキスタンへの援助増額に合意したと述べ、日本にもパキスタン援助の増額を要請した。これに対して、日本は対米協力の一環として積極的に応えていく。また、米中間では防衛関係が強化され、例えばアフガニスタンの反政府勢力を支援するため米国はパキスタンへの武器輸送を必要としていたが、中国の了解を得て、中国上空を通過する形で行われることになった。ところが、日本は米国による対中支援、とくに対中武器輸出に敏感となっていた。そこでブラウンは、大平の示した懸念に対して、中国への武器輸出の計画はないと述べ、現在、中国が関心を持っている軍事物資はレーダーや通信機器などの破壊的な攻撃力をもっていないものか、明らかに防衛的な兵器だと説明した。そのうえで、今後、対中武器輸出を検討する場合には日本との協議を重視するとの意向を伝えた。大平は、それでも中国側から何らかの軍事システム、兵器売却の打診はなかったかと問いただし、さらに中国への両用技術移転の問題を指摘した。これに対してブラウンは、中国へ移転した民生技術が軍事目的に転用されたとしても、ソ連に移転した場合に比べて世界のパワーバランスへの影響はより少ないと説明した。

大平内閣は対中円借款供与に踏み切り、その後の歴代内閣もこの政策を堅持していくが、当時の日本は単に中国の経済的強化を単純に支持していたわけではない。「対中経済協力三原則」の中の軍事協力はしないという原則には、ASEANの懸念への配慮、対ソ関係悪化回避という目的のほかに、実は日本自身の安全保障上の考慮も含まれていた。したがって、米国の対中軍事援助を懸念する大平に対して、カーター大統領は一九八〇年五月の会談でも、前年の会談と同様、中国とは「友好国で貿易パートナーではあるが同盟関係にはない」として、中国へ武器売却の意図はないことを繰り返し強調しなければならなかった。このように日本側には、中国が米国との提携関係を主な手段にして軍事的に強大化することへの警戒感が見られた。例えば、一九八〇年夏に鹿取克章《かとりよしのり》外務審議官は、「アメリカは強くて難攻不落の中国を支持しているが、日本は開かれて安定し穏健な中国を望むとしても、強い中国についてはいくらかの懸念をもっている」と述べていた。確かに、ソ連の脅威の激増を前に中国は西側の対ソ軍事バランスの一翼を担う存在となっていくのであるが、それでも米国の援助による直接的な中国の軍事力増強には、日本として無関心ではいられなかったのである。

中国の外交政策の転換

一方、中越戦争を経験した中国は一九八二年に「独立自主の対外政策」を打ち出す。先に見たように、鄧小平は、レーガン新政権の台湾政策、とりわけ武器売却問題に反発した。一方、中国国内では、ソ連はアフガニスタン侵攻でむしろ国力を減退させると見られていた。むろん、ソ連のアフガニスタン・カンボジア政策に変化がない限り対ソ接近はあり得なかったが、中国は米ソの間で第三世界を結集し、勢力均衡を図ることで安定を維持するという「独立自主の対外政策」を採用していった。国際関係の安定は、中国の経済発展には不可欠であった。この「一本の線」戦略の放棄は、必ずしもソ連を最大の脅威と見なさないことを意味してはいなかったが、それまでの対ソ脅威から全ての国との関係を演繹して導くという画一的な政策が捨てられたのである。それは、単に中国外交からイデオロギー偏重という特徴が姿を消したということであった。したがって、その後も、中国側は日米安保のみならず、日本の軍事力増強をも希望するとの発言を繰り返していく。ソ連周辺のNATO軍、在日米軍、日本の自衛力が増強されることが、自国の対ソ軍事バランスを保つ上で必要であったのである。

台湾への武器輸出問題をめぐって紛糾した米中関係は、一九八二年八月の米中コミュニケによって一応解決する。中国側は、米国に対して台湾への武器売却の停止や、停止期限の設定、削減目標といった要求を呑ませることができなかった。実際、米国の武器売却はその後も続けられた。そこで、鄧小平はソ連との関係改善に乗り出した。ただし、これはソ連と提携して米国に対抗するものでは全くなく、自らの国力をつけるための経済成長に有利な、安定した国際環境を創出することが狙いであった。中国は、改革開放以来経験した国際社会との関係の中で、ソ連に対抗することを至上命題にあらゆる外交を規定するのではなく、長期的には国家主権を守ることこそが自らの安全に最も貢献するものと判断した。そのため、中国にとって主権の問題であった台湾問題は、「抗ソ連米」のために犠牲にされるべきではないのであり、これは日本との尖閣諸島についても同様であった。これ以降、七〇年代とは異なり日本との間でしばしば領土紛争が生じることになる。

一方、鄧小平は、一九八二年三月にブレジネフ・ソ連共産党書記長がタシケントで中国との関係改善を意図して行った演説に敏感に反応した。当時、中国側は、ソ連はアフガニスタン侵攻で重荷を負っており、米国とのグローバルな地域争奪戦も、ソ連にはやる気はあるものの手が回らない状態だと見ていた。そこで、鄧小平は、ベトナムを説得してカンボジアから撤兵させること、アフガニスタンからのソ連軍の撤兵、中ソ国境沿い及びモンゴル内のソ連軍の撤兵のいくつかに応えることを条件にして、ソ連との関係調整に乗り出した。しかし、八二年一〇月に中ソ交渉が始まったものの、八六年四月の第八回協議終了までに、これら「三大障害」についての進展は見られなかった。

東南アジア情勢をめぐる日米中関係

一方、日本の対中援助の開始は、ベトナムとの関係悪化を予想させた。日本は、ベトナムのカンボジア侵攻をきっかけに対ベトナム援助の「凍結」という方針を維持していた。結果的にはベトナムがカンボジアから撤退する一九八九年まで「凍結」が続く。ただし、この間、何度も凍結解除の動きが生まれ、米国、中国、ＡＳＥＡＮ諸国に懸念を与えた。それは、日本政府がベトナムのこれ以上のソ連傾斜を食い止めることを望んでいたからであった。カンボジア情勢をめぐって、日本は、一九七〇年に軍事クーデターで成立したロンノル政権を承認していたが、一九七五年にクメール・ルージュ軍がプノンペンを掌握すると、すぐにクメール・ルージュを中核としたシハヌーク率いる政府を承認したのであった。しかし、クメール・ルージュ、すなわちポル・ポト政権は、カンボジアの全人口の三分の一近い二〇〇万人を虐殺したとされる。このポル・ポト政権を攻撃して崩壊させたのが、まさにベトナム軍であった。今日からみると、ベトナム軍の侵攻はカンボジア人を虐殺から解放したとも言えるが、当時、米中両国は、これをベトナムによる軍事侵略であるとして激しく非難した。

その後、ベトナム勢力は、カンボジア国内においてポル・ポト派らと交戦しつつ、タイへの越境攻撃をも行う情勢となった。タイ国境付近に、わずかばかり反ベトナムのクメール・ルージュ、シハヌーク派、ソンサン派の三派連合の勢力地域があったのである。このような情勢の下、日本は、三派連合を支援するASEAN諸国の意向に沿う形で、三派の連立政府を、米・中・ASEANとともに承認し続け、タイへの戦略援助を増額していく。このように、ソ連・ベトナム勢力に対して、日米中が一体となってASEANを支援するということが優先され、日本も中国が支援する悪名高いポル・ポト政権を支持する形となっていたのである。

一方、南ベトナムの崩壊以降に続いたインドシナの紛争は、インドシナ難民問題をもたらした。海上にボート・ピープルとして多数の難民が漂流したほか、タイ国境に向けて陸上の難民が移動しはじめた。日本政府は、インドネシアなどに難民収容キャンプを建設するための援助、難民受け入れ負担を軽減させるためのタイへの援助増額などを図りはしたが、難民の日本国内受け入れにきわめて否定的な政策をとった。その一方で、ベトナムの難民問題への取り組みが改善したという理由で、ベトナムへの援助再開、つまりベトナムをソ連に追いやらないという戦略的考慮をちらつかせた。しかし、これは、米・中・ASEANから批判を受けた。日本も、足並みを乱すわけにはいかず、ベトナムへの援助は凍結され続けたのであった。

3　中曽根のアジア外交

日韓関係の打開

一九八二年一一月、中曽根康弘は首相に就任するやいなや、停滞を続けていた日韓関係の改善に乗り出した。同じ米国の同盟国にもかかわらず、日本が韓国との関係を悪化させていることは、米国との関係上も決まりが悪かった。最大の懸案は、対韓経済援助問題であった。そこで中曽根は組閣直後、元陸軍参謀で伊藤忠商事相談役であった瀬島《せじま》 龍三《りゅうぞう》を特使として韓国に派遣した。瀬島は、全斗煥大統領に交渉を委任された韓国国会議員と水面下で接触して細部を詰めたのち、同年末のソウル訪問時には全大統領から外務部長官への「中曽根総理をあまり困らせない線で妥結せよ」との言質を引き出した。この報告を受けた中曽根首相は、翌年早々、日本の首相として初めて訪韓し、全大統領との間で円借款一八億五〇〇〇万ドル、輸銀融資二一億五〇〇〇万ドルの計四〇億ドルを供与することで決着した。韓国国民の冷たい視線に迎えられた中曽根は、この訪韓時の大統領主催の晩餐会でのあいさつの一部を韓国語で行うなど、個人外交を演出して反日感情の緩和に努めた。戦前、一九一〇年の併合以来三六年間にわたって日本の植民地支配の下に置かれていた韓国国民の心情に配慮しようとする姿勢の表れであった。また、一九八四年九月、全斗煥大統領が来日した際、昭和天皇から「不幸な過去」が存在したことについて遺憾の意が表明された。

中曽根の考えは、共産圏からの日本の安全を守るためには、北朝鮮の脅威に対抗する韓国の立場を強化する必要があるというものであった。米国が、日本・韓国を軍事的に支援し、日本が韓国を経済的に支援して、ソ連への備えを固める。さらに中国の経済的強化に貢献し、ソ連に対する抑えとしての中国の地位を強化しようというものであった。

ただし、一九八〇年代前半の日韓関係にも課題はあった。一つは貿易不均衡問題であり、日本が大幅な出超で、その額は一九八六年に五〇億ドルを超えた。これは、輸出主導の経済発展を順調に進めていた韓国も、実は韓国内で製造される最終財の生産のための設備や機械、また生産過程で必要となる部品といった中間財を日本からの輸入に依存していたのである。要するに、韓国は日本製の部品を、日本製の機械で組み立てるといった状態であった。したがって、韓国の世界市場に向けた輸出が拡大すればするほど、すなわち経済成長が続けば続くほど、日本からの輸入が増大し、赤字幅が拡大するといった構造的な問題があったのである。この問題は九〇年代以降も継続した。

さらに、一九八六年に第二次歴史教科書問題が発生することになる。これは、「日本を守る国民会議」編の高校用日本史教科書が、三段階ある教科書検定の審査途中の二段階目の審査の直後でマスコミによって明らかにされ、これを中国及び韓国政府が批判したものであった。多くの内容が史実に反しているというのであった。そこで、最終段階審査ではめったに修正されないのが通例であったところ、中曽根首相は文部省に再検討を指示し、外務省も多くの修正意見をつけた。その結果、きわめて多くの修正が第三段階の審査に向けて行われたうえで、最終的に検定に合格した。こうした異例の措置により一時的に問題は沈静化したが、一九八六年九月に藤尾正行文部大臣による『文藝春秋』誌上でのインタビューの内容が報道され物議を醸す。いわゆる「藤尾発言」問題である。この報道の中で、藤尾が東京裁判批判や、日韓併合には韓国側にも責任があったという主張を行うとされていた。これに韓国・中国は反発したが、中曽根首相が同誌の発行前に藤尾文相をすばやく罷免することで、問題は沈静化した。

ソ連の脅威のグローバル化

一九七九年のソ連軍のアフガニスタン侵攻に端を発した「新冷戦」は北東アジアにも強い緊張状態を引き起こしていた。極東ソ連軍が増強され、とりわけ中距離核ミサイル戦力の増大が日本にとっての脅威となりつつあった。しかし、この極東ソ連軍増強の第一の目的は、南からの中国の脅威に対抗するためであった。一方、中国も米国との軍事協力関係の強化を望み、米国は軍事・民生両用に利用可能な技術の提供をきっかけとして対中軍事協力を推し進めていく。

中曽根は、八三年の訪韓直後に訪米し、レーガン大統領との会談をもった。この訪米時、ワシントンポストとのインタビュー記事で、中曽根が日本はソ連に対する「不沈空母」であると語ったと報じられ、日本国内では轟轟たる非難を引き起こし、支持率も低下した。しかし、中曽根の発言は、鈴木前政権期に悪化した日米関係を好転させるための「ショック療法」を狙う意図から出たものであった。日本の存在が、西側とりわけ米国の対ソ戦略にとって重要な役割を果たしていることを、米国民に思い起こさせようとしたのである。

その後、中曽根はASEAN歴訪の途に就いた。そこには、ウィリアムズバーグ・サミットに向けて東南アジア諸国の意向を聞いてアジアの代表としての立場を固めること、さらに「不沈空母発言」等によって、自らのタカ派的なイメージが東南アジア諸国を不安にさせることを回避するという目的があった。さらに、日本側には、当時、カンボジアに侵攻し、ヘン・サムリン政権を樹立していたベトナムの軍事的圧迫を受けているタイをはじめとするASEAN諸国の強化を図るという狙いがあった。

一九八三年三月、中距離核戦力問題が議論される予定のウィリアムズバーグ・サミットを二カ月後に控えて、中曽根はレーガンにあてて「我々としては、アジアの犠牲の上に本件交渉の解決が図られるということは受け入れられず、したがって、SS20が欧州から極東へ移転されるような解決は受け入れられない」という内容の親書を送った。これは、西欧諸国の一部に、ソ連との妥協で、東欧配備のSS20をウラル以東のアジアに移転させて解決を図ろうという考えが出ていたことに釘を刺すためであった。サミットの席上でも中曽根は、NATOの決定を遂行するとの政治声明を出すかどうかで首脳間が対立した際、「大切なのは、われわれの団結の強さを示し、ソ連がSS20を撤去しなければ予定通りに一二月までに（西欧に）パーシングⅡを展開して一歩も引かないという姿勢を示すことである」と発言し、こうした内容の政治声明を出すことに尽力した。これは、日本としてはアジアにおいても中距離ミサイルが全廃されることが死活的に重要であったため、交渉当事者の米国を支持する必要があったからであった。

一方、米中関係は経済・技術協力の分野から軍事協力へと進展し、一九八三年九月に対戦車および対空システムと装備の売却を内容とする米中の協定が締結された。米国の政策は、アジアの同盟国に対する中国の潜在的脅威に慎重に留意しながらも、中国がソ連から自力で防衛できる能力の構築を支援するというものであった。ところが、米国と中国は、一九七九年に米国が「台湾関係法」を制定して以降、台湾問題をめぐってぎくしゃくし、レーガン政権に入って台湾への武器援助に積極的な姿勢が見え始めると、次第に両国間関係は緊張を増していった。その中で、中曽根は、レーガンに向かって、台湾問題にこだわることで米中関係を緊張させるべきではないと忠告する等、米中間をとりなす姿勢を示した。米中間における軍事協力の進展に懸念を感じていたこれまでの政権とは異なり、中曽根は、ソ連の脅威を強く意識し、むしろ米中日関係を強めようとしていた。同じく中曽根は中国との関係強化策として、中国に対して極東ソ連軍のミサイル配備に関する情報提供を行い、日中両国が日常的な情報交換関係を構築することを提案した。このようにSS20配備などソ連の極東における軍事力増強は、中国と日本を疑似同盟的な関係に押し上げる働きをもった。このように中曽根内閣期にはソ連のＩＮＦ（中距離核戦力）配備が日本政府の安全保障上の最大の懸念となっていたが、ソ連の中距離ミサイルが極東からも撤去されることについては、日中間で利害の一致が見られたのである。

一九八三年一一月には胡耀邦《こようほう》中国共産党総書記が訪日し、日本人青年三〇〇〇人を翌年中国に招待する計画について明らかにした。また、翌年三月、中曽根首相が訪中し、八四年度から八九年度までの六年間にわたる総額四七〇〇億円となる第二次円借款を供与する方針を表明した。しかし、その一方で、中国側の大幅入超による貿易不均衡、日本からの直接投資が思うように拡大していないこと、とくに進んだ技術の移転が行われてない点などに、中国側が不満を表明するという問題もあった。鄧小平の改革開放路線は、日本の支援のペースと規模を超えて、より速く、より強い発展を志向していたのである。

ソ連の「明白なる脅威」——大韓航空機撃墜事件

一九八三年九月一日、ニューヨーク発ソウル行の大韓航空機がソ連領内サハリン上空で消息を絶った。乗っていた乗客二四〇人、乗員二九人の命は絶望とみられた。この事件、実はソ連空軍の手によって撃ち落とされたものだった。しかし、当初、ソ連はこの事実を頑として認めなかった。だが、その証拠を握っている国があった。日本である。当日午前五時には日本の航空自衛隊三沢基地（青森県）のレーダー記録から、日本政府は、大韓航空機とみられる機影が三機のソ連戦闘機とみられる機影に追尾され、三時二八分にサハリン南端沖で姿を消していたことを突き止めていた。同月三日、日米韓らの要請で国連緊急安全保障理事会が開催されたが、ソ連は撃墜の事実を認めなかった。そこで、日米両政府は、安保理席上、同じく防衛庁が傍受したソ連機と地上施設との交信を記録したテープを共同で公表した。しかし、自衛隊が収集した情報を公開することは、ソ連の敵意を招きかねなかった。さらに七六年九月にソ連の戦闘機が突然函館に着陸した事件では全くレーダーが察知できずに、きわめて脆弱と考えられていた日本の情報収集能力の実態を公開することにもなる。そのため、政府内には消極的な意見も見られたが、中曽根は公表に踏み切ったのである。この結果、ソ連への国際的非難が集まることになり、日米両国は対ソ制裁措置をとることとなった。

しかし、韓国国民を襲う悲劇はこれだけではなかった。一九八三年一〇月にはビルマを訪問中の全斗煥大統領一行をねらった北朝鮮による爆弾テロが首都ラングーンで生じ、大統領自身は辛くも難を逃れたものの、同行していた閣僚ら多数が命を落とした。日本は、この蛮行に対して、米韓とともに北朝鮮への制裁に加わった。さらに、北朝鮮は一九八七年に大韓航空機を、テロリストが仕掛けた爆弾で墜落させた。このテロリストが、捕まった当初日本人を名乗ったため、日本国内は緊張したが、実際は拉致した日本人を教育係とした北朝鮮人のテロ犯であった。北朝鮮は、翌年に予定されていたソウル・オリンピックを何としてでも妨害しようと考えていた。このころまでには南北の経済力の格差は圧倒的となり、韓国でオリンピックが成功裏に開かれるということは、その格差を世界に見せつけることになるからであった。

アジア諸国との波風
――靖国参拝問題

以上のように、中曽根内閣期には日米関係が緊密化し、日中関係も国交正常化以降で最高の「蜜月」を迎えていた。一九八四年には胡耀邦が、日中青年交流の一環として三〇〇〇人の日本側青年を北京に招待するというイベントを行った。これは表面的には、日中関係の蜜月を象徴する出来事であったが、実際は大量の日本人が訪問・宿泊するために、北京の市民生活に様々な不便が生じ、大きな不満が生じたといわれている。この事業は、当時の中江要介駐中大使によると「胡耀邦の思いつき」で、「上っ面の恰好だけの日中友好にすぎなかった」。

一方で一九八五年八月一五日、中曽根首相が戦後の首相としては初めて終戦記念日に靖国神社を公式参拝した。

これに対して、中国、韓国といったアジア近隣諸国は猛反発した。日本政府としては、この靖国参拝の問題点を十分に検討した末であったが、参拝前の懸念はもっぱら首相の靖国公式参拝が政教分離を定めた憲法に違反しないかというものであった。いわば「公式参拝が日中間の大問題になるとは誰も思わなかった」のである。さらに、事前に中国ほかアジア諸国に、この公式参拝は軍国主義を鼓吹するものではないことを説明していた。ところが、これが中国で報道されるや、北京で大規模な学生デモが起きるなど、反日の声が巻き起こった。

こうした近隣諸国の批判の背景には一九七八年に行われた「A級戦犯合祀」問題がある。これは、太平洋戦争の戦争犯罪を裁いた極東国際軍事裁判（東京裁判）で戦争指導者として死刑になった東條英機元首相らが、靖国神社に祀られている名簿に付け加えられたという問題である。それまでに靖国神社を「私人」として参拝した首相は多くいたし、終戦記念日の参拝も、中曽根の前任の鈴木善幸は二度続けて行っていた。つまり、中曽根の終戦記念日の参拝は「公的」であることが違っていたのである。靖国神社は、第二次世界大戦で日本が敗北するまでは、国家の宗教施設であり、国家のために戦って戦争で亡くなった人々が祀られている。もっとも墓地ではないので、靖国神社には遺骨ではなく戦没者の名前が書かれた「霊璽簿《れいじぼ》」と呼ばれる名簿が祀られている。つまり、もともと靖国神社は、国家のために命を落とした兵士らを、その死後「英霊」として祀るための施設であり、戦地に赴く人々を「死後は神として祀られる」ということで「説得」する国家の装置だったのである。したがって、中曽根は、公式参拝をしないことは「国家が英霊に対して契約違反をしている」と考えたのであった。

しかし、甚大な被害を与えた侵略戦争の指導者として刑死した人物を祀る神社に国家の代表である首相が参拝したことを、過去の戦争の肯定や美化に繋がるものとして、アジア諸国が批判を展開した。そのうちの一つ、中国側にも国内的事情があった。劉傑によると、中国では共産党の指導の下、一部の残虐な日本軍国主義者と大多数の一般の日本国民を分けて理解する見解が採用されていたという。この枠組みでは、一般の日本国民も一部の軍国主義者の圧政を受け戦争に駆り立てられた点で、日本軍国主義者に侵略によって踏みにじられた中国人民と同列に立つことになる。この考えが、日中両国民の友好関係の進展を支えてきた。しかし、こうしたイメージを中国共産党が中国国民に押し付けている片方で、日本軍国主義の象徴であるA級戦犯が祀られる靖国神社に、戦後平和国家となった日本の国民を代表する首相が参拝することは、この二分法の有効性を喪失させ、共産党の植え付けた対日イメージの正当性も揺らいでしまう。したがって、中国政府としても、日本政府に強硬な批判を伝えざるを得なかったと思われる。事実、胡耀邦は中江大使との一二月八日の会談で、「再度参拝があると大変、指導者の立場が極めて難しくなる。（靖国に戦犯が合祀された）そのままでは中国人を納得させられぬ」と訴えたのである。

一方、中国からの強い批判を受けた中曽根首相は、中国における「開明的で親日的」な指導者である胡耀邦が失脚することが、世界と日本の利益に甚大な影響を与えることを危惧した。その結果、中曽根首相は、それ以降は終戦記念日も含めて首相在任時の参拝を自制した。ここには、中曽根が「教科書問題と靖国参拝見送りとの間には関係性がありました」と述べるように、折から生じていた第二次歴史教科書問題も影響していた。中国側は、八六年六月七日に日本政府に対して、歴史教科書の記述についての是正要請を行った。この時は、外務省が中心となって中韓両国を満足させるような修正案を考案し、修正のうえ検定を通過させた。中国側もこれ以上の修正を要求しなかったが、日本への不満を募らせていたのである。

その後、胡耀邦は、一九八七年一月に総書記を解任される。この背景には、胡耀邦が日本に肩入れしすぎていた点を保守派に突かれたことがしばしば指摘されている。それほどに胡耀邦が日本との友好関係を求めた理由としては、日本の経済援助を期待した点が第一に挙げられる。さらに、先に引用した中江大使との会談で、胡耀邦は、靖国問題での両国の紛糾の背後に「日中両国を離反させようとする第三国がいるのが問題」と述べたように、ソ連の日中離間工作を疑っていた。つまり、胡耀邦はソ連に対抗して、米国および日本を中国の味方につけることを緊急の外交目標と考えていたのである。もっとも趙紫陽《ちょうしよう》のものとされる証言によると、胡耀邦の解任は、改革開放以来の行き過ぎた思想的な自由主義を取り締まるよう、鄧小平が「反自由化運動」をしばしば示唆したにもかかわらず、胡耀邦がこれを放置し続けたことで、両者の関係が悪化した末のものだったという。確かに、「青年三〇〇〇人」の独断かつ軽率なふるまいは鄧小平の批判を受けたが、この面では胡が北朝鮮の金日成に、ジェット機の供給や有事における中国空軍の展開を約束した軽率さほどではなく、失脚の理由ではなかった。実際は、鄧小平が胡耀邦の解任を決めた八六年夏からは胡耀邦の提案はことごとく長老に反対されて「何一つまともにできない状態」になった末の解任であった。

中曽根・胡耀邦時代の関係とは、いわば中ソ対立を背景とした「日中友好」であった。胡耀邦が総書記から失脚した後も、そのあとを継いだのは改革派の趙紫陽首相であった。その後も、鄧小平の指導の下、改革開放と西側への接近政策は継続された。この時期、日本のＯＤＡ供与国としてインドネシアを抜いてトップとなったのは中国であった。中曽根内閣は第二次円借款供与を決定したが、ここには従来同様、中国の改革開放を支援し、その西側への組み込みと穏健化を図る狙いとともに、戦争責任のつぐないという意味合いもあった。中曽根は一九八四年三月の訪中時に、日本の対中経済協力について謝意を表明した胡耀邦に向かって「かえって恐縮しており、対中協力は戦争により大きなめいわくをかけた反省の表れであり、当然のことである」と述べていたのである。

ゴルバチョフ新思考外交の影響

一九八五年三月、ソ連のチェルネンコ共産党書記長が死去した。その後任にゴルバチョフが就任し、いわゆる「新思考外交」を展開し始める。このチェルネンコの葬儀に、中曽根首相が参列し、ゴルバチョフと会見した。八二年のブレジネフ書記長の葬儀には鈴木善幸首相が参列したもののソ連首相との会談は断られた。次に八四年に後任のアンドロポフが死去した際には安倍晋太郎外相が訪ソし、首相ではなくグロムイコ外相との会談を実現していた。それと比較すると、八五年には世界的地位の上昇した日本をゴルバチョフが重要視していたことがわかる。そこで、同年一〇月には中曽根からゴルバチョフへ日ソ平和条約交渉の再開を提案する親書が出され、翌年一月、シュワルナゼ外相が訪日して安倍晋太郎外相との間で八年ぶりの日ソ外相定期協議が開かれることとなった。

ゴルバチョフは中国に対しても、八六年七月にウラジオストクで演説を行い、その中で同年末までのアフガニスタンからの一部撤退、中国との領土問題についての解決に向けた提案を行った。しかし、中国側は「三つの障害」、とりわけカンボジア問題での行動を要求したため、関係改善は容易ではなかった。その後、八八年四月にソ連はアフガニスタン問題に関するジュネーブ合意において、翌年二月一五日までの撤退を宣言するとともに、外国軍はカンボジアから撤退するべきであると表明した。さらに、その翌月、ベトナムは八九年末までにカンボジアからの撤退を完了することを誓約した。ただし、この当時米国は、ベトナム軍への唯一の抵抗勢力がクメール・ルージュであると認めつつも、ベトナムの撤兵が早すぎると、カンボジア各派で最強のクメール・ルージュが政権を掌握するのではないかとの懸念も抱いていた。その後、八八年一二月に銭其琛《せんきしん》が三〇年ぶりに中国外相として公式に訪ソし、シュワルナゼ外相との間でカンボジア問題についての交渉が行われた。両者は、ベトナム軍が八九年末までに全面撤退することを実現するためにベトナムを説得することで合意した。その後、ソ連側が態度を硬化させることもあったが、この合意はカンボジア和平に向けた重要なステップとなった。

ゴルバチョフの登場と中ソ関係の改善は、このようにアジアにおける中ソ対立の縮図ともいえたカンボジアでも解決の道が開けるきっかけとなった。ようやく一九八七年末に反ベトナム三派連合「民主カンプチア」のシハヌークと、ベトナムが支援する「カンプチア人民政府」のフン・セン首相がパリで会談したのである。このようにようやくカンボジアに和平の兆しが見えたことで、インドシナでの役割の増大を望んでいた日本もカンボジア和平の仲介に貢献すべく検討を開始することになった。

4 「プラザ合意」後の経済関係

プラザ合意への道——日米経済摩擦の悪化　それまで日米間では、MOSS協議（市場重視型個別協議）等が行われていたが、このような個別品目の市場開放といった「モグラ叩き」では一向に対米貿易黒字は減少しなかった。そこで中曽根首相は、思い切った円・ドル調整によって円高にもっていかないと、いつまでも日米関係は好転しないと決断した。この意向はベーカー財務長官に伝えられ、中曽根は竹下登蔵相に命じて事前交渉にあたらせた。

その後、先進諸国間での直前の検討を経て、一九八五年九月二二日、ニューヨークのプラザホテルで開かれたG5

（五カ国〔日・米・英・仏・西独〕蔵相・中央銀行総裁会議）で、ドル高是正のための為替市場への協調介入が合意された。この背景には急拡大する米国の貿易赤字があり、米国政府は国内の保護主義要求を抑えるためにも、主要国通貨に対するドル安を欲したのである。そうなれば、米国の輸出は有利になり、反対に他の主要国からの米国への輸出は困難になるため、米国の貿易赤字の縮小が見込まれるからであった。当時の為替レートは一ドル＝二四〇円程度であった。中曽根によると事前の合意ではこれを一〇～一二％切り上げるつもりであったようだが、市場は敏感に反応して、ついに一九八七年初頭には一ドル＝一五〇円にまで円高・ドル安となった。その結果、日本国内では円高不況が深刻化していった。次に同年二月、G５はパリのルーブルにあるフランス大蔵省内で、あまりものドル安の行きすぎを防止する協調介入に合意した。しかし、こうした相当程度のドル安でも、一向に米国の貿易赤字は縮小しなかった。それは、米国内の景気が良く、需要が旺盛であったために輸入品への需要も低下しなかったからである。

「経済空洞化」

円が急激に上昇したことで、日本の輸出産業は苦境に追い込まれた。その合理的反応として日本企業は一斉に海外へと工場を移転し始めた。一九八五年前後の日本からの対外直接投資はアジア諸国にも向かい始めた。このような製造業の海外生産拠点の移転は、日本国内の空洞化をもたらすのではと憂慮された。実際、円高で苦しんだ輸出産業では、八七年における海外生産比率がカラーテレビとテープレコーダーで約五〇％、ラジオは七〇％以上で、VTR、さらには自動車も一割を超える生産を海外に移していた。八〇年代後半の最大の直接投資先は北米市場で、アジアはヨーロッパとともに二番手につけていたが、アジアへの進出企業はほとんどが製造業であったことに特徴があった。その進出拠点で生産された製品は、北米市場などへ向かうか、または日本へと「逆輸入」されたのである。こうして八〇年代の日本は、世界最大の対外直接投資国となった。その結果、日本の輸入に占める工業製品比率が、八〇年代初めの二五％から八〇年代末には五〇％近くとなる。日本とアジア諸国は、それまでの垂直的経済関係から、同じ工業製品をやり取りする水平的な経済関係と変容していった。つまり、日本が産業を高度化プラザ合意後の円高は、アジアにおける雁行形態型発展を促進させることとなった。つまり、日本が産業を高度化させ、比較優位を失った部門がアジアへ進出することで、相手国の産業を高度化させるという「産業構造転換連鎖」、つまり雁行形態的発展を引き起こす起点に日本経済はなったのである。

一九七〇年代の日本では、低賃金を武器とした台湾・韓国をはじめとするＮＩＥＳ諸国の追い上げの前に、かつてのリーディング・インダストリーであった繊維産業や鉄鋼業は衰退していった。これに対し、日本経済は、自動車・電機・半導体といった高付加価値産業にシフトしていき、輸出品の構成も高度化していった。これが欧米との摩擦を引き起こしたのである。さらに、プラザ合意以降の円高局面では、自動車・電機といった中核的な製造業までもが、対ドルでの通貨高の影響を回避でき、安価かつ良質の労働力を利用できる海外へ直接投資を行い、工場を次々と移転させた。こうして、日本からのＯＤＡ・民間投資さらに貿易関係の増大を通じて、アジア各国は経済発展を遂げていった。

しかし、円高で輸出産業が苦戦するということは、円高になって原料安のメリットを享受できる内需向けの産業には有利な条件となった。実際、中村隆英によると、一九八〇年代後半は国内向けの産業が空前の利益を出し、その内部留保は株や土地への投機へと向けられた。これがバブル発生の一因となったのである。また、その一方で米国からは、より一層の内需拡大策が要求された。円高ドル安にもかかわらず、Ｊカーブ効果も手伝って米国の対日貿易赤字は改善していなかったのだ。そのため、ベーカー財務長官らは、日本の景気刺戟による内需拡大と対米輸入の増加を望んだ。竹下登は、首相在任中も公共事業を大幅拡大させたが、退任後もベーカーの要求を海部内閣に呑ませて内需拡大を図らせた。さらに、一九八七年にウォール街で株価が突然暴落した「ブラック・マンデー」が生じた時、日本経済は十分に加熱気味で金融を引き締める必要があったにもかかわらず、そうすると日本の株式市場の鎮静化が米国の株式市場に影響し、「ブラック・マンデー」からの回復を阻害する恐れがあった。したがって、日本の金融当局は、米国への配慮から国内の引き締めが行えない状況が続いた。この過程で発生した余剰流動性は、株・土地への投機に向い、バブル経済の長期化をもたらした。そして、ある日、このバブルははじけてしまうのである。

対アジアODA政策の特徴　この時期、いわゆる「戦略援助」が展開された。もっとも、戦略的な援助という意味では、戦後の日本の援助は多かれ少なかれその色彩を帯びていた。したがって、この時期の特徴は、政府がそれまで隠していた戦略的意図を、むしろ前面に出して紛争周辺国への援助を正当化しようとした点にある。それは、八〇年代初頭に行われた「戦略援助」が、逆に日本自身の戦略的利害からは少し離れた地域に向けられたためであった。具体的には、まずソ連のアフガニスタン侵攻を受けて八〇年度に対パキスタン援助の倍増が表明された。次にトルコに対する一億ドル規模の借款と輸出信用が供与された。本来的な意味の「戦略援助」としては、ベトナムの軍事的脅威にさらされたタイへの援助が増額された。しかし、ここにはインドシナ難民問題を抱えるタイに経済的支援することで、難民受け入れにきわめて消極的であった日本への国際的批判をかわそうという意図も含まれていた。タイの場合は日本自身への地政学的影響もあったものの、他はむしろ西側同盟、「米中日同盟」の強化を支援するという姿勢を示すためのものであった。

やはり八〇年代の日本の戦略的な援助の中心は、中国であった。援助を通じて中国を西側に引き込み、ソ連への対抗勢力として育成すれば、中国が西側陣営の最終的な勝利に貢献するはずであった。一九八八年には竹下内閣が総額八一〇〇億円の第三次円借款の供与を決めた。こうして八九年に日本は、初めて世界一のODA供与国となった。ただし、当時の日本のODA政策には、GDP比ではわずか〇・三％程度であるとか、贈与ではなく借款が多いとか、インフラ整備への支出が多く、国民のベーシック・ヒューマン・ニーズに配慮がされない一方、環境破壊を引き起こしているなどという批判があった。

日本の援助の供与先は圧倒的にアジアの比率が高かった。それは、地理的近接性、賠償といった歴史的経緯なども影響していたが、借款供与による自助努力への期待といった、戦後の日本自身の経済発展の経験を踏まえた「日本モデル」の実行に、アジア地域が向いていたという面もあった。「日本モデル」とは、贈与ではなく借款を行うことで返済義務をあえて与え、効率性へのインセンティブを生み出すことで相手国の自助努力を引き出し、その後の経済成長に繋げるという方針であった。

5　グローバル化・冷戦の「勝利」・大国日本

アジア太平洋経済圏の興隆と日本

一九八〇年代の後半まで、アジア太平洋における協力枠組みとしては、大平政権期の環太平洋連帯構想を受けて成立した、産・学・官（ただし個人資格）からなる非政府の経済的な国際組織（PECC）しか存在していなかった。そこで、一九八八年前半から、のちにAPEC（アジア太平洋経済協力）に結実する構想が通産省内で検討された。その結果、コンセンサスの尊重、開かれた地域主義、米国を含めるといった方針が固まった。ここには、アジアへの関与を低下させようとする米国を太平洋に繋ぎとめつつ、米国主導の秩序維持の仕組みに替わる地域的枠組みを構築し、アジア太平洋諸国の「米国依存型発展」からの脱却への模索が意図されていた。通産省は、オーストラリアのホーク首相に提唱者となるように働きかけた。その結果、一九八九年一月にホーク首相のソウル演説が行われ、その後、米国の参加も得られた。

一九八九年一一月にキャンベラで開かれた第一回APEC閣僚会議には、日本、米国、カナダ、オーストラリア、ニュージーランド、韓国、ASEAN六カ国の合計一二カ国が参加した。それまで環太平洋経済の統合は民間が先行して推進していた。とくに日本のアジア経済への関わりは目覚ましく、一九八五年のプラザ合意以降の円高局面では、輸出が不利となった日本の製造業が大挙して海外に生産拠点を移すこととなった。その際、自国通貨をドルと固定していた東南アジア諸国は、労働力も安価で優秀であり、ドル圏への輸出でもドル切り下げ以前と同条件であったため、多くの日本企業の進出先となった。ところが、一九八〇年代後半には米国で保護主義が台頭したこと、GATTを通じた普遍的な貿易自由化の試みが停滞したことで、自由貿易が阻害される危険性を避けるために各国政府の出番となった。その具体的成果がAPECなのである。

一九六〇年代までの日本外交は、朝鮮半島の三八度線、台湾海峡、南北ベトナムで中国共産主義の膨張を封じ込める米国に協力するという方針だった。七〇年代には、ベトナム戦争が共産主義勢力側の勝利で終わり、米国と中国の劇的な接近が生じた。八〇年代には、ソ連共産主義の膨張を、韓国・中国・ＡＳＥＡＮ諸国で封じ込める形になっていった。この過程でベトナムの統一とソ連との軍事同盟化、米国の中国への軍事協力の進展が見られた。この中で、日本は八〇年代初めまでは、ベトナムを中ソから切り離すこと、とりわけソ連寄りにならないことに意を尽くした。その一方で、大平政権期に対中円借款を始めたものの、米国が中国に軍事援助を与える動きにはブレーキをかけようとしていた。つまり、対ソ越同盟に対して、日米中同盟を形成することには及び腰であった。その主因はソ連の脅威であった。ところが、中曽根政権は、「日米中同盟」形成を含む対ソ包囲網の形成に向けてはっきりと歩を進めた。まず、それまで関係がぎくしゃくしていた韓国への経済援助を行い、安保協力への一歩を踏み出した。また、中国との経済協力も推し進めた。さらにＩＮＦ問題では、西側の一員として明確な主張を行った。

一方、日本は経済面から米国を支え、冷戦における西側の勝利に貢献した。八〇年代、日本は巨額の対米貿易黒字を出し、米国の官民から様々な非難と圧力を受け続けたが、実はその外貨で米国債を買い続け、ドルを米国に還流させていた。さらに、八七年のいわゆる「ブラック・マンデー」、すなわち米国の株式市場の大暴落後には、日本経済自身は加熱気味の兆候があったにもかかわらず、日本が金利を引き上げるとマネーが米国から日本市場に向かって米国株式市場がますます暴落してしまうので、それを避けるために日銀は引き締め時期を遅らせたとされている。これが日本でのバブル発生の重要な一因となった。日本は、双子の赤字に苦しむ米国を金融的に支援し、冷戦を勝利に導いたとも言えるのである。

宴のあとで

一九八九年ついに冷戦構造が崩壊する。衰退したソ連は、東欧諸国の共産主義体制を軍事的に支えることを断念し、その結果、東欧諸国は民主化の波にのまれていったのである。そして一一月九日には冷戦を象徴していたベルリンの壁が壊され、半世紀近く共産主義のくびきの下に置かれていた東ドイツの住民は、自由の下に解放されることになった。一二月二日には、米国のブッシュ（父）大統領とソ連のゴルバチョフ大統領が地中海のマルタ島で会談し冷戦の終結を宣言した。ハンガリー、ルーマニアなど他の東欧諸国でも共産主義独裁体制が倒され、人々はようやく自由を手に入れることができた。

アジアにおいてもカンボジア和平のためのパリ会議が、カンボジア各勢力、安保理常任理事国五カ国、ASEAN六カ国、ベトナム、ラオス、日本、オーストラリアら一九カ国の参加を得て、一九八九年七月に開催された。この年の一月、中国とベトナムは九年ぶりに開かれた外務次官会談で、ベトナムが九月末までにカンボジアから軍隊を撤退させることを表明していた。また、それまでクメール・ルージュを支援してきたタイのチャチャイ首相は、対立相手のフン・セン首相をバンコクに招き、「インドシナを戦場から市場へ」と宣言した。さらに、五月にはソ連のゴルバチョフが訪中して、ベトナム軍撤退後のカンボジアにおける内戦回避と民族和解の実現を希望するという合意がなされた。

以上のように、一九八〇年代を通じた国際関係の変化は冷戦における西側の勝利を準備することとなった。しばしば西側が一九七〇年代の「危機」を克服して一九八〇年代に繁栄したことによって、非効率的なソ連圏の計画経済システムを経済的に凌駕したとして説明される。これに、レーガンの軍拡のペースが、疲弊したソ連経済に持続不可能な対抗的軍拡を余儀なくさせ、その経済的圧力がソ連の崩壊を早めたことも言い添えられることが多い。しかし、こうした冷戦崩壊に向けた歴史叙述は比較的に理解しやすいが、今後一次資料に基づく厳密な研究が必要とされるであろう。

その時、日本では、プラザ合意による円高ドル安、ブラック・マンデー時の対応、内需拡大のための公共事業の拡大と超低金利によって引き起こされたバブル経済の崩壊の足音が、もうすぐそこに迫っていた。一九九一年、日本が支え続けた米国をはじめとする西側の政治的・軍事的・経済的圧力の前に、かつての超大国ソ連はあっけなく崩壊してしまう。それと時を同じくして、日本経済は転落を始め、それ以後「失われた二〇年」を経験し続ける。一九八〇年代の経済大国日本は、その経済力をアジアに向ける代わりに、ソ連の拡大された脅威に対抗するため、米国との関係安定化に使い果たし、貴重な外交資源と時間を浪費してしまったのである。

参考文献

今川幸雄『カンボジアと日本』連合出版、二〇〇〇年。

小倉和夫『秘録　日韓一兆円資金』講談社、二〇一三年。

北原淳・西澤信編著『アジア経済論』ミネルヴァ書房、二〇〇四年。

後藤田正晴『情と理』上・下、講談社、一九九八年。

小林英夫『日本企業のアジア展開』日本経済評論社、二〇〇〇年。

下野寿子『中国外資導入の政治過程』法律文化社、二〇〇八年。

銭其琛（濱本良一訳）『銭其琛回顧録』東洋書院、二〇〇六年。

田中明彦『日中関係』東京大学出版会、一九九一年。

ヴィクター・D・チャ（倉田秀也訳）『米日韓　反目を超えた提携』有斐閣、二〇〇三年。

趙紫陽（河野純治訳）『趙紫陽極秘回想録』光文社、二〇一〇年。

中江要介『アジア外交　動と静』蒼天社出版、二〇一〇年。

中島敏次郎『外交証言録　日米安保・沖縄返還・天安門事件』岩波書店、二〇一二年。

中曽根康弘『天地有情』文藝春秋、一九九六年。

中曽根康弘『中曽根康弘が語る戦後日本外交』新潮社、二〇一二年。

中村隆英『現代経済史』岩波書店、一九九五年。

波多野澄雄『国家と歴史』中央公論新社、二〇一一年。

波多野澄雄・佐藤晋『現代日本の東南アジア政策』早稲田大学出版部、二〇〇七年。

細川恒『大競争時代の通商戦略』日本放送出版協会、一九九九年。

益尾知佐子『中国政治外交の転換点』東京大学出版会、二〇一〇年。

劉傑『中国人の歴史観』文藝春秋、一九九九年。

和田春樹ほか編『東アジア近現代通史9　経済発展と民主革命』岩波書店、二〇一一年。

コラム6 趙紫陽——改革開放の担い手

趙紫陽（一九一九〜二〇〇五）は、広東省党委員会第一書記、四川省党委第一書記等を経て一九八〇年二月党中央政治局常務委員会委員、同九月国務院総理となり鄧小平のもとで「改革開放政策」を実施。一九八七年の胡耀邦失脚後、一一月に党中央委員会総書記、中央軍事委員会第一副主席に就任。一九八九年六月の天安門事件への対応をめぐって失脚。以後、当局によって軟禁されたまま死去した。

趙紫陽は、四川省で農業改革に市場原理を導入することで成功したあと、中央では食糧輸入を禁じて国内に飢餓を招くような政治的な自給自足イデオロギーにとらわれた計画経済を、市場経済へと転換させた。また、計画経済を否定する一方で、急速な生産拡大の達成を目指す経済運営には反対し、市場メカニズムに基づく資源配分の効率性を重視した。とりわけ沿海部開発に尽力し、安い労働力を武器に外国からの直接投資を積極的に受け入れることを、その経済政策の中心に据えた。こうした趙紫陽の政策の背景には、市場メカニズムと自由貿易の利益を信頼し、海外市場との結びつきにこそ発展のカギがあるという考えがあった。彼は、経済発展に成功した台湾やシンガポールをはじめとする「アジアの虎」の経験から教訓を得ていた。

来日した趙紫陽首相
（1982年６月）（時事）

輸出志向型の工業化政策によって、日本から東アジア諸国へと連動していた雁行型経済発展に中国を連ねることが趙紫陽の目標であった。とくに一九八〇年代後半に加速し始めたグローバル経済化に乗り遅れないことを意識して、沿海部開発を先発的に促進させようとした。したがって、外交面では日本をはじめとする西側自由主義国との協調を重視する政策をとった。とはいえ、日本政府首脳との会談では、教科書問題などに関して日本側の「歴史認識」への言及、軍国主義復活への懸念について言い漏らすことはなかった。しかし趙紫陽は、ソ連の膨張主義を抑えるために西側先進諸国間が協調し、さらには日米安保関係が発展することを望んでいたのであった。

趙紫陽は首相から総書記に移ったあとも中央財経指導小組を率いて、保守派長老の反対に抗しつつ改革開放を推進していた。ところが一九八八年の価格制度改定の失敗を機会に保守派の攻勢が強まり、ついに天安門事件の際、頑なに民主化・自由化に向けた政治改革に反対する鄧小平の支持を失い失脚する。趙紫陽は政治的には、同じ中国人であり、一党独裁体制であった台湾を民主化に導いた点で蔣経国を高く評価していたとされる。趙紫陽は、経済的には市場経済、政治的には一党独裁という組合せは必然的に汚職・腐敗の印象を生むと考え、それを是正するために、「人治」に代わる「法治」、さらには権力を監視するメカニズムの重要性を認識していた政治家であった。

第7章　「吉田ドクトリン」を超えて
――一九九〇年代――

大庭三枝

日本にとって一九九〇年代とは、冷戦終結による国際社会の大きな変化の中で、西側の一員としての振る舞いによって自国の地位を維持するという受け身の姿勢ではなく、経済大国、先進国としての一定の役割を担うことを迫られた時代だった。九〇年代の日本は、従来の冷戦状況の下で維持されてきた一国平和主義や、軽武装と経済主義を組み合わせた「吉田ドクトリン」を超えて、世界および地域における安全保障分野も含めた幅広い役割を担うようになっていく。また、冷戦終結後、朝鮮半島および台湾海峡をめぐる情勢、また東南アジア地域の状況等、アジアにおける地域情勢も大きく変化し、その変化に日本はそれぞれ対応しなければならなかった。他方、この一〇年間は戦後長く続いてきた五五年体制が終焉を迎えるなど、日本国内政治の激動期であり、またバブル崩壊後の日本の「失われた十年」(現在は「失われた二十年」と呼ばれている)と言われる経済の長期低迷の中で、日本の国力がじりじりと後退していく時期であった。このような困難な条件のもとで、日本は新時代におけるアジア諸国との関係および自らの役割を模索せねばならなかったのである。

1　一九九〇年代の対アジア外交の出発点

九〇年代初頭のアジアと日本

ヨーロッパにおいて見られた二極対立構造と比較し、アジアにおける冷戦対立は、六〇年代以降の中ソ対立の影響を強く受けて複雑であった。さらに、冷戦終結によってもたらされた変化が資本主義的市場経済の世界的普及と、民主化のグローバルな伝播であるとするならば、アジアにおいてその動きはすでに一九八〇年代から見られた。中国が一九七九年から明確に改革開放路線を選択し、また一九八六年からはベトナムが刷新（ドイモイ）に踏み出すなど、一部の社会主義国は資本主義経済を導入していた。また、台湾（中華民国）、フィリピン、韓国においては一九八〇年代にそれぞれ民主化が進み、権威主義体制は瓦解していった。

とはいえ、一九八九年一二月に米ソ間で冷戦終結を確認・宣言したことのインパクトはやはりアジアにおいても大きかった。冷戦終結の明白な宣言により、朝鮮半島における情勢は、後に見るように南北間の対話やクロス承認の動きが見られるなど、大きく変化した。またそれは、東南アジアにおいて複雑な冷戦構造を体現していたカンボジア内戦を最終的に決着させ、新生カンボジアが始動するのを後押しした。さらにそれは、ベトナム、ラオスという共産主義政権下で改革を目指す国家を、ＡＳＥＡＮ加盟へと向かわせる素地を作った。また冷戦終結は、一九八〇年代から進展していたグローバル化の進展という潮流をさらに際立たせた。プラザ合意後に資本主義市場経済に組み込まれる形で経済的相互依存の深化と経済発展を享受していた東アジア諸国にとって、このグローバル化のさらなる進展にいかに対応し、発展を持続的なものとするかが、より重要な課題となったのである。

他方中国は、一九八九年六月四日の天安門事件に対する欧米諸国からの批判や、日本も含めた各国の制裁措置により、国際的孤立状態に置かれたまま、一九八九年秋の東欧革命およびベルリンの壁の崩壊、そして冷戦終結宣言を迎えた。しかしながら、欧米諸国や日本の制裁が比較的早期に解除されたこともあり、中国の孤立の長期化は避けられた。また一九八〇年代半ばより進行していた台湾の民主化や台湾の中国共産党への敵視政策を改める動きを背景に、九二年から九三年にかけて両岸関係の対話も進められた。李登輝《りとうき》総統の積極的な対外戦略や、台湾の「台湾化」を進めようとする政策に対する中国の反発により、中台の政治的関係はその後冷え込むが、経済的相互依存関係は以前にも増して深化していった。

このように、一九八〇年代末から九〇年代初頭にかけて、世界およびアジアの情勢が冷戦終結によって揺さぶられていた時期、日本の国内政治環境もまた、激変に見舞われていた。リクルート事件で竹下登政権が一九八九年六月に倒れ、宇野宗佑《うのそうすけ》政権が発足したものの、女性スキャンダルに見舞われた宇野首相は二月ほどしか政権を維持できなかった。一九八九年八月に海部俊樹《かいふとしき》を首班として政権が発足するが、自民党、とくに経世会《けいせいかい》（竹下派）の長期にわたる政界支配への批判は渦巻き、政界再編の波が日本の国内政治を大きく揺さぶった。一九九一年一一月には、宏池会の宮澤喜一を首班とした政権が発足したが、長期政権が期待されながらも政界再編の波に抗しきれなかった。結局宮澤首相は第四〇回総選挙における自民党過半数割れの結果を受けて退陣表明し、一九九三年八月、日本新党の細川護熙《そほかわもりひろ》代表を首班とする八党派による非自民連立政権が成立した。これは、一九五五年の保守合同以来初の自民党の下野となり、「五五年体制の崩壊」と称された。しかし細川政権成立後も日本の政界の流動化は続いた。こうした中で、日本は新たな国際環境への対応を迫られたのである。

天安門広場を埋めた民主化運動
（1989年６月２日）（AFP＝時事）

湾岸戦争のインパクト

冷戦終結後、日本の外交政策のあり方について、直接的に大きな課題を投げかけたのは、湾岸戦争であった。一九九〇年八月のイラクによるクウェート侵攻に対し、国連安全保障理事会（国連安保理）はイラクの侵略行為を非難し、クウェート撤退を勧告する決議を速やかに行った。しかしながらイラクはその勧告を無視し、ついに一九九一年一月、米国をはじめとする多くの国からの軍事要員で構成された多国籍軍が、国連安保理より強制措置を授権される形で、イラクへの攻撃を開始した。この湾岸戦争は、冷戦終結直後という状況下、調和的な新国際秩序構築へ向けて大きな期待が寄せられていた時期において、国際秩序の維持のため、という旗印の下で行われた、国連による軍事的措置の実行の形を取った最初の武力行使であった。

　この湾岸戦争の勃発の前後から、日本はこの事態への対応を迫られた。しかしながら日本は憲法第九条の解釈論や、自衛隊の海外への派遣と侵略とを同一視するきわめて国内的な議論に終始し、速やかな対応が取れなかった。従来日本は、日米安保体制の下、憲法九条の堅持、軽武装、それに経済主義を組み合わせたいわゆる「吉田ドクトリン」をもって、安全保障問題には消極的に対応し、国際秩序の維持といったテーマについても受動的に対応してきた。よって、国際安全保障に対する貢献に関しては、法的にも、制度上も、そして精神的にもほとんど準備できていなかったのである。結局、自衛隊等の人的貢献は見送られ、戦費一三〇億ドルを拠出したが、その行為は十分な国際的評価を得るには至らなかった。

この経験により、日本は安全保障分野における従来の外交姿勢の転換を迫られることになった。直接的には、宮澤政権下の一九九二年六月、国際平和協力法（PKO協力法）が成立し、海外における国連その他の国際協力活動に、自衛隊等の派遣を行う制度が法的に整備された。そして、この法律の下、同年九月から、国連カンボジア暫定統治機構（UNTAC）への自衛隊および文民警察が派遣された。二〇年間内戦状態であったカンボジアは、一九九一年のパリ和平協定によってようやく国家再建への道筋が示されていた。UNTACは、その合意事項が実現することを監視、監督する目的で派遣された、冷戦終結後に一般的になる多機能型PKOの典型例であった。日本は、このパリ和平協定へ至るカンボジア和平交渉でも積極的な役割を果たしたが、このカンボジアPKOにおいて大きな役割を果たした。不幸だったのは、このPKOに派遣されていた文民警察及びボランティアで犠牲者が出たことであった。しかしながら宮澤政権は、この事件をもって撤退を迫るマスコミなどを抑え、UNTACの任務完了まで日本の人員をカンボジアにとどめ、任務に当たらせた。

吉田ドクトリンと一国平和主義を超えて

宮澤は「吉田ドクトリン」にきわめて忠実な保守本流に属する政治家であった。しかしながら、国際平和協力法の成立やUNTACの派遣は、この宮澤政権下で行われた。これは、宮澤の吉田ドクトリンの堅持や平和主義が決して教条主義的でなかったことを示すとともに、冷戦終結後の日本を取り巻く情勢が、従来の保守本流が想定してきた枠を超えた活動を、日本に今後さらに迫っていくことを予兆させるものでもあった。日本は、東西冷戦下で米国の核の傘に入ることで、自国の防衛に関する負担をなるべく軽減し、かつ一切の国際安全保障活動を控えるという政策を見直さざるを得ない状況に置かれたのだと言えよう。そして、後に見るように、一九九〇年代、日本は自国の防衛のみならずアジア太平洋全体の安定と繁栄に寄与するための米国との協力により積極的な貢献をするというスタンスを明確にするとともに、自衛隊の国際安全保障協力の場における活動は活発に行われるようになっていった。

他方、宮澤首相は、一九九二年五月より財界人や国際政治・外交等を専門とする識者を集めて「二一世紀のアジア・太平洋と日本を考える懇談会」を設立し、冷戦後の日本がアジアおよびアジア太平洋という拡がりの中でどのような役割を担うべきかについての検討に当たらせた。この懇談会は、同年一二月に「二一世紀のアジア・太平洋と日本：開放性の推進と多様性の尊重」と題した報告書を提出した。そこでは、アジア太平洋地域におけるＮＩＥＳやＡＳＥＡＮのダイナミックな経済発展とともに、冷戦構造崩壊後の安全保障環境の流動性が語られた。さらに今後必要な取組みとして、アジア太平洋の地域の安定という観点からの米国との同盟関係の新たな位置づけ、国際平和協力への関与、ＡＳＥＡＮ拡大外相会議等を活用した地域政策対話の推進、ＡＰＥＣの重視と自由で開放的な自由貿易体制の推進、歴史認識問題に対する謙虚な対応等、その後の日本外交にとって重要となる論点が幅広く盛り込まれていた。しかし、その後の政権交代に始まる国内政治の変動により、この報告書が直接にその後の日本の外交政策を規定する機会は失われた。

2 北東アジアの緊張と日本

微妙な日中関係への幕開け

一九八九年六月に天安門事件が起きた時、日本は竹下内閣が倒れ、宇野政権が成立した直後であった。そして宇野政権がスキャンダルに揺れる中、日本はこのような流血の惨事に至った事件が起こったことを三塚博外相が「遺憾」であると表明し、「一日も早く平静な状況に戻ることを期待する」とした。その上で、中国に対して欧米諸国と比べて比較的穏やかな制裁を科すとともに、欧米諸国に対して、中国を孤立させることは望ましくないという説得を行った。その主張は、天安門事件の翌月に開催されたアルシュ・サミットでより明確に行われた。日本は、中国への日本人渡航の自粛勧告や第三次円借款の凍結などの措置をとったが、同年八月には北京を除く中国全土への渡航自粛解除、九月には北京への渡航自粛も解除された。一九九〇年一一月からは、第三次円借款の凍結解除も順次行われた。

このように、日中関係は一九九〇年終わりにはほぼ正常に復帰したと見られた。これは、従来の「日中友好」の構図を踏襲することで、天安門事件による日中関係の緊張を一応解消したのだといえる。国交正常化してから一九八〇年代末まで、日本は、当時の日本国民の比較的良好な対中認識を追い風に、中国の状況に配慮し穏健に対応する一方、中国の指導者たちは、国内の反日的言説を適度に抑えつつ、日本政府から経済発展のために必要な経済協力等の実利を引き出すことに主眼を置く、この二つのベクトルが「日中友好」を支えていたのである。一九八〇年代に教科書問題や靖国問題で一時的に揺らぐことはあっても、基本的にこの構図は維持された。

しかしながら、一九九〇年代の日中関係は、それ以前と大きく質的変化を遂げることになった。まず、日中両国内における世論の変化が挙げられる。天安門事件の日本の世論に対する直接的な影響は大きかった。武力を用いて民主化勢力を制圧されたこの事件により、多くの日本国民の中国共産党政権に対する見方は厳しいものとなったのである。さらに、日中双方の国内において、自国優位主義や排外的な性質を帯びたナショナリズムが台頭した。中国共産党政権は、反日的要素の濃いキャンペーンを張るなど、改革開放に伴って発生した国内の格差の拡大などの様々な矛盾に悩みながらも国内の統一と共産党政権の正統性を維持するため、愛国主義を利用し、その際に日本を標的とした。他方日本においては、冷戦期に左翼の影響力の強い言説空間において封殺されてきたナショナリズム的言動が、冷戦の終結に伴う左翼的言説の退潮の流れとほぼ逆相関的に表に現れるようになっていった。

第二に、中国の大国としての台頭が顕在化したことの影響である。一九九〇年代を通じて、中国経済は順調に拡大した。例えば実質GDP経済成長率は、一九九〇年こそ天安門事件の余波を受けて三・八%の伸び率にとどまったが、一九九一年には九・一%、一九九二年から九五年までは一〇%を超え、その後もおおむね七%から九%台の成長率を記録した。一九九三年に発表された世界銀行の報告書『グローバル経済の見通しと発展途上国』では、二一世紀初頭には、中国が世界最大の経済大国になるとの見通しを示していた。他方、中国の国防費の増大や、中国政府の大国主義的な言動は、中国経済の順調な拡大への視線とあいまって中国脅威論を浮上させた。特に、一九九二年二月の「中国人民領海及び接続水域法」(領海法)に、尖閣諸島や東南アジアの一部の国と領有権問題が生じていた南沙諸島が中国領土だと明記されていたことは、中国の独善的な大国主義の表れと受け止められた。

日中国交正常化二〇周年にあたる一九九二年四月に、江沢民《こうたくみん》中国共産党総書記が来日した。これは天安門事件後初めての中国首脳による訪日となった。そして一九九二年一〇月には、中国の度重なる要請に応える形で天皇の初の訪中が実現した。後に述べる慰安婦問題についての議論に関連し、昭和天皇の第二次世界大戦に関する責任論が追及される可能性があること、中国国内で、戦争中の損害に対する賠償請求の動きが見られるようになっていたこと、また前述の領海法の発出が同時期になされたことから、日本国内では慎重論も出される中での今上天皇の訪中実現であった。このときに天皇が、楊尚昆《ようしょうこん》国家主席に応える形で、「この両国の関係の永きにわたる歴史において、我が国が中国国民に対し多大の苦難を与えた不幸な一時期がありました。これは私の深く悲しみとするところであります。戦争が終わった時、我が国民は、このような戦争を再び繰り返してはならないとの反省にたち、平和国家としての道を歩むことを固く決意して、国の再建に取り組みました」という「お言葉」は、中国国内でも積極的に評価された。天皇訪中は、徐々に日中関係が複雑化する時代において、「日中友好」のアピールに成功した貴重な出来事であった。しかしながら、その後日中関係は、中国の台頭に伴う地域における主導権をめぐる競争と両国内のナショナリズムとが絡み合い、従来の「日中友好」では制御ができない複雑さを徐々に露呈していったのである。

日朝国交正常化交渉の難航と朝鮮半島の危機

朝鮮半島との関係も、それ以前の時代から大きく変化することとなった。後述するように、韓国との関係については、中国との関係と同様、両国におけるナショナリズムの高揚は、歴史認識問題への摩擦に発展した。他方、北朝鮮の動向が、日本のみならず北東アジアの安全保障環境に大きな影響を与えるという状況がこの時期本格化した。

従来日本の対北朝鮮外交はきわめて限られていたが、一九八八年に韓国の盧泰愚《ノテウ》大統領が、北朝鮮と、米国や日本などの韓国の友好国との関係を改善するのに協力する用意がある旨を「七・七宣言」として発出した後、日朝関係の改善へと乗り出した。冷戦終結による状況の流動化によって、日朝間の対話は一度中断した。しかし韓国とソ連が急速に接近する中で、孤立化を恐れた北朝鮮は、米国、日本、韓国との関係改善に向けて動き出した。一九九〇年には、南北朝鮮の首脳級会談が開始され、また一九九一年には韓国と北朝鮮の国連への同時加盟が実現するなど、一九九〇年代初頭、朝鮮半島の二つの国の間の対立の緩和が見られたのは、孤立を恐れる北朝鮮が南との対話に積極的に臨んだことが大きく影響していた。他方、韓国は従来イデオロギー対立によって関係改善を阻まれていた共産主義国への積極外交を進め、一九九〇年九月にはソ連と、一九九二年八月には中国と国交樹立を実現した。

一九九〇年九月に、金丸信《かねまるしん》自由民主党幹事長と田辺誠《たなべまこと》社会党前書記長を団長とする訪朝団が北朝鮮を訪れた際、北朝鮮側から日朝国交正常化についての提案がなされたのは、そのような背景のもとでの出来事であった。自民党、社会党、朝鮮労働党との三党共同宣言では「できるだけ早い時期に国交関係を樹立すべきである」との合意がなされた。またこの合意には、「三党は、過去に日本が三六年間朝鮮人民に与えた大きな不幸と災難、戦後四五年間朝鮮人民が受けた損失について、朝鮮民主主義人民共和国に対し、公式的に謝罪を行い十分に償うべきであると認める」という文言が盛り込まれていた。しかし、植民地支配のみならず戦後四五年間についても日本が補償すべきであると解釈しうるこの文言について、日本国内の一部から「土下座外交」と称するなど強い批判がなされた。

三党合意を受けて、一九九〇年一一月から一二月にかけて三回の予備会談が開始され、一九九一年一月より本会議第一回会談が開催された。会談は、一九九一年に五回、一九九二年に三回開催された。しかしながら、当時すでに北朝鮮には核兵器開発疑惑が浮上していた。この本会議の協議において、日本が北朝鮮に対し、国際原子力機関（IAEA）の査察受け入れを強く要求したことに北朝鮮は強く反発した。さらに、三党合意で言及された戦後四五年間に関する戦後補償の具体化や、一九八七年の大韓航空爆破事件の実行犯であった金賢姫《キムヒョンヒ》の日本語教育係だったという「李恩恵《リウネ》」の消息についても日本と北朝鮮は対立した。そして、一九九二年一一月の第八回会談において、日本側が李恩恵問題を持ち出したという理由で、北朝鮮側は一方的に会談を中断した。

北朝鮮の核兵器開発疑惑は、日朝のみならず米朝国交正常化交渉や南北融和にも大きな影を落とした。一九九二年春から実施されたＩＡＥＡ核査察によって、プルトニウムの抽出が過去に行われていた可能性が明るみになるなかで、米朝間の対話は停滞した。また南北接触は、北朝鮮に不信感を募らせていった韓国が従来からの米韓合同軍事演習チーム・スピリットを再開すると発表したことに北朝鮮が反発し、中断した。一九九三年二月、ＩＡＥＡ理事会が、米国政府による寧辺《ニョンビョン》の核施設付近の衛星写真を検討し、この核施設に対する「特別査察」を求める決定を行ったことに反発した北朝鮮は、ＮＰＴ（核不拡散条約）脱退を通告した。この脱退宣言はその後、米国が北朝鮮の安全保障を確約し、公式対話を継続する、その代わりに北朝鮮はＮＰＴからの脱退を留保する、という米朝の合意で一時的に事態の沈静化がなされた。しかしながら北朝鮮は、核兵器開発疑惑をはらすために最も重要な施設への査察はさせなかった。それに対し、一九九四年三月に国連安保理は査察の完全受け入れを求める議長声明を発出したが、北朝鮮は拒否したのみならず、翌月には五メガワットの実験用原子炉の核燃料棒交換作業をＩＡＥＡの立ち会いなしに行うと宣言し、実際に燃料棒の取り出しを開始した。それに対し米国は、制裁措置をとる姿勢を強め、朝鮮半島で実際に米朝間の武力衝突が勃発しかねない緊迫した状況になった。

結局この危機は、一九九四年六月に訪朝した米国カーター元大統領に対し、金日成が核開発計画の「凍結」に合意し、同年一〇月には米朝の「枠組み合意」がなされたことで一応の決着を見た。この危機そのものへの対応に関しては、日本の対応は受け身に終始した。しかしながら日本は、この「枠組み合意」に盛り込まれた、北朝鮮における軽水炉プロジェクトの資金手当てや北朝鮮への供与等を担う機関である朝鮮半島エネルギー開発機構（ＫＥＤＯ）に、米国と韓国とともに参加した。ＫＥＤＯは、北朝鮮が独自に建設した既存の黒鉛減速炉の活動の凍結と解体を条件として、発電用の軽水炉二基を建設し提供することなどを目的としていた。そして日本は、軽水炉プロジェクト支援や資金協力の面で積極的な役割を果たしたのである。他方、この北朝鮮の核疑惑をめぐる危機は、朝鮮半島に有事が起こった際に対応するための日本の安全保障体制は手薄であることを、改めて日本の政策担当者らに認識させることとなった。

歴史認識問題と日本の総括

一九九〇年代は、それまでとは異なる次元で日本と近隣のアジア諸国との間の歴史認識問題が俎上に乗るようになった時代であった。一九八〇年代末から韓国において従軍慰安婦問題がクローズアップされるようになり、日本は政府としてその対応を迫られた。一九九二年一月に訪韓した宮澤首相は、慰安婦問題に関し、「朝鮮半島の方々が筆舌に尽くしがたい苦しみを舐められたことに衷心よりお詫びと反省を申し上げる」と語るとともに、慰安婦問題の調査を約した。これを受けて実際に日本政府による調査が開始され、一九九三年八月最終調査を元に、河野洋平官房長官が「談話」（河野談話）を発表した。河野談話には、長期かつ広範にわたって慰安所が設置され、数多くの慰安婦が存在したこと、慰安所は軍当局の要請により、その運営等も軍が行っていたこと、慰安婦の募集について、軍の要請を受けた業者がこれに当たったが、甘言、強圧等、総じて本人達の意思に反して集められていたことなどを認める内容であった。

しかしながら、その後日本の政府閣僚による、ナショナリズム的な「問題発言」が目立つようになった。例えば羽田孜《はたつとむ》政権の永野茂門《ながのしげと》法務大臣は、大東亜戦争は侵略を目的としたものではなく、日本の防衛のため、大東亜共栄圏を確立するという目的のために行ったことである、また南京大虐殺はでっち上げである、等の発言を行い、近隣諸国の反発を招き、事実上更迭された。また、村山富市政権の桜井新《さくらいしん》環境庁長官が、日本は侵略戦争をしようと思ったのではない、また戦争の結果アジアの国々は植民地支配から独立した等の発言を行い、やはり事実上更迭された。

このように、閣僚の「問題発言」が近隣諸国を刺激するなかで、村山政権は、戦後五〇年という節目の年である一九九五年に、日本として過去の植民地支配や第二次世界大戦中の侵略行為についての何らかの形での総括を行うことを目指した。与党三党内および野党からも決議の内容をめぐっての反発や対立が見られたなかで、一九九五年六月に「歴史を教訓に平和への決意を新たにする決議」が衆議院本会議で採択された。また同年八月には、「戦後五〇年についての内閣総理大臣談話」（村山談話）を発表した。村山談話は、「我が国は、遠くない過去の一時期、国策を謝り、戦争への道を歩んで国民を存亡の危機に落とし入れ、植民地支配と侵略によって、多くの国々、とりわけアジア諸国の人々に対して多大な損害と苦痛を与えました。私は未来に過ち無からしめんとするが故に、疑うべくもないこの歴史の事実を謙虚に受け止め、ここにあらためて痛切な反省の意を表し、心からのお詫びの気持ちを表明いたします。また、この歴史がもたらした内外すべての犠牲者に深い哀悼の念を捧げます」と述べ、過去の日本の行為を過ちとし、それへの反省と謝罪の意を明確にした文書であった。

村山談話は、中国、及び韓国からもおおむね肯定的な評価を得た。また、具体的にどのような形で補償を行うかが大きな懸案となっていた慰安婦問題については、一九九五年六月に、「女性のためのアジア平和国民基金」（アジア女性基金）の設立が発表された。この基金は、フィリピン、韓国、台湾、オランダ、インドネシアにおいて元慰安婦への補償や支援事業を行うことを目的としていた。この基金は、慰安婦問題の解決に向けた対応において一定の役割を果たしたが、韓国では、あくまで政府補償を求めるNGOの影響が強く、元慰安婦が受け取り拒否をするなど、補償は円滑に進まなかった。

その後も、日本国内において歴史認識問題への対応をめぐり対立が顕在化していった。政府が公的に村山談話を踏襲し、またその考え方を改めて強調する一方、一部の閣僚や政治家がそれとは異なる「問題発言」を行い、なんらかの処分を受ける、ということがその後も繰り返された。前述したように、中国、韓国内でもナショナリズムの高揚が見られるなか、歴史認識問題は北東アジア諸国の友好関係の重大な阻害要因となっていくのである。

3 広域地域主義の浮上と日本

地域安全保障枠組みの形成

冷戦終結によって超大国間の紛争の可能性は後退したものの、アジア太平洋においては地域紛争や民族・宗教対立の可能性を含めた地域情勢の不確実性と流動性への不安も増大していった。そうしたなかで、アジア太平洋地域主義が安全保障分野にまで拡大する動きが見られるようになった。一九九〇年にはオーストラリアおよびカナダから欧州安全保障協力会議（CSCE）のアジア版についてのアイディアが出されたが、この地域における地域安全保障対話の枠組み構築の動きが本格化するのは、ASEAN諸国から、ASEAN拡大外相会議を地域安全保障対話の枠組みとして活用する案が浮上した一九九一年頃からであった。

日本外務省内でも、ASEAN戦略問題研究所（ASEAN-ISIS）やアメリカとの意見交換が重ねられ、中山太郎外務大臣が、一九九一年九月のASEAN拡大外相会議で、同会議を「安心感を高めるための政治対話」の場として活用することを提案した。また、一九九二年一月のASEAN首脳会議の宣言の中で、ASEAN拡大外相会議を活用して政治・安全保障対話を強化することが明記された。さらに一九九二年七月のASEAN拡大外相会議において、柿澤弘治《かきざわこうじ》政務次官は、ASEAN拡大外相会議を活用する案に改めて言及した。しかし、このように日本が積極的な後押しをしたASEAN拡大外相会議を活用する案は、従来西側先進国とASEANとが一堂に会する場であった当会議に、ロシアと中国という異質の国を参加させることについての抵抗感を払拭できず、頓挫した。結局、アジア太平洋における安全保障・政治対話の枠組み設立は、ASEAN主導で、新たな枠組みであるASEAN地域フォーラム（ARF）第一回会合が一九九四年に開催されたことによって実現した。

翌一九九五年に開催された第二回ARFにおいて、⑴信頼醸成の促進、⑵予防外交の推進、⑶紛争解決といった三段階の漸進的なアプローチを採りつつ地域の安全保障環境を向上させるという中期目標が採択され、当面は信頼醸成に努めるとの合意がなされた。また、この第二回ARFでカンボジアが、第三回ARFではインドとパキスタン、第五回ARFではモンゴル、第七回会合には北朝鮮が加盟するなど、それなりの求心力も発揮された。さらに、インド、パキスタンの核実験、ミャンマーの国内情勢、南沙諸島問題や北朝鮮の核開発疑惑やミサイル発射問題を含む朝鮮半島情勢など、その時々で浮上した地域内の安全保障問題についての意見交換が行われる場としては機能した。しかしながら、そのような意見交換が、実際の紛争解決に繫がるような動きは見えず、その活動は足踏み状態となっている。

APECの展開への関与

冷戦終結過程が東欧で急速に進んでいた一九八九年一一月に、第一回APEC閣僚会議が開催された。APECは経済協力、とくに貿易・投資の自由化および円滑化、さらに経済開発協力を目的とした組織であった。このAPEC設立の過程において、日本通産省がオーストラリア政府とともに大きな役割を果たしたことはよく知られている。APEC設立は、一九八〇年代末に西側経済内でグローバル化が進展する一方で、NAFTA設立へ向けた動きやEC統合の強化の試みの顕在化といった地域主義の動きが活発化していたことがその背景にあった。冷戦終結後、グローバル化はさらに進み、その中での地域主義の活発化は以前にも増して顕在化した。その流れの中で、APECは地域における存在感を増していった。日本のAPEC政策の基本は、東アジアの発展は欧米との経済関係の維持が不可欠であるとの前提の上で、自由貿易体制およびGATTウルグアイラウンドへの指示を明確にしつつ、域内の貿易自由化を緩やかに進めていくのが望ましいというものであった。また、APECが標榜していた「開かれた地域主義」は、APEC域内での自由化がグローバルな自由貿易体制の強化に繋がるのであり、APECは経済ブロック形成を目指すものではないというスタンスを明確に示すための概念であり、これも日本の基本姿勢と一致していた。さらに、日本は、域内の開発協力にも力点を置いていた。

しかしながら、そうした日本の基本的姿勢とは異なる動きが一時期のAPECには見られた。一九九三年七月、クリントン米大統領が、「新太平洋共同体構想」を提案し、その中で貿易・投資の自由化促進のための枠組みとしてAPECを重視の姿勢を打ち出した。これは、後述する東アジア経済協議体（EAEC）構想への対抗であったとの見方がある。一九九三年のAPEC議長国であった米国の主導のもと、同年一一月に閣僚会議と併せて初のAPEC非公式首脳会議が開催された。そして翌年一九九四年一一月の第二回APEC非公式首脳会議において、二〇一〇年までに加盟国内の先進国、二〇二〇年までに発展途上国の貿易・投資の自由化を完了すると謳ったボゴール宣言が発出され実質的に貿易・投資の自由化を進めていく組織としての、APECに対する期待は増すことになった。

しかしながら、翌一九九五年の議長国であった日本は、その流れに結果的に水を差すことになった。大阪APECに至るまでの各国間の交渉において、自由化を進めるうえであくまで相互主義を主張する米国と、自由化に際して各国の裁量を認める「自主的協調的自由化」を支持する多くのアジア諸国の対立の中で、議長国日本は板挟みとなった。さらに日本の農林水産省から日本の農産物自由化についての強硬な反対から、日本自身が「センシティブな分野については例外分野とすることを認める」という「柔軟性原則」を提案し、農業を自由化の例外とする提案を行った。これは、議長国日本自身が、自由化に消極的であるとの印象を各国に与えた。そして、一一月に開催された大阪におけるAPEC閣僚会議で採択された大阪行動指針には、APECが自由化を進めていくうえでの原則として、「柔軟性原則」と「自主的協調的自由化」が盛り込まれた。また、指針で示された自由化・円滑化関連の共同行動の内容は、関税手続きの改善などの貿易円滑化のための項目に力点が置かれていた。すなわち、APECが何らかの拘束力を持ち自由化を迅速に進めていく、という路線はここで大きく後退し、APECは各国の裁量を尊重して漸進的に自由化を進めていく制度であるという路線へと舵を切ることになった。これは、APECが自由化を進めるうえでの実効性を薄めることになったが、「なるべく緩やかな形での協力を進めるべきである」という従来からの日本の基本姿勢が、大阪行動指針で原則化したとも捉えられよう。

東アジア地域主義への対応　APECやARFは、東アジアと米国とを包含する「アジア太平洋」における地域主義の具体化であるが、一九九〇年代初頭から、北東アジアと東南アジアを範囲とする「東アジア」地域主義の萌芽が見られた。米国の保護主義的姿勢やGATTウルグアイランドにおける対応に大きな不満を抱いていたマレーシアのマハティール首相は、一九九〇年一二月に東アジア経済ブロック（EAEB）構想を提唱した。この構想は、マレーシア政府が正式に提唱したときには、東アジア経済グループ（EAEG）構想と改称された。さらに一九九一年の第二三回ASEAN拡大閣僚会議で、インドネシアの提案により、東アジア経済協議体（EAEC）と改称された。この構想は、明示されなかったものの、当時のASEAN諸国と日本、中国、韓国がメンバーとして想定されていたとされる。

マハティールが、自らが提唱した新たな地域枠組みにおいて主導的役割を果たすべきであるとの期待をかけていた日本は、EAEC構想には消極的な姿勢を示した。その大きな理由として、米国が自身を排除し太平洋を分断する試みであるとして強くこの構想に反発したことが挙げられる。また、この時期まで日本の外交当局者の中で、植民地支配や侵略といった日本の過去の負の遺産を強く意識する傾向があった。さらに、一九五〇年代から六〇年代にかけての日本が主導した地域主義構想が頓挫した経緯から、外交エリートの多くがこのようなアジアのみのまとまりを形成すること、そしてその中で日本が主導的役割を果たすことについての躊躇が強かったのである。しかしながら、米国がその反対姿勢を明確にする以前の段階では、少なくとも一部の政策エリートの中には、マハティールの構想をそれなりに受け入れる雰囲気も存在したことも見逃せない。

その後、一九九四年七月のASEAN外相会議やASEAN拡大外相会議、前述の第一回ARF会合が開催された際に、ASEAN諸国は日中韓の外相を招いて会合を開き、その場で、日本は改めてこの構想についての消極的姿勢を表明し、中国や韓国も否定的な態度を示した。EAEC構想については、マレーシアの根回し不足もあり、ASEAN諸国においてすら、強い支持や賛意を得られなかった。結局EAEC構想は、ASEANにおける継続審議事項と位置づけられ、事実上棚上げされた。

しかしながら、東アジアという単位でまとまろうとする動きはその後も継続した。一九九四年一〇月にシンガポールのゴー・チョクトン大統領が、フランス訪問時にアジア欧州首脳会議の開催を提案した。ゴー大統領は、この提案を一九九五年一月にダボス会議で改めて提案した。同年五月に、EU-ASEAN高級事務レベル会合が開催され、アジア欧州会合（ASEM）の設立が正式に合意された。その後、アジア側メンバーとして想定されていたASEANと日本、中国、韓国の代表が数度にわたって準備会合を開催した。その過程で日本は、オーストラリアとニュージーランドも加えるべきだと主張したが、結局それは他国の同意を得られず、ASEM参加のアジア諸国は上記のメンバーに確定した。その後、一九九五年一一月にベトナムを除くASEAN六カ国と日中間の経済関係閣僚による非公式会議が、一九九六年二月にはタイのプーケットで日中間とASEAN七カ国の外相会議と経済閣僚会議が開催されるなど、いわゆる「東アジア」のメンバー間の会合が立て続けに開催された。そして一九九六年二月末、ASEM第一回会議の直前、ASEAN七カ国と日中韓の非公式首脳会議が開催された。これは、東アジアの首脳が一堂に会した史上初めての機会だった。EAEC自体は棚上げされても、このような「東アジア」の会合が開催されたことは、東アジアでまとまるということそのものについては、日本も含め、抵抗がそれほどなくなりつつあったことを物語っていた。

ＡＳＥＡＮの新たな方向性と日本の関与

このような広域地域主義の発達は、ＡＳＥＡＮが、一九九〇年代以降、広域地域制度の展開に積極的に関与することで自らをその中心に位置づけるという戦略を採り始めたことと深く関連していた。その経済発展により自信をつけ、ＡＳＥＡＮ諸国が自らの望ましい地域秩序を広域地域主義の活用をもって実現しようとしたのである。またＡＳＥＡＮは、一九九二年にＡＳＥＡＮ自由貿易地域（ＡＦＴＡ）設立に合意するなど、域内経済協力もこの時期本格化させた。ＡＳＥＡＮの発展にとって、域外の大国からの投資の呼び込みは不可欠であった。さらにＡＳＥＡＮが、冷戦時代にあっては加盟は現実的に想定できなかったインドシナ諸国をも包含するという見通しが立てられるようになった。実際に、一九九五年にはベトナム、一九九七年にはラオスとミャンマー、一九九九年にはカンボジアが加盟を果たし、ＡＳＥＡＮ10が実現した。

日本は、前述のＡＲＦ設立のプロセスに見られるように、ＡＳＥＡＮを中心とする広域地域枠組み形成に積極的に関わるとともに、この時期、日ＡＳＥＡＮ協力をより本格化させた。一九九二年には第一回日ＡＳＥＡＮ経済閣僚大臣（ＡＥＭ-ＭＩＴＩ）会合が開催され、その後定期的に開催されるようになった。従来、ＡＳＥＡＮ諸国間および日本など域外の対話国との経済問題の協議は、関税交渉等の貿易問題に焦点が当てられていた。しかしながら、一九九四年九月ＡＳＥＡＮ第三回ＡＥＭ-ＭＩＴＩ会合では、「ＡＳＥＡＮ産業高度化ビジョン」が日本から提唱され、裾野産業育成に力点を置く指摘したビジョンを提示するなど、日ＡＳＥＡＮ経済協力は、産業協力へとその範囲が広げられる動きを見せた。後に述べる通貨危機後の一九九八年一一月に設立された日・ＡＳＥＡＮ経済産業協力委員会（ＡＭＥＩＣＣ）においても産業協力を重視した議論が進められた。

もう一つ、日ＡＳＥＡＮ協力で力点を置かれるようになったのは、ＡＳＥＡＮ拡大に伴う、ＡＳＥＡＮ先発国と後発国との格差（ＡＳＥＡＮディバイド）緩和への協力である。一九九四年九月の第三回ＡＥＭ-ＭＥＴＩ会合において、後にカンボジア・ラオス・ミャンマーワーキンググループ（ＣＬＭ-ＷＧ）と称される会合の提唱が行われ、一九九五年三月にタイのスパチャイ副首相を議長に、畠山襄《はたけやまのぼる》JETRO理事長を副議長として第一回会合が開催された。ベトナムやCLM諸国のASEAN加盟に当たり、それらの国々の円滑な制度移行のための支援、民間投資の促進のためのルール作りやASEAN10実現のための共通課題、市場経済化推進のための人材育成協力等を議論することになった。

日ASEAN協力は、後に述べる一九九七年からの日ASEAN首脳会議の定例化やASEAN＋3の実現で新たな段階を迎えることとなった。また「ASEANディバイド」緩和への協力およびその重要性は、後に触れる日ASEAN首脳会議やASEAN＋3の場で何度も確認され、日本などから様々な支援策が打ち出されるようになった。

4　緊張の中での新たな役割模索

新たな安全保障政策の模索

前述したように湾岸戦争は、日本の国際安全保障協力に対する姿勢に大きな影響を与えたが、日本が日米安保条約の「再定義」をもって、地域の安定と平和に大きな役割を果たしていくというスタンスを打ち出すまでには、紆余曲折があった。一九七〇年代から日米間には貿易摩擦問題が多発していた。ブッシュ（父）政権も対日貿易赤字の解消という観点から日本に対して貿易問題では厳しく臨んだ。一九九三年に発足したクリントン政権は、米国の対日貿易赤字が縮減されないのは、そもそも日本の経済構造自体が閉鎖的であるためであり、よって経済構造そのものの改革について協議するべきだとさらに日本に強く迫った。そうして日米構造協議（SII）が始まったが、日米双方が激しい応酬を繰り広げられる中で、日米同盟の存在意義について疑義を唱える声すら上がった。冷戦が終結し、少なくとも経済大国として力を蓄え、米国の利益を損なう日本との同盟関係をなぜ続けなければならないのか、という議論が米国内で噴出したのである。

日本国内でも、新たな安全保障政策を模索する動きが見られた。それが明確に現れたのは、一九九四年二月、細川政権のもとに発足した有識者からなる防衛問題懇談会が、同年八月、村山内閣に提出した報告書である。この報告書は、アジア太平洋において、冷戦終結によって超大国間の対立がもたらしてきた「全面核戦争」の恐怖は消滅したものの、不透明で不確実な状況の下で、分散的で特定しがたい様々な性質の危険が存在するという安全保障環境の質的変化に対応するために、日本として新たな安全保障政策を構築しなければならないという問題意識が基本となっていた。そして、具体的な方策として、国連やARFを活用した多角的安全保障協力の推進、日米安全保障協力関係の機能充実、そして信頼性の高い効率的な防衛力の維持および運用が挙げられた。同報告書は、日米安保体制を維持しつつ、冷戦後の状況に対応すべく多角的安全保障協力という新たな要素を付け加えるとともに、日本自身の防衛力の強化を謳ったのである。

この報告書が、日米安保よりも多角的安全保障協力を先に言及していたこと、またこの懇談会が非自民党政権によって開始され、かつ従来自衛隊違憲論および反安保を唱えてきた社会党から首相を出している政権に報告書が提出されたことなどから、米国政府内の安全保障問題の専門家の一部に、日本が米国離れへと向かっているのではとの懸念を引き起こした。実際には報告書では、あくまでも日米安保体制の維持が前提であることが強調されていた。にもかかわらずこのような懸念が引き起こされる中で、日米両国政府から、改めて冷戦後における日米安保体制の存在意義の明確化が求められるようになったのである。

内外に対する危機意識の高まり

日本人の安全保障への認識は、前述した湾岸戦争とその後のPKO法の成立、それに基づくUNTACへの自衛隊や文民警察の派遣を経て、大きく変化していた。すなわち、一国平和主義を超え、世界の現状および日本を取り巻く地域環境に日本が安全保障分野で一定の役割を果たすことについて議論することに対する感情的な抵抗が軽減されていた。それに加え、一九九四年六月に村山社会党委員長を首相とする自民・社会・さきがけ連立政権が誕生した後、社会党は、それまでの自衛隊違憲論を捨て、自衛隊を合憲であるとする立場を明らかにし、日米安全保障体制を堅持すると宣言した。この社会党の方針の大転換により、五五年体制下における日本外交をめぐる対立軸が解消した。さらに、一九九五年一月の阪神・淡路大震災、同年三月の地下鉄サリン事件は、日本は安全であるという、戦後日本社会に深く根付いていた「安全神話」を大きく揺るがし、安全神話の帰結ともいうべき危機管理体制の著しい欠如についての批判が高まった。

さらに、一九九五年七月には、中国が台湾海峡においてミサイル実験を決行した。中国のミサイル実験は、台湾の民主化やそれに伴う「台湾の台湾化」を牽制する、とくに一九九六年三月に予定されていた初の総統の直接選挙において、台湾独立を謳う民進党から総統が選出されることを阻止するという目的があったとされる。蔣経国が開始した台湾の「上からの民主化」路線は、李登輝政権に受け継がれたが、李登輝は共産党との「内戦」を前提とした独裁体制の法的基盤を消滅させ、元首である総統の初の直接選挙が実施されることが決定するなど、民主化をさらに加速させた。そして民主化が進んだ台湾においては「台湾の台湾化」を求める動きが高まっていった。また李登輝は、台湾の国際的地位を高めるために、その経済力を背景とした積極的な対外政策を展開した。これらのことは、中国政府が強く主張してきた「一つの中国」原則から台湾が逸脱し、独立へと向かうのではないかという懸念を中国の指導部に抱かせ、ミサイル実験へと向かわせたのである。

さらに中国は、一九九五年八月に核実験を行った。日本の世論は台湾問題と絡んだミサイル実験と並び、核実験に対しても強く反発した。また日本政府も、この核実験の後、人道的なものを除いて中国に対する無償援助を凍結するという措置をとった。しかしながら中国はその後も、一九九五年一二月、台湾立法院選挙時に合わせて海軍演習を行い、翌一九九六年三月の総統選挙の際には海軍演習とミサイル実験の両方行った。さらに一九九六年に六月及び七月には核実験も行うなど、その軍事的な示威行動が続いた。ミサイル実験や軍事演習、核実験といったこれら一連の中国の軍事的示威行動は、さらに日本人の危機意識をあおったのである。

アジア太平洋の中の日米安保体制へ

このように日本において国内外における安全の確保についての不安が高まる中、新たな日米安保体制のあり方についての日米間の調整は進んだ。一九九五年二月、知日派の一人であるジョセフ・ナイ国防総省次官補を中心とし、日本専門家が作成したペーパーが、東アジア・太平洋地域における米国安全保障報告（ＥＡＳＲ）として公表された。この報告は、全体としては米国のこの地域へのコミットメントの継続と強化を謳ったものであったが、日本との関係を最も重要な二国間関係であり、日米安保は米国にとってアジア安全保障政策の要（linchpin）であるとした上で、戦略パートナーシップの分野における日米の緊密な協力が地域全体の平和と安定を促すものであるとしていた。

その後、日米当局者は一九九五年の一一月の大阪APECに出席するために予定されていたクリントン訪日に合わせて安全保障宣言を発出する準備を行った。併行して、日本国内では一九七六年に閣議決定された「防衛計画の大綱」の見直しが進められた。結局、クリントンは国内事情により一九九五年には来日しなかったが、新たな「防衛計画の大綱」が九五年一一月末に発表された。この大綱の中で日米安保は、日本の防衛のみならず、「我が国周辺地域における平和と安定を確保し、より安定した安全保障環境を構築するために、引き続き重要な役割」を果たすとされていた。

このように、日米安保は地域の平和と安定を支える体制として位置づけられていったが、この流れを揺るがしたのが、一九九五年九月に起こった沖縄における米海兵隊隊員による少女暴行事件であった。この事件により、沖縄が他の日本の府県と比べて過大な基地負担を追わされているという沖縄県民の不公平感が爆発した。またこの事件は、沖縄のみならず日本全体において、米軍基地や日米安保そのものの存在意義にまで疑問視する声を高めた。しかしながら、阪神・淡路大震災や地下鉄サリン事件という「内憂」と中国のミサイル実験や核実験、さらに北朝鮮の核疑惑といった「外患」により、日本国内において強まっていた危機意識の高まりは、日米安保体制の存続とその「再定義」へと事態を収束させる方向に作用した。前述したように、一九九五年末から九六年初頭にかけて、中国の軍事的示威行動が繰り返されたことも、日米安保の再定義の流れを確定させることとなった。

一九九六年一月、自民党首班の橋本龍太郎政権が発足した。そして一九九六年四月、クリントン大統領が訪日した際、両国の首脳は「日米安全保障共同宣言」を発出した。この宣言において、日米はともにアジア太平洋地域の安定と繁栄のためにパートナーシップを維持していくことが強調され、日米安全保障条約を「基盤とする両国間の安全保障面の関係が、共通の安全保障上の目標を達成するとともに、二一世紀に向けてアジア太平洋地域において安定的で繁栄した情勢を維持するための基礎であり続けること」、そして日米が「アジア太平洋地域の安全保障情勢をより平和的で安定的なものとするため、共同でも個別にも努力すること」が確認された。また、米国が「引き続き軍事的プレゼンスを維持することは、アジア太平洋地域の平和と安定の維持のためにも不可欠であること」という認識のもとで、米国が「日本の防衛及びアジア太平洋地域の平和と安定に対する米国のコミットメント」を継続するスタンスも明確に示された。

一九九七年九月、新たに「日米防衛協力のための指針（ガイドライン）」（新ガイドライン）が公表された。新ガイドラインは、「日本周辺地域における事態で日本の平和と安全に重要な影響を与える場合」、すなわち「周辺事態における協力」の部分が大きく拡充された内容となっていた。一九七八年に合意された「日米防衛協力のための指針（ガイドライン）」（旧ガイドライン）は、主に日本が侵略を受けた場合の日米の協力に多くの内容が割かれ、「日本以外の極東における事態で日本の安全に重要な影響を与える場合の日米間の協力」（旧ガイドラインの記載）については基本的に日米間で随時協議する、とされ、細部が規定されていなかったのに比べると大きな変化であった。新防衛大綱、日米安全保障共同宣言、そして新ガイドラインの制定といういわゆる日米安保の「再定義」によって、日米安保体制がアジア太平洋の平和と安定を支える要としての役割を果たすことが強調され、その中で日本が果たすべき役割が明確化されたのである。

このような日米安保の「再定義」について、強い警戒を表明したのが中国である。日米安全保障共同宣言が発出された直後も、中国側から、あくまでも日米安保は二国間の防衛条約であって、二国間の範囲を超えた活動は地域情勢を複雑化するという懸念、また日本の自衛隊の活動範囲の拡大についての警戒感が示された。一九九六年七月の橋本首相の靖国参拝などが日中関係を冷え込ませるなか、新ガイドライン策定作業が進められると、中国から、「周辺事態」に台湾海峡を含めることについての強い警戒が表明された。それに対し、日本は「周辺事態は地理的概念ではない」と回答した。結局一九九七年九月の橋本首相の訪中によって、事態は一応沈静化されたものの、日米安保体制の再強化に乗る形で、地域において日本が役割を拡大すること自体が、中国を刺激するという構図は残ったのである。

北朝鮮への脅威認識の増大

日米安保「再定義」の前後から、中国と並び、日本にとって脅威認識が増大していったのが北朝鮮である。前述の一九九五年三月に設立されたKEDOは、その後の実施細目についての交渉を経て、一九九七年八月には運用が開始された。しかしながら、枠組み合意とKEDOを持ってしても、北朝鮮情勢は安定しなかった。大洪水に見舞われた北朝鮮からの要請により、日本政府は一九九五年六月に三〇万トンの食糧支援、同年一〇月には二〇万トンの追加支援を約束するなど、人道支援を行ったが、日朝国交回復交渉の進展等、本質的な両国の関係改善には繋がらなかった。さらに、北朝鮮による日本人の拉致問題についての疑惑が高まる中で、一九九七年二月、拉致被害者の一人とされる横田めぐみさんに関する質疑が国会でなされるに及び、拉致問題は日朝間の最大の懸案と位置づけられるようになっていった。

また、一九九八年夏には、核兵器開発のための施設ではないかとされる巨大な地下施設が米衛星によって金昌里《クムチャンリ》で発見され、北朝鮮の「枠組み合意」の重要な違反行為への疑惑が高まる中、八月末にテポドン1型ミサイルが発射され、日本上空を横切り、青森県三沢市沖の日本領海内に着弾した。このことは、北朝鮮が日本全土を射程に収めるミサイル発射能力を開発していることを示した。日本政府の受けた衝撃は大きく、KEDO促進に向けた取組みへの協力を一時期中断したのみならず、日本として独自の情報収集衛星を開発する決定を行い、北朝鮮への脅威に備えることとなった。

その後、核兵器開発疑惑をめぐる日朝のみならず米朝の緊張の高まりを経て、一九九九年五月に北朝鮮が巨大施設の査察に応じ、それが巨大な空洞であったことの確認がなされた。さらに米朝間で行われた交渉の際、北朝鮮は米国との交渉が継続する間はミサイルの発射を行わない、という姿勢を示したことで、事態は一応の収束に向かった。そのような緊張緩和を受けて、韓国の金大中政権は、北朝鮮に対する宥和政策によって南北間の緊張緩和と関係改善を図る「太陽政策」を推進し、二〇〇〇年六月には南北首脳会談が開催され、両国は国の統一へ向けて歩みを進めること等で合意をした。このように一九九〇年代末、一見朝鮮半島の情勢は緊張が軽減されたように見えたものの北朝鮮の核開発疑惑、日朝および米朝国交正常化、北朝鮮の特殊な国内体制や非人道的な実態等、北朝鮮にまつわる本質的な問題点はほとんど解消されず、二〇〇〇年代に突入することになった。

ユーラシア外交と橋本イニシアティブ

日米安保の再強化に区切りをつけるのと併行し、橋本政権は、官邸主導で「ユーラシア外交」を標榜し、対ロシア関係の緊密化および中央アジア諸国との関係強化による新たな外交的地平の開拓を試みた。一九九六年は、日ソ共同宣言の四〇周年記念の年だったこともあり、政治的接触が盛んに行われた。すなわち三月には池《いけ》田《だ》行彦《ゆきひこ》外務大臣が訪ロし第六回日ロ外相間定期協議が開催され、四月には訪ロした橋本首相とエリツィン大統領との会談、その後六月のリヨン・サミットや七月のＡＲＦ、九月の国連総会を利用しての日ロ外相会議、さらに一一月にもプリマコフ外相が訪日し、第七回日ロ外相間定期協議が開催されるなど、日中間の首脳・閣僚級の交流が頻繁に行われた。

そのような対ロシア関係の緊密化を背景に、橋本首相は、一九九七年七月の経済同友会会員懇親会における演説において「ユーラシア外交」を明確な形で示したのである。この演説で示された「ユーラシア外交」とは、日ロ関係の緊密化を中心軸として、日中関係および中央アジア・コーカサス諸国からなるシルクロード地域との関係も強化していくということであった。演説は、日米同盟体制の強化に努めてきたことに言及した後、ポスト冷戦期の新たな動きの一つとして、当時の欧州で進められたＮＡＴＯの拡大について触れた後、日ロ関係を、北方領土問題の解決も含め、「信頼」「相互利益」「長期的な視点」の三つの原則により改善していくこととともに、ロシアが資源大国であることに鑑み、日ロ間で、石油や天然ガスの開発、パイプライン建設などシベリアおよび極東のエネルギー開発を行っていくことについても強調されていた。日中が協力して対処すべき課題として環境問題とエネルギー分野での協力が挙げられた。さらにシルクロード地域との関係強化についても、政治対話や核不拡散、民主化、安定化による平和のための協力とともに、「繁栄のための協力分野」として運輸・通信・エネルギー供給システム構築のための協力推進や、エネルギー資源開発への日本からの協力について言及されていた。

「ユーラシア外交」とは、ＥＵやＮＡＴＯの拡大など欧州における力学の変化も視野に入れつつ、そこで孤立しているロシアをアジアのプレイヤーとして引き込み、そのロシアと連携を緊密化することで、中国の台頭等に対抗しつつ、日本のアジア地域における発言力の強化をねらうという、日米同盟体制の強化とは異なるやり方で日本の地域での立場を強化しようとする戦略であったと解釈しえよう。さらに、より具体的な利益として、ロシアやシルクロード地域における石油や天然ガスをはじめとするエネルギー資源に着目し、そこへのアクセスを確保することで、日本のエネルギー安全保障の強化を図るねらいもあった。

一九九七年一一月にはクラスノヤルスクにおいて橋本・エリツィンによる日ロ首脳会談が開催され、二〇〇〇年までに平和条約を締結するよう全力を尽くすことで合意された。また、(1)投資協力イニシアティブ、(2)ロシアの国際経済体制への統合の促進、(3)改革支援の拡充、(4)企業経営者養成計画、(5)エネルギー対話の強化、(6)原子力の平和利用のための協力を内容とする「橋本・エリツィン・プラン」が合意された。また日本はロシアのAPEC加盟の支持を表明した。また、シルクロード地域との関係においては、一九九七年七月に小渕恵三衆議院議員を団長とするミッションを派遣したほか九月には麻生太郎経済企画庁長官が諸国を訪問した。さらに一二月に、中央アジア五カ国と域外諸国との有識者を招いて、東京で中央アジア総合戦略セミナーを開催するなど、実質的な関係強化への準備を進めていった。

しかしながら、一九九八年七月の橋本政権の退陣は、「ユーラシア外交」を頓挫させることになった。橋本政権の後を襲った小渕政権が成立した後も、ロシアとの関係強化の努力は続けられた。しかしながら、ユーラシアを「面」として捉え、中国とのパワーバランスも加味し、中央アジア諸国も視野に入れつつロシアとの関係を強化していくという戦略的思考は大幅に後退したのである。

5 東アジアの関係緊密化へ向けて

アジア通貨危機を受けてのアジア支援

一九九七年七月、タイの通貨バーツの暴落をきっかけにアジア通貨危機が勃発した。この危機は、一九九三年の世界銀行報告書『東アジアの奇跡』において肯定的に評価されていたそれまでの東アジア経済へ大きな打撃を与えた。それとともにこの危機は、その経済のあり方を各国が大きく変革する契機となった。タイは七月末に国際通貨基金（ＩＭＦ）に支援要請を行い、インドネシアも一〇月にＩＭＦへの支援を求め、さらに韓国が一一月にＩＭＦ支援を要請した。マレーシアもリンギットの暴落によって、経済的に大きなダメージを負った。危機の影響を受けた一九九八年の実質ＧＤＰ成長率は、韓国はマイナス六・七％、インドネシア、マレーシア、タイ、フィリピン（ＡＳＥＡＮ４）の平均はマイナス九・六％と大幅に落ち込んだ。日本が受けた経済的打撃も小さくはなく、九八年の実質ＧＤＰ成長率はマイナス一・一％を記録した。他方、中国の実質ＧＤＰ成長率は七・八％と、前年よりも低下したとはいえ、堅調を維持した。

橋本政権は打撃を受けたアジア諸国に対して積極的な支援を行った。一九九七年八月にＩＭＦが主催したタイ支援国会合において、日本は支援策のとりまとめに積極的に動き、総額一七二億ドルの支援パッケージにおける日本の拠出額はＩＭＦと並ぶ四〇億ドルにのぼった。また、日本はインドネシア支援にも五〇億ドルの拠出を行った。さらに、韓国に対する総額五一〇億ドルのＩＭＦ支援パッケージにおいても、日本は一〇〇億ドルの拠出を行った。これは国家単独としては最大の拠出額であった。

また、日本は中国、香港、韓国、オーストラリア、インドネシア、マレーシア、シンガポール、タイ、フィリピンのアジア一〇カ国・地域を中心とし、将来の危機に対応するための一〇〇〇億ドル規模の新たな多国間支援基金を設立するという構想を打ち出した。「アジア通貨基金（ＡＭＦ）」構想とされるこのアイディアは、メンバーとして加えられていなかった米国の反発により、頓挫した。米国は反対理由として、支援枠組みとしてはＩＭＦがあり、役割が重複してしまうことや、経済危機を引き起こした原因はいわゆるアジア諸国の多くで見られた、政府内の指導者高官縁故関係者や仲間で国家経済の運営を行い、彼らが権益や富を独占するという、いわゆるクローニー・キャピタリズムにあり、そのようなアジア諸国による支援はモラル・ハザードを引き起こしかねないこと等を挙げていた。このような米国の対応について、日本によるアジアの勢力圏形成の動きの表れであるが故に反対したという説もある。さらに、中国もこの構想に賛意を示さなかった。米国の反対と中国の消極的対応により、AMF構想は頓挫した。

しかしながらその後、IMFによる支援がなされながらも、少なくとも短期的には各国はかえってさらなる経済的苦境と、政治的混乱へと陥っていくに及び、IMF支援の正当性についての疑念が強まった。とくにインドネシアでスハルト体制が崩壊するに至ったことのインパクトは大きかった。さらにIMFから巨額の融資を受けていたロシアが一九九八年八月に突然ルーブルの大幅な切り下げや対外民間役務の九〇日のモラトリアムの実施などを発表し、経済的メルトダウンに陥ったことも、その疑念に拍車をかけた。そうした中、一九九八年七月に誕生した小渕政権は、アジア支援策をさらに強化した。その現れが、一九九八年一〇月に発表された、総額三〇〇億ドル規模の支援資金スキームである「新宮澤構想」である。新宮澤構想は、具体的にはタイ、インドネシア、マレーシア、フィリピン、韓国を対象とした危機からの回復のための資金提供を目的としていた。多国間の枠組みが米国の抵抗に遭ったことに鑑み、新宮澤構想は二国間支援の形を取って行われた。

また一九九八年一二月には、後述するASEAN+3の第二回首脳会議が開催されたが、小渕首相は、改めてアジア諸国への支援の姿勢を示した上で、新宮澤構想の早期具体化をはじめ、三年間で六〇〇〇億円の新しい特別円借款、一万人の現地研修の実施等の人材育成支援策を表明した。さらにその直後開催された日ASEAN首脳会議においては、⑴二一世紀に向けての対話と協力の促進、⑵アジアの経済危機克服のための協力、⑶人間の安全保障のための協力、⑷知的対話と文化交流の促進、の四つの柱からなる「小渕ASEANイニシアティブ」を提案した。さらに一九九九年には、「新宮澤構想第二ステージ」として、長期的な経済回復を目的とした支援策も提案された。

これらのような日本からの積極的な支援策は、すでに危機前から日本の財務省国際局において議論されていた、貿易や国境を越えた資本取引、各国の外貨準備などに円がより多く使われる状況にしようという、いわゆる円の国際化の推進を模索する動きと連動していた。ただ、このように日本から積極的な支援がなされる一方、アジア通貨危機は、もともと景気低迷と不良債権問題によって苦しい状況にあった日本経済をもさらに追い込み、山一證券の破綻などを招くに至っていたことには留意すべきだろう。

ASEAN＋3の展開

ＡＳＥＡＮ＋３とは、一九九七年一二月に第一回首脳会合が開催されてからの、ＡＳＥＡＮ＋３の枠組みによる首脳級、閣僚級、事務レベル級の諸会議、またそこで合意された様々な合意の総体を指す。そもそも、第一回ＡＳＥＡＮ＋３が開かれたのは、日本の橋本首相が一九九七年一月のアジア歴訪時に、それまで不定期に開かれていた、日ＡＳＥＡＮ首脳会議の定例化を提案したことを直接の契機としていた。一九九七年はＡＳＥＡＮ三〇周年にあたり、かつＥＡＥＣを提唱したマレーシアが議長国であった。マレーシアは本件をＡＳＥＡＮ各国と協議したうえで、一九九七年一二月に開催予定であったＡＳＥＡＮ首脳会議に合わせ、日ＡＳＥＡＮ首脳会議とともに、日中韓とＡＳＥＡＮの首脳会議も開催することを逆提案した。ＡＳＥＡＮは、日本のみと突出して関係強化をするのではなく、中国や韓国との関係強化も重視していたのである。よってＡＳＥＡＮ＋３のみならず中国ＡＳＥＡＮ首脳会議、韓国ＡＳＥＡＮ首脳会議も併せて開催することになった。

これらのことが決定されたのは、アジア通貨危機の前であったが、第一回ＡＳＥＡＮ＋３首脳会議が開催された際、この会議の場は、打撃を受けた東アジア諸国が協力してこの危機を乗り越えていくという意思確認の場として機能した。それでも、まだこの時点ではこの会議の定例化は決定されていなかったが、一九九八年一二月に第二回ＡＳＥＡＮ＋３首脳会議が開催された際、より東アジア協力を強化すべきという観点から定例化が決定された。また、この首脳会議の際に、韓国の金大中大統領が、東アジアの将来ビジョンについて検討する目的で、ＡＳＥＡＮおよび日中韓から民間の識者による東アジアビジョングループ（ＥＡＶＧ）を提唱し、承認された。ＥＡＶＧは、二〇〇一年に提出した報告書の中で、東アジア共同体の構築の必要性とそのための様々な協力を提唱した。東アジア共同体構築は、二〇〇〇年代に入り、この地域の重要課題の一つとして位置付けられるようになる。また、一九九九年一一月のマニラにおける第三回ASEAN＋3では、「東アジア協力のための共同声明」が発出され、通貨・金融、その他経済、政治・安全保障、文化・社会の分野で協力が進められていくべきことが盛り込まれた。またこの会議において、小渕首相は、アジア各国との総合的な交流策「人的ネットワーク構築のための東アジア人材交流プラン（小渕プログラム）」を提唱した。

他方、東アジアにおける恒久的かつ多角的な通貨金融協力枠組みの構築についての協議が、水面下で一九九九年を通じて進められた。そして、二〇〇〇年五月の第二回ASEAN＋3財務大臣会合において、既存のASEANスワップ取り決めと、ASEAN各国と日本、韓国、中国との二国間スワップおよびレポ取り決めのネットワークである、「チェンマイ・イニシアティブ」の設立が合意されたのである。チェンマイ・イニシアティブは前述の新宮澤構想を下敷きとしたものであり、二国間のバイの通貨スワップ（危機時における外貨支援）と、そして少なくとも当初は日本の経済力および金融面での技術的な知見に多くを負った枠組みであった。

韓国・中国との関係改善と日中韓三国間協力

アジア通貨危機で打撃を受けたアジア諸国への支援強化と併行し、小渕政権は、日韓関係および日中関係の改善にも乗り出した。歴史認識問題や竹島問題、日韓漁業協定交渉をめぐる対立など、日本との緊張関係を常に抱えていた金泳三政権の後を襲い、一九九八年二月に成立した金大中政権は、日韓関係が金泳三政権時代不安定化していたのを受け、スタート当初から、対日関係の改善に積極的な姿勢を示した。小渕政権もそれに応える形で、同年九月、懸案であった新たな漁業協定に締結を政治決断した。そして、同年一〇月、金大中大統領が訪日した際、金大統領と小渕首相との間で開催された日韓首脳会談の結果を受けて、日韓共同宣言を発表した。

この共同声明は、小渕首相から「我が国が過去の一時期韓国国民に対し植民地支配により多大の損害と苦痛を与えたという歴史的事実を謙虚に受けとめ、これに対し、痛切な反省と心からのお詫びを述べた」こと、それに対し、金大中大統領が「かかる小渕総理大臣の歴史認識の表明を真摯に受けとめ、これを評価すると同時に、両国が過去の不幸な歴史を乗り越えて和解と善隣友好協力に基づいた未来志向的な関係を発展させるためにお互いに努力することが時代の要請である旨表明した」、すなわち日本が植民地支配の過去について謝罪の意を示し、韓国側がそれを受け止める形で、両国の過去の歴史問題について決着をつけ、その上で「二一世紀に向けた新たな日韓パートナーシップを構築する」旨を謳っていた。このように新たなパートナーシップを謳うことを可能にしたのは、日本が文書で「お詫び」を明記すれば、韓国は二度と歴史問題を政治的に持ち出さないという合意が、事前に両国で成立していたからであった。また、この共同宣言では、金大統領が日本の韓国へのそれまでの金融、投資、技術移転等の経済支援を高く評価する姿勢も明記されていた。

他方、金大中大統領の来日の一カ月後である同年一一月に、江沢民国家主席が来日した。これは、中国国家主席の初の来日であった。しかしながらその前に日中の首脳間で採択する共同文書の内容をめぐって、とくに「歴史」およびそれに対する両国の立場をどのように盛り込むかで交渉は難航した。中国側は、日韓共同宣言に盛り込まれたような日本からの明確な謝罪を明記することを求めたのに対し、日本としては、すでに一九七二年の日中共同宣言や、一九九三年の天皇訪中時の「お言葉」でも、日本の反省や謝罪はなされており、重ねてそれを行うことについての抵抗があった。さらに中国は、韓国のように、日本がこの場で謝罪を文書化すれば、そのことを政治的に二度と持ち出さないという確約をしなかった。

日中首脳会談の後、「平和と発展のための友好協力パートナーシップの構築に関する日本と中国による共同宣言」が発表された。この文書は、「過去を直視し歴史を正しく認識することが、日中関係を発展させる重要な基礎である」という前提のもと、「日本側は、一九七二年の日中共同声明および一九九五年八月一五日の内閣総理大臣談話（村山談話）を遵守し、過去の一時期の中国への侵略によって中国国民に多大な災難と損害を与えた責任を痛感し、これに対し深い反省を表明し」、「中国側は、日本側が歴史の教訓に学び、平和発展の道を堅持することを希望する」という文言で、両者の歴史認識についての一応のすりあわせをした文章が盛り込まれていた。またこの文書は、両国の協力関係を進めることは、「両国国民の世々代々にわたる友好に資するのみならず、アジア太平洋地域及び世界の平和と発展に対しても必ずや重要な貢献」となるという、両国の関係強化への前向きの姿勢を提示していた。また、会談の際には、小渕首相は、村山談話にほぼ従う内容で、口頭でのお詫びを行った。しかしながら、結局この共同文書そのものには両国は署名をしなかったことは、様々な憶測を呼んだ。さらに、江沢民国家主席は日本滞在中に各地で歴史問題について繰り返しに言及し、一部の日本人の反発を買うことになった。

小渕首相は、韓国および中国との二国間関係の強化のみならず、日中韓三国の対話と協力の実現を目指した。一九九八年一二月の第二回ASEAN＋3首脳会議が開催された際、小渕首相は中国と韓国に対して、三国の首脳会議を打診した。このときには、おそらく、前月の日中首脳会議で沈静化しきれなかった日中関係の緊張が影響し、中国が消極的な姿勢を示し、会議は実現しなかった。しかしながら一九九九年七月の小渕首相の訪中を経て、同年一二月の第三回ASEAN＋3首脳会議の際に再度打診をした結果、中国側も韓国側もその申し入れを受け入れ、日中韓首脳会談が朝食会の形で実現した。当時改善に向かっていた日韓関係に加えて、このころから中国が近隣諸国と、多国間制度をも用いる形での関係強化に意欲的な姿勢を見せつつあったことがその背景にあった。その後しばらく、日中韓会議はASEAN＋3で会う機会を借りて開かれたが、二〇〇〇年代半ばより、独自の存在感を示していくことになる。

アジア経済再生ミッションと第三の開国

小渕政権は、アジア近隣の関係再構築を実質的に進めるだけでなく、日本が今後どのような方向を目指すべきか、ということも踏まえ、日本がアジアにどのように貢献していくべきかについての検討も行った。小渕首相は、(1)通貨危機発生後二年を経て回復の兆しが見えるアジア各国の抱える課題やニーズを調査すること、(2)新宮澤構想をはじめとする総額約八〇〇億ドルに上る日本の支援策の検証を行うこと、(3)通貨危機の教訓を踏まえ、二一世紀のアジアの繁栄のためにアジアが取り組むべき課題および日本の役割を見極めること、を目的とし、日本経済連合会会長の奥田《おくだ》碩《ひろし》会長を団長とする合計八名の有識者からなる「アジア経済再生ミッション」を組織した。ミッションは、一九九九年八月から九月にかけて、韓国、ベトナム、タイ、マレーシア、インドネシア、フィリピンをめぐり、各国の政財界のリーダー達のインタビュー等情報収集を行い、その分析結果を「アジア経済再生ミッション報告書」として取りまとめ、首相に提出した。その報告書は、アジアは運命を共有し、日本がそこに深く組み込まれていること、そして二一世紀に求められているのは、一方的な支援や投資ではなく、アジア各国が相互にパートナーとして共存する関係であること、そしてまずなにより、モノ・カネ・ヒト・情報という様々なレベルで、日本を開いて「日本を開く」、すなわち「第三の開国」なくしてアジアと日本の繁栄、またアジア諸国と日本との新のパートナーシップはあり得ない、という点を強調していた。そして貿易や投資のみならず、労働市場の開放、また留学生の受け入れを含む若者の交流増大などのヒトの交流を柱とする深みと拡がりのある関係を構築すべきことが強調されていたのである。ポイントは、「アジアで変革の強い意思が出てきているのに応じ、日本自身がどのように変わるのか」ということであった。

また、小渕首相は、一九九九年三月末に、河合《かわい》隼雄《はやお》国際日本文化研究センター所長を座長とする「二一世紀日本の構想」懇談会を発足させた。この懇談会の最終報告書「日本のフロンティアは日本の中にある」は二〇〇〇年一月に提出された。そしてその中では、「開かれた国益」を求めるべきこと、そしてアジア近隣諸国との「隣交」を促進することを強調していた。さらに、アジア再生ミッション報告書と重なる部分として、「外国人が日本に住み、働いてみたいと思うような『移民政策』を作り、「日本で学び、研究している留学生に対しては、日本の高校・大学・大学院を修了した時点で、自動的に永住権が取得できる優遇策を与える」等、ヒトの交流に重点を置いた策を提案していた。

アジアの近隣諸国との友好関係を促進しつつ、アジアに対して日本が開かれる形で日本自身が変わるべきことが両報告書に共通するメッセージであった。そしてこの報告書が提出された小渕政権は、近隣アジアとの友好関係促進について、日本自身を変革しつつ、アジアとの真の共生を目指す、という方向性を掲げ、新たな地平を切り開こうとした。ただ、長期的に見ると、小渕時代は、新宮澤構想をはじめとして、アジアにおいて日本が大国として優位に立ちつつアジアへの支援が可能であることを前提とした、従来型のアジアと日本との友好関係のあり方を踏襲できた最後の時代だったとも言える。またそれは、近隣諸国との友好関係を維持するのが最優先であり、そのためには日本の植民地支配および侵略については謝罪と反省の意を示すべきである、という一応のコンセンサスが、政治エリート層における多数派を共有されていた時代でもあった。

小渕首相は、二〇〇〇年四月に突如病に倒れ、そのまま帰らぬ人となった。その結果「アジア経済再生ミッション報告書」をはじめとする小渕首相が打ち出そうとした外交構想は宙に浮いてしまった。小渕首相は、自民党内で経世会系列の最後の首相であった。後を襲った森喜朗首相は、彼とは派閥の異なる清和会《せいわかい》に属していた。日本の国内政治における権力者の系譜の切り替わりが、奇しくも世紀の境目に起きたのである。そして、プレゼンスをさらに増す中国、北朝鮮の脅威のさらなる増大、中国や韓国との歴史認識等をめぐる摩擦の激化等、二一世紀における新たなうねりの中で、日本の対アジア政策のあり方はさらに大きく変化していくことになる。

参考文献

アジア経済再生ミッション『「アジア経済再生ミッション」報告書』一九九九年一一月。

飯尾潤『日本の〈現代〉3――政局から政策へ：日本政治の成熟と転換』NTT出版、二〇〇八年。

五百旗頭真・伊藤元重・薬師寺克行編『九〇年代の証言――2宮沢喜一：保守本流の軌跡』朝日新聞社、二〇〇六年。

五百旗頭真・宮城大蔵『橋本龍太郎外交回顧録』岩波書店、二〇一三年。

五百旗頭真『戦後日本外交史』第三版、二〇一〇年。

川島真・服部龍二『東アジア国際政治史』名古屋大学出版会、二〇〇七年。

菊池努『APEC』日本国際問題研究所、一九九五年。

黒田東彦『元切り上げ』日経BP社、二〇〇四年。

国分良成・添谷芳秀・高原明生・川島真『日中関係史』有斐閣、二〇一三年。

榊原英資『日本をアジアが震えた日――サイバー資本主義の成立』中央公論新社、二〇〇〇年。

田中明彦『アジアのなかの日本』NTT出版、二〇〇七年。

二一世紀のアジア・太平洋と日本を考える懇談会「二一世紀のアジア・太平洋と日本」一九九二年一二月。

二一世紀日本の構想懇談会『最終報告書「日本のフロンティアは日本の中にある」』二〇〇〇年一月。

平岩俊司『北朝鮮――変貌を続ける独裁国家』中公新書、二〇一三年。

船橋洋一『同盟漂流』岩波書店、一九九七年。

防衛問題懇談会『日本の防衛力と安全保障のあり方』一九九四年八月。

御厨貴・渡邉昭夫（インタビュー・構成）『首相官邸の決断――内閣副官房長官石原信雄の二六〇〇日』中央公論社、一九九七年。

山影進『ASEANパワー』東京大学出版会、一九九七年。

山影進・末廣昭編『アジア政治経済論』NTT出版、二〇〇一年。

渡邉昭夫『日本の近代8　大国日本の揺らぎ』中央公論新社、二〇〇〇年。
U.S. Department of Defense, United States Security Strategy for the East Asia-Pacific Region, February 27, 1995.
World Bank, *East Asian Miracle: Economic Growth and Public Policy*, Oxford University Press, 1993.
World Bank, *Global Economic Prospects and the Developing Countries*, World Bank, 1993.

コラム7　マハティール・ビン・モハマド——民族主義と現実主義を体現するカリスマ

マハティール・ビン・モハマドは、一九二五年七月一〇日（出生届上は一二月二〇日）、現在のマレーシア北部のケダ州の州都アロースターで生まれた。一五歳の時に日本のマレー侵攻により英国が駆逐されるのを目の当たりにしたマハティールは、戦後、マレー民族主義運動に関わる一方、マラヤ大学医学部を卒業し医師となったが、その後統一マレー人国民組織（UMNO）の公認を受け、一九六四年に行われた第二回総選挙で当選を果たし、国会議員となった。中央政界では、マレー人の権利の拡大を強く主張し、「ウルトラ・マレー」と称され、ブミプトラ政策（マレー人優遇政策）の主導者の一人でもあった。一九六九年の第三回総選挙での落選、ラーマン首相との確執によるUMNO除名などの雌伏の時期を経て、再び政界に復帰したマハティールは、フセイン・オン首相のもとでの副首相就任（一九七六年）等を経て、一九八一年、第四代首相に就任した。

総選挙で投票するマハティール首相（1999年11月）
（AFP＝時事）

マハティールは、一九七一年に策定された、新経済政策（NEP）を踏襲し、ブミプトラ企業・起業家の発展を伴う工業化による、マレーシア全体の経済成長を目指した。その象徴が、「国民車」製造企業であるプロトン社（PROTON）の設立（一九八三年）である。さらに一九九一年二月、「ヴィジョン二〇二〇」を掲げ、「二〇二〇年までにマレーシアを先進国の仲間入り」をさせることを目標に掲げた。実際にマレーシアは工業化と経済発展が急速に進み、エスニック・グループ間格差も縮小した。また、アジア通貨危機の際、IMF支援は受けず、資本規制、固定相場制の採用、財政・金融の緩和という、独自の路線の諸政策を打ち出し、この危機を乗り切った。

他方、国内治安法や集会の自由の制限、メディア規制などを通じた国内における政治的自由を制限する政策、また政敵、野党政治家やそれらの支持者達への強権的な対応は、国内外の批判を浴びることもあった。しかしマハティールは、カリスマ性を生かしながら、経済政策への、華人やインド人有権者を含む幅広い層からの支持を獲得する一方、政治改革・民主化要求を押さえ込み、約二二年間政権を維持した。

日本や韓国など工業化に成功した東アジア諸国に学べ、

というルック・イースト政策の提唱、個人の人権よりも共同体秩序の維持を優先するとした「アジアの価値」の唱道、米豪を排除したＥＡＥＧ構想の提唱などから、マハティールの反欧米姿勢の印象は強い。しかし彼が、五カ国防衛協定によるイギリスとの関係維持、米国からの軍事援助の享受など、特に安全保障に関して、欧米との安定的な関係を維持していたことには留意すべきである。

二〇〇三年六月、ＵＭＮＯ党大会でマハティールは辞任を表明し、二〇〇四年一〇月に首相の座から去った。しかしその後も、マハティールは、各地での講演や執筆等、精力的に活動を続けている。

終章　二一世紀のアジアと日本
——二〇〇〇年代〜——

宮城大蔵

かつて戦乱や貧困で特徴づけられたアジアは、二〇世紀末には開発と経済成長によって彩られる地域に変貌したが、それは戦後日本が求め続けたアジアの姿でもあった。しかし二一世紀に入ると、中国台頭などによって日本のアジアにおける存在感は、もはや経済的にも絶対的なものではなくなった。世界経済の成長センターとなる一方で、新たなパワーゲームの予兆も色濃い二一世紀のアジアにおいて、日本はどう生きるのか。二一世紀とは、もはや「戦後」では括れない新たな時代の到来を意味しているのである。

1　小泉純一郎政権とアジア

大胆さと常識の打破

首相就任前の小泉純一郎は、長らく自民党内における異端児であった。郵政事業に強力な足場を持つ経世会（竹下派）の支配が続く自民党内にあって、福田派の流れを汲む清和会に属する小泉は、一貫して郵政民営化を唱え、一九九五年には橋本龍太郎、一九九八年には小渕恵三らに挑んで総裁選に出馬したが、いずれもそれほど大きな得票を得ることはできなかった。

二〇〇一年四月、森喜朗首相退陣後の総裁選に三たび出馬した小泉は、一部に人気の高かった田中真紀子と組んで「自民党をぶっ壊す」と熱弁を振るい、今度は予備選挙で圧勝すると、本選挙でも本命視された橋本龍太郎を下して同月、首相の座に就いた。政権発足時の支持率は軒並み八割前後、なかには八七％（読売新聞）という数字も出るなど空前の高さであった。従来の自民党政権に閉塞感を感じる人々の期待が、異端児・小泉に向かったのである。

その後、小泉政権は五年以上に及ぶことになるが、その外交は、異端児というイメージを裏切らない良くも悪くも大胆なものであり、自民党の歴代首相とは一線を画するものであった。小泉は二〇〇一年九月の同時多発テロに端を発するブッシュ政権の「テロとの戦い」を支持してインド洋やイラクへの自衛隊派遣に踏み切り、ブッシュ米大統領とは強力な盟友関係を築いた。その一方で中国・韓国とは靖国神社参拝をめぐって険悪な関係が続いた。また二〇〇二年には国交のない北朝鮮を電撃的に訪問したが、その大胆さは戦後日本外交に類を見ないものであった。

また小泉の外交は、それまでの日本外交の「常識」を顧みないものであった。小泉はイラクへの自衛隊派遣に際して、国会論戦で法律解釈には立ち入らず「常識」で押し切ったが、それは戦後日本の安保論争が憲法をはじめ法律解釈をめぐって行われてきたという「常識」を大胆に打破するものであった。また靖国参拝についても、小泉は平和を祈念する参拝だとして中国や韓国の異議を退けたが、それも「歴史問題」について近隣諸国に一定の配慮を行うというそれまでの日本政治の「常識」を打ち破るものであった。

五年以上に及ぶ小泉政治の根底には、それまで自民党の中枢を担ってきた竹下派支配を打破するというマグマがたぎっていたように思われる。「自民党をぶっ壊す」という小泉の絶叫は、その意味で単なるスローガンではなかったのである。従来の日本外交の「常識」は、竹下派に連なり支えられた歴代首相によって担われてきた面がある。小泉外交の「常識破り」には、竹下派支配の打破という側面もあったのであろう。

しかし小泉外交をそのような大胆さのみで捉えるのも一面的である。靖国神社参拝をめぐる中国との派手なせめぎ合いの一方で、小泉はこの時期に盛んに喧伝された経済的な「中国脅威論」を退け、「中国の成長は日本にとって脅威ではなくチャンスである」と発言し続けた。実際、小泉政権下の二〇〇四年に日本の最大の貿易相手国は、それまでの米国から中国へと移った。小泉政権下の景気回復も、構造改革に加えて中国の経済大国化の恩恵によるところが大きかった。アジア域内の経済的相互依存の進展を反映して、東アジア・サミットなど、アジアの地域統合の動きが一段と明瞭になったのも小泉政権下である。

それまでの日本のアジア外交には、地域の繁栄と安定のために「縁の下の力持ち」として目立たないことをよしとしてきたきらいがある。それは裏返せば経済を中心に日本の存在感が圧倒的であったことから来る一種の余裕であった。小泉政権の自己主張の強い外交は、日本がアジアにおいて自らの存在感を誇示する必要に駆られるようになったことの反映であったとも言えよう。

靖国参拝をめぐる日中関係

小泉政権下で展開された対アジア外交のうち、まず中国との関係から見ていくことにする。小泉政権が二〇〇一年四月に発足した際、注目されることになったのが靖国神社への参拝であった。小泉は自民党総裁選挙の最中から、首相就任の暁には靖国神社に参拝すると明言し続けていた。首相就任後、はじめての終戦記念日が近づく中、結果的に小泉が選んだのは、終戦記念日から二日前倒しした八月一三日の参拝であった。

靖国神社に参拝する小泉純一郎首相
（2006年８月15日）（AFP＝時事）

それまでも年に二回のペースで靖国神社を参拝していたという小泉だが、二〇〇一年の自民党総裁選挙の際に参拝を公約として打ち出したのはなぜか。対抗馬の橋本龍太郎は日本遺族会会長をつとめながら、首相在任中の一九九六年に靖国参拝を行って対中関係が緊張したこともあり、今後は参拝しないという立場をとっていた。小泉には遺族会という橋本の支持基盤を攻略するねらいがあったとみられる。

しかしいざ首相に就任すると、小泉とて中国などとの関係も考えなければならない。「戦争責任は日本の一部指導者にあり、大多数の日本人民は犠牲者だ」という論法でそれまでの日中関係を構築してきた中国指導部からすれば、日本の首相が戦争指導者の合祀されている靖国神社を参拝することは両国関係を根底から覆すものであった。小泉の下にも参拝を思いとどまるよう、中国から再三メッセージが送られてきたが、世論頼みで発足して間もない小泉政権にとって、「有言実行」という意味で参拝の公約は大きかった。最終的に「なんとか八月一五日だけは外してほしい」という中国側の要望を容れる形で八月一三日の参拝となった。これとあわせて一〇月の小泉訪中が決まり、中国側はその際に小泉が盧溝橋の抗日戦争記念館を訪問することを望んだ。小泉政権と何とか折り合いをつけようとしたのであった。小泉は一〇月の訪中で盧溝橋を訪問し、江沢民国家主席との会談では、不戦の誓いと戦没者への哀悼を表するために参拝したと強調し、江はさほど強い反応は示さなかった。小泉は一定の理解を得られたものと思い、江は翌年以降の参拝はないものと受けとめた。一二月に福田康夫官房長官の私的諮問機関として、靖国に代わる「新たな追悼施設」を検討する懇談会が設置されたことも、中国側の期待を高めた。

しかし翌年四月、小泉は春季例大祭に合わせて靖国神社を参拝した。外務省などにも知らせない突然の参拝であり、中国側への事前説明もなかった。日本側は八月一五日を避ければ中国はさほど反発しないと楽観視していたが、もう参拝はないと見ていた中国側は「裏切られた」と憤慨した。小泉は、参拝中止を求める政府関係者に対して、「中国に歴史問題を外交カードとさせないためにも、靖国に行く必要があるんだ」と主張した。その後も江は小泉との会談の度に参拝を控えるよう求めたが、小泉は自らの考えを繰り返して平行線をたどった。

二〇〇二年に発足した中国の胡錦濤《こきんとう》指導部は、対日関係改善に意欲を持っていたと見られるが、小泉が靖国参拝について「もう理解されている。日中友好を阻害しない」との姿勢をとったことは、対日関係改善に踏み込むことを躊躇させた。胡が政治的師匠と仰ぐ胡耀邦中国共産党総書記は一九八〇年代末に失脚したが、その際に攻撃材料の一つとなったのが、胡耀邦と盟友関係を結んだ中曽根康弘が首相在任中に靖国参拝を行ったことであった。中国の指導者にとって靖国問題への対応は、自らの政治生命にも関わる難題となっていたのである。

他方でその間にも日中経済関係の結び付きは深まる一方で、二〇〇四年には日中貿易が日米をしのぎ、中国は日本の最大の貿易相手となった。「政冷経熱」といわれるなか、中国側は経済をカードに靖国問題で日本の譲歩を引き出そうとしたが、中国が強硬姿勢に出るほど、小泉の姿勢は頑なになった。

二〇〇五年に国連安全保障理事会の改革問題が浮上し、日本はこの機に常任理事国入りを目指した。ところがこれに異を唱える反日デモが中国各地で発生し、日本総領事館などにも被害が出る事態となった。日中中間線にまたがる東シナ海のガス田の開発に中国が着手したことなども加わって、日中は激しい非難合戦を繰り広げた。一方で中国の反日デモは、日本に強い措置をとれない中国政府に対する批判に転化しかねない。いくら圧力をかけても小泉の譲歩を引き出せない靖国問題は、中国指導部にとって扱いがきわめて難しい問題となっていた。

結局小泉は、退任を間近にした二〇〇六年の八月一五日に靖国を参拝し、主張を貫いた形となったが、小泉も最初からここまで強硬だったわけではない。中国側とのボタンの掛け違いもあって引くに引けなくなり、世論を追い風とした政権の求心力という点からも、「ぶれない」ことを重視することで腹をくくったということであろう。

そして小泉意中の後継者として二〇〇六年に首相となった安倍晋三は、靖国参拝について「明言しない」というだけで、中国と友好的なスタートを切ることができたのであった。また小泉の靖国参拝をめぐっては韓国も強く反発し、盧《ノ》武《ム》鉉《ヒョン》大統領はときに「外交戦争も辞さない」といった強い表現で参拝を止めるよう求めた。

ASEAN＋3か、6か

小泉首相による靖国神社参拝は、日中の対立関係を際立たせることになったが、日中間に緊張が生じるようになったのは、必ずしも靖国参拝だけが理由ではない。そこには冷戦終結と中国の台頭という、より構造的な背景があった。

冷戦下において日米中の間にはソ連という共通の脅威を念頭においた疑似同盟ともいうべき安定した関係があった。また中国の経済建設には、円借款をはじめとする日本の支援が不可欠であった。しかし冷戦が終結し、ソ連が消滅する一方で、中国の経済規模は一九九〇年代を通して四倍増という急成長を遂げ、それに伴って対外的な自己主張も強めた。このような変化は、アジアにおけるパワーバランスに変動をもたらすことになった。またかつてであれば冷戦の論理によって抑えられていた領土問題や歴史問題が浮上しやすくなっていた。

この中にあって日中は経済面においては、従来の「援助する側、される側」という関係から、日本企業の多くが安い生産コストを求めて工場を中国に移すといった関係へと変化した。一方で政治的には歴史問題や台湾といった難題も相まって波乱含みであった。そのような両国関係の傍らで、以下のようなアジアにおける日中のライバル関係という面が浮上してきたのも、この時期の特徴である。

一九九七年のアジア通貨危機を契機として発足したＡＳＥＡＮ＋３という枠組みは、その後も経済・金融面での協力を中心にさらなる発展を遂げ、やがてその枠組みを指す言葉も、徐々に「ＡＳＥＡＮ＋３」から北東アジアと東南アジアを包含する「東アジア」へと置き換えられた。このような流れの中で、積極的なイニシアティブを示すようになったのが中国であった。従来中国は二国間関係を重視し、多国間の地域枠組みには消極的であった。その中国が、従来のような多国間の場に出れば孤立して不利になるという警戒感から脱却し始めたのは自信の裏返しであり、また米中関係が時折緊張するなか、近隣諸国との関係を安定させたいという戦略でもあった。中国は近い将来に自由貿易協定を締結することでＡＳＥＡＮと合意するなど、アジア外交で日韓をしのぐ積極性を見せた（中国―ＡＳＥＡＮ自由貿易協定（ＦＴＡ）は二〇一〇年に発効）。

このような中国の積極姿勢に対して日本は、ＦＴＡのように貿易を対象とするだけではなく、投資や人の移動も含めた経済連携協定（ＥＰＡ）をＡＳＥＡＮ諸国と結ぶことで巻き返しに出た（二〇〇八年から順次発効）。

またＡＳＥＡＮ＋３首脳会合を発展させた「東アジア・サミット」構想が本格化すると、中国はＡＳＥＡＮ諸国での開催に続く第二回を北京で開催したいと申し出、一方で日本は第一回のサミットをＡＳＥＡＮ議長国のマレーシアと日本が共催することを打診した。日本はさらにインド、オーストラリア、ニュージーランドの参加も求めたが、日本のねらいが中国の存在感を相対化することにあるのは明らかであった。これに対して中国はＡＳＥＡＮ＋3に限定することを主張した。結局、二〇〇五年に開催された第一回東アジア・サミットには、日本の主張にそってＡＳＥＡＮ＋6の国々が参加する一方で、中国が推すＡＳＥＡＮ＋3は将来的な東アジア共同体の「主要な枠組み」と位置づけることでバランスがとられた。またサミットの開催国はＡＳＥＡＮ各国に限定されることになり、第二回の北京開催案も、第一回の日本共催案も退けられた。日中の影響力が過度に大きくなることを好まないＡＳＥＡＮによる事態の操縦術であった。

ASEANを中心とする東南アジアに比べると、地域協力の気運が薄いのが北東アジアであった。そもそも北東アジアには冷戦後も中国・台湾、韓国・北朝鮮という二つの分断国家が存続する世界でも特異な地域である。とはいうものの、日中貿易の増大に見られるように、北東アジアにおいても政治をよそに経済的相互依存は急速に深まっていた。しかしそこで例外だったのが北朝鮮である。

冷戦時代にはソ連と中国という二大社会主義国家の間でバランスをとることで生き抜いてきた北朝鮮にとって、ソ連の消滅はきわめて大きな打撃であった。ソ連から「友好価格」として安価に提供されていた石油などは市場価格に引き上げられ、北朝鮮経済は崩壊の瀬戸際に立たされた。そこで金日成国家主席が選択したのが核兵器保有による体制の生き残りであった。

一九九四年に緊張のピークを迎えた第一次北朝鮮核危機は、日本でも当時の細川、羽田の非自民連立政権を震撼させ、このときの危機感がのちのガイドライン関連法案の整備に繋がった。金正日《キムジョンイル》政権になっても核開発疑惑は継続した。北朝鮮にとって、核開発の可能性を示し続けることで対外的な存在感を高め、駆け引きによって体制の生き残りを図るという方針は変わらなかったのである。

電撃的な訪朝と六カ国協議

孤立感を深める北朝鮮が関係改善を強く欲していたのが、他ならぬ日本であった。もともと在日朝鮮人が組織する朝鮮総聯は、資金面などで北朝鮮指導部にとって重要な存在であったが、それに加えて日本との国交樹立が実現すれば貿易や投資の増大が可能になるばかりでなく、日韓国交正常化（一九六五年）の例にならって、日本から巨額の経済援助がなされる見通しであった。それまでも金丸訪朝団（一九九〇年）など、主に北朝鮮からのはたらきかけによる日朝関係改善の動きはあったが、核開発疑惑や日本人拉致疑惑が原因で頓挫していた。北朝鮮にとって対日関係の打開は、年来の課題だったのである。

この日朝関係で大胆な行動に出たのが小泉首相であった。のちに「ミスターX」と呼ばれるようになる北朝鮮当局者から日本外務省への接触を契機に、日朝間で極秘の接触が重ねられ、二〇〇二年九月に小泉首相自らが訪朝することが電撃的に発表されたのである。同盟国・米国への通告も公式発表のわずか三日前で、戦後日本外交に例のない大胆な決断であった。一方で事前交渉でも国交樹立に向けた関門となっていたのは、拉致問題と核疑惑であった。

平壌に到着した小泉首相一行に北朝鮮側が告げたのは、日本人拉致被害者のうち五人は生存しているが、この問題の象徴的存在であった横田めぐみを含めた八人はすでに死亡しているというものであった。これを現地で告げられた日本側では、最高指導者である金正日国防委員長の謝罪がなければ共同宣言に署名せずに帰るべきだという意見も出た。午後の会談で金委員長は「誠に忌まわしい出来事だ。この場で遺憾であったことを率直におわびしたい」と述べたうえで、一部特殊機関による先走った行動であり、責任者は処罰され、これからは絶対にないとした。

これを受けて小泉首相は日朝平壌共同宣言に署名し、国交正常化交渉を再開すること、日本側は植民地支配について謝罪すること、国交正常化の暁には日本が経済援助を実施すること、北朝鮮は核開発に関わる国際的合意を遵守することなどが盛り込まれた。

しかしその後の展開は、対日関係打開をねらった北朝鮮指導部の思惑とは逆の方向に進んだ。拉致被害者の多くが死亡という通告に、日本の世論が激高したのである。その後、拉致被害者が日本に帰国し、小泉再訪朝によってその家族も帰国を果たした。しかし一方で死亡したとされる拉致被害者についての北朝鮮側の説明にはずさんな面もあり、その後も拉致問題は日朝関係進展の壁となった。

一方で北朝鮮の核開発疑惑をめぐる情勢も再び緊張した。二〇〇二年頃になると、北朝鮮は第一次北朝鮮核危機の後に作られた「米朝枠組み合意」を反故にして核開発を再開する姿勢をとった。この事態に対応するために形成されたのが、二〇〇三年に南北朝鮮に米日中露が加わって結成された六カ国協議である。六カ国協議は、北東アジアで安全保障問題を扱う多国間枠組みとしては初めてのものであったが、十分に機能したとはいえず、北朝鮮は二〇〇七年には核実験に踏み切り、その後は核保有国であることの既成事実化を図ろうとしているようである。

2　中国台頭と揺れる日本外交

第一次安倍晋三政権――戦略性と脆弱さ

二〇〇五年には郵政民営化を争点に衆議院解散を断行し、自民党を圧勝に導いた小泉首相であったが、かねて公言していたとおり、翌二〇〇六年の九月には自民党総裁の任期切れを理由に退任した。首相の座を継いだのは、小泉政権で官房長官などを務めた安倍晋三であった。安倍はこの時、首相として戦後最年少の五一歳。祖父に岸信介元首相、父に安倍晋太郎元外相を持つ毛並みの良さであり、拉致問題など対北朝鮮外交で強硬な姿勢を貫いていたことが国民的人気の高さに繋がっていた。

安倍は自らの政権が目指すものとして「戦後レジームからの脱却」、外交面では「主張する外交」を掲げ、安倍に期待する保守派に応えるようにも見えた。しかし政権が発足すると安倍は、靖国を参拝するかしないかは明言しないという姿勢をとって中国側に一定の配慮を示した。また「歴史認識」について村山談話を踏襲すると答弁し、初の外遊先には中国を選んだ。小泉時代の日中関係に苦慮した胡錦濤政権は安倍の姿勢を歓迎し、安倍訪中の際に日中が「戦略的互恵関係」を結ぶことで合意した。

これとあわせて安倍が注力したのが、インドやオーストラリアとの関係深化であった。両国との間で首脳が往来し、インドとはグローバル・パートナーとなること、オーストラリアとは安全保障面での協力関係を深めることで一致した。

また安倍政権は「美しい国」など、数多くのキャッチフレーズを掲げたが、その一つが「価値外交」であった。民主主義という「価値」を重視し、その価値観を共有する国々との連携を強化するという方針である。それを具体化したのが、麻生太郎外相が提唱した「自由と繁栄の弧」であった。これは日本からＡＳＥＡＮ諸国、インド、さらには東欧諸国などユーラシア大陸の南の縁に沿って位置している「自由と繁栄」を追求している国々の間の連携を深めようという外交戦略であった。インドやオーストラリアとの関係深化は、この「自由と繁栄の弧」の具体策と見ることもできた。このように安倍政権の外交は、小泉時代に停滞した日中関係を改善し、その一方でインドやオーストラリアとの関係を深め、「弧」を提唱するという、ある種の戦略性を備えるものであったとも言えよう。

しかし安倍政権は、このような戦略を遂行するだけの足腰の強さを欠いた。「日本版ＮＳＣ（国家安全保障会議）」の設置など、小泉政権が進めた「官邸主導」をさらに加速させる施策を次々と打ち出したものの多くは実現することができず、閣僚のスキャンダルも相次いだ。二〇〇七年七月の参議院選挙で民主党に大敗すると、与党が参議院での主導権を失う「ねじれ国会」が出現した。民主党の小沢一郎代表は、「テロとの戦い」に従事する多国籍軍に対する自衛隊のインド洋上での給油活動の延長を認めない姿勢をとった。安倍は自身の健康問題も相まって追い詰められ、「新たな首相のもとで進めた方が良い局面になると判断した」といった理由を挙げて二〇〇七年九月に辞意を表明した。

第一次安倍政権の戦略性と脆弱さは、それぞれが日本の政治外交が直面する課題を体現するものであった。まずその戦略性について言えば、安倍政権の当事者は否定するものの、「価値外交」や「自由と繁栄の弧」には、そこに含まれない中国に対する牽制というニュアンスがあることは否定し難い。ますます大国化する中国にどう対応すべきか。安倍政権には、小泉政権が「東アジア・サミット」などにインドやオーストラリアを引き込んで中国とのバランスをとろうと試みたこととの継続性を見て取ることができよう。

その一方の脆弱性について言えば、野党第一党の民主党が本格的に力をつけ始めたのに伴って、衆参両院で自民・公明の連立与党が継続的に多数を占めることが難しくなり、「ねじれ国会」が頻繁に出現することになる。小泉以降の歴代首相がほぼ一年刻みで交代を余儀なくされた大きな要因である。

日本周辺でのパワーバランスの変化によって、ますます日本外交に戦略性が求められる一方で、「ねじれ国会」を一つの要因とする脆弱な政権が相次いだことが、小泉以降の日本外交の国際的な存在感を希薄なものにしたことは否めない。

福田であった。

福田康夫政権――「共鳴外交」の内実

安倍が退陣した後を継いだのは、小泉政権で官房長官を務め、混乱を引き起こすことの多かった田中真紀子外相に代わって「影の外相」とも言われた福田康夫であった。安倍を中心とする「チーム安倍」が、経験不足を露呈して政権崩壊に至ったことから、ベテランの安定感をかわれての登板であった。派手なパフォーマンスを嫌い、とくに外交においては世論を鼓舞するような振る舞いは不必要だと考える福田であった。

福田は首相に就任すると、「共鳴（シナジー）外交」を打ち出した。日米同盟とアジア外交をともに重視することで両者が共鳴し、日本外交をより強力なものにできるという考えである。しかしその実質化は容易ではなかった。対米関係においては、自衛隊によるインド洋上での給油活動について、「ねじれ国会」の下、民主党の協力が得られないまま根拠となる対テロ特措法が期限切れとなった。これに代わる新テロ特措法は、衆議院での三分の二以上の賛成による再可決を経て成立するが（二〇〇八年一月）、給油活動は四カ月あまり中断した。

一方のアジア外交では、中国指導部の福田に対する期待は高かった。福田が日中平和友好条約を締結した福田赳夫を父に持ち、また福田康夫自身も靖国参拝で小泉政権下の日中関係が緊張した際、官房長官として「新たな追悼施設」を検討する懇談会を設置するなど、事態の打開につとめたことを好感していた。何より胡錦濤政権は、自国の順調な経済発展のためにも日中関係の安定を望んでおり、そのパートナーとして福田に期待したのである。

この頃、日中間で問題となっていたのは、東シナ海の日中中間線を跨ぐ海底ガス田の開発問題であった。中国側が中間線の中国寄り海域で開発に着手したことに対し、日本側はガス田は海底で日本側と繋がっており、日本側の資源を吸いとるような開発は認められないと反発していた。中国は中間線ではなく、沖縄近海まで伸びる大陸棚が日中の境界だと主張していたが、福田に対する期待の現れもあったのであろう。日中は中間線にまたがる区域について共同開発を行うことで合意した。

しかし北京オリンピックを前にした二〇〇八年春には、チベットで大規模な騒乱が発生して中国の人権抑圧に対する国際的非難が高まり、また中国から日本に輸入された冷凍餃子に毒物が混入する事件が起きるなど、日中両国の国民感情を刺激する出来事が続発し、両国関係の舵取りは容易ではなかった。

福田が「共鳴外交」の具体像を示したのが、「太平洋が『内海』となる日へ」と題した演説である（二〇〇八年五月）。この中で福田は、「アジアの行く末を太平洋というプリズムを通して考えたい」として、重点項目としてASEAN強化への支援、日米同盟を地域の公共財とすること、日本は「平和協力国家」として防災協力を追求し、気候変動と闘うことを挙げた。

日米同盟と対アジア外交の「共鳴」を、「太平洋」という地域概念で包み込もうという意図であった。第一次安倍政権が打ち出した「価値外交」や「自由と繁栄の弧」といった「主張する外交」と比べると、「包含」や「調和」が福田外交の特徴であろう。地域のパワーバランス変容を前に、主張を強めることでバランスをとることを志向するのか、あるいは戦後日本のアジア外交が志向してきた「包含」や「調和」を改めて追求するのか。両者の色合いの違いは、地域秩序の変容に冷戦後の日本がいかなる姿勢で臨むのかを、二つの類型として示すものでもあった。

しかしどちらの方向に重心をおくにせよ、足場となるのは強固な政権基盤である。安倍を追い詰めた「ねじれ国会」は福田の下でも変わらず、小沢民主党代表との間で「大連立」が画策された局面もあったものの、淡淡とした風情の福田は、来る総選挙の顔には国民的人気のある麻生が相応しいとして、二〇〇八年九月に自ら退陣した。

麻生太郎政権——「自由と繁栄の弧」

安倍政権の外相として「自由と繁栄の弧」を打ち出した麻生は、自ら首相に就任すると、これを再び日本外交の前面に押し出した。麻生のアジア外交としては、まず韓国の李明博《イミョンバク》大統領との間では首脳が頻繁に相互訪問する「日韓シャトル外交」が定着した。二〇〇四年に始まったシャトル外交は小泉首相の靖国参拝で中断し、福田政権で再開され麻生政権で再び軌道に乗った形であった。またインドとは二〇〇八年一〇月にシン首相が来日した際に「安全保障に関する共同宣言」を発表したが、日本が首脳レベルで安全保障に関する文書を交わすのは、米国以外では安倍政権下でのオーストラリアに続きインドが二例目であった。またニューデリーとムンバイを結ぶ「産業大動脈構想」に対して、単一事業では過去最大となるおよそ四五〇〇億円の円借款を供与することでも合意した。これらを「自由と繁栄の弧」に沿ったものと見ることも可能であろう。

一方で麻生は訪中時には、「友好というお題目のために互いに遠慮するような関係ではなく、切磋琢磨して協力していくことが真の『戦略的互恵関係』だ」と、持ち前の率直な語り口であった。もっとも「知中派」と言われた福田康夫にしても北京を訪問した際には、「日中という大国同士の間において、全ての問題で考え方や立場が一致することはあり得ない」と語っており、「日中友好」が強調された冷戦期の日中外交とは、首相のスピーチひとつをとっても様変わりしていた。

その麻生政権もまた、「ねじれ国会」を背景にした野党・民主党の攻勢に苦慮した。新テロ特措法の延長も、早期の解散総選挙に追い込みたい民主党の思惑もあって実現まで紆余曲折をたどった。結局、麻生首相は解散総選挙を先延ばしする中で求心力を失い、二〇〇九年九月の総選挙で大敗した自民党は下野することになった。

安倍、福田、麻生という小泉以降の三代の自民党政権を俯瞰して浮かび上がって来るのは、台頭する中国との間でいかなる関係を築くのかという課題である。小泉時代には首相の靖国参拝をめぐる摩擦で覆われた日中関係であったが、その後の首相が参拝を控えたことで靖国問題が一定の落ち着きを見せたあとも、東シナ海のガス田をはじめ、日中関係に緊張の火種が尽きることはなかった。その根底にあるのは、中国台頭に伴うパワーバランスの変容である。この状況に「価値外交」や「自由と繁栄の弧」といった日本側の自己主張を強める形で対応しようとしたのが安倍、麻生政権であり、中国との協調や利益の調和により力点をおいたのが福田政権であった。

またこの時期のもう一つの特徴は、中国台頭とのバランスをとる形で、それまで日本外交の主流に入ることが少なかったインドやオーストラリアとの関係が戦略性をもって構築されたことである。「自由と繁栄の弧」には、小泉時代のＡＳＥＡＮ＋６路線を受け継ぐ面も見て取れるが、ＡＳＥＡＮ＋６と「自由と繁栄の弧」との間に違いがあるとすれば、ＡＳＥＡＮの存在感の有無であろう。前者でＡＳＥＡＮは主役級だが、後者では影は薄い。長らく日本のアジア外交の一方における主柱であったＡＳＥＡＮは、アジア通貨危機以降、加盟各国の混乱や組織としての求心力の弱まりによって存在感を低下させたことは否定できない。そのようなＡＳＥＡＮの弱体化は日本にとってプラスにはならないという認識からであろう。かつての福田ドクトリンを発展させるべく練られたようにも見える福田康夫首相の「太平洋を内海に」は、ASEANの再強化支援に力点をおいたものであった。

このように小泉以降三代の各政権には、地域環境の変化に応じたそれぞれのアジア外交戦略があったといえる。しかし、いかなる外交戦略があろうとも、それを遂行する政権の足場が弱体では「絵に描いた餅」に終わる。民主党の成長とともに本格的な政権交代時代を迎えようとしつつあったこの時期、「ねじれ国会」に代表される日本の統治機構が抱える問題と、政権交代時代における外交をめぐる合意と一貫性はどうあるべきかという、のちに顕在化する問題が浮上し始めていたのである。

3　民主党政権の登場

鳩山由紀夫政権と「東アジア共同体」

二〇〇九年九月、民主党は総選挙で全議席の三分の二に迫る三〇八議席を獲得して圧勝し、戦後初の本格的政権交代となった。民主党が参議院で過半数を持たないため社民党、国民新党と連立して鳩山由紀夫政権が発足した。

政権交代前夜、民主党は「マニフェスト」で外交については「対等で緊密な日米関係」を掲げた。その前後には党代表であった小沢一郎が、「(米海軍) 第七艦隊で米国の極東におけるプレゼンスは十分だ」と、それ以外の在日米軍の撤退を求めるかのような発言をしていた。民主党の言う「対等な日米関係」がいかなるものなのか、鳩山政権として早速舵取りが問われることになった。

鳩山政権が「対等な日米関係」の象徴として取り上げたのが、沖縄・宜野湾市の中心部に位置する米軍普天間基地の移設問題であった。民主党は総選挙前に、自公政権時代に沖縄本島北部の辺野古《へのこ》地区への移設計画が進められていたのを覆し、「最低でも県外」を掲げた。鳩山首相はオバマ米大統領に移設問題解決を約束して「トラスト・ミー (私を信頼して)」と語ったものの、政権は解決案をめぐって迷走を重ねた。鳩山は二〇一〇年に入ると同年五月末までの方針確定を明言したが、結局最後になって「県外移設」を撤回し、これに反発した社民党は連立を離脱した。問題そのものの難しさに加えて、鳩山の二転三転する言動が、事態をさらに混乱させたことは否めない。そして鳩山自身も混乱の責任をとるとして同六月に辞任するに至った。

一方で鳩山首相はアジアに向けては、持論の「友愛」と結びつけて「東アジア共同体」構想を高々と掲げた。しかし問題はその具体的な内容であった。政権交代前夜に鳩山が発表した論考では、アジア域内のナショナリズム対立の激化に繋がりかねない軍拡や領土問題は「地域的統合を進める中でしか解決しない」として経済統合の優先を訴え、「アジア共通通貨の実現」を唱えた。これに対しては外相に就任した岡田克也が、国家主権が制約される通貨統合はアジアでは「ちょっと考えられない」と指摘するなど、政権内でも疑問視された。

さらに「東アジア共同体」構想を迷走させることになったのが、同構想における米国の位置づけであった。鳩山首相が米国も入ると言えば、岡田外相は「現在の構想は米国まで含めることにはなっていない」と、ここでも政権内の足並みは乱れた。その傍らで、かつて「日米中は正三角形であるべきだ」と述べていた党内実力者の小沢一郎幹事長が、二〇〇九年一二月に民主党国会議員一四三名を伴って訪中し、これに中国側は胡錦濤国家主席が一人ずつと握手し、写真に収まるという厚遇で応じた。内外から民主党政権の「対米自主」と「対中接近」志向に関心と警戒の目が寄せられたが、実際には劇的な政権交代の高揚感が続くなか、政権内で自民党との差異化が漠然と思い描かれた結果にすぎないというのが実相であろう。

一方で鳩山政権は、人権や民主主義、歴史問題といった分野では、自民党政権にはなかったカラーを打ち出した面もある。バリ民主主義フォーラムは、スハルト体制崩壊後の混乱を経て民主主義体制が安定軌道に乗ったインドネシアが二〇〇八年から主催して、アジアなどの国々が自らの問題として民主主義について議論しようという場だが、鳩山首相は二〇〇九年の同フォーラムに参加しただけでなく、共同議長を務めた。また歴史問題について率直に日本の非を認める姿勢が、中国や韓国の信頼を得た面も指摘できよう。

しかし、いかんせん口当たりのよい理想を実際の政策に具現化し、履行するだけの政治力に欠ける鳩山政権であった。政権交代に対する国民の期待を受けて発足した鳩山政権は、首相自らの迷走によって自壊したのであった。

菅直人政権とＴＰＰ

鳩山首相退陣後も、政権交代を果たした民主党に対する世の期待は依然として強く、後継として二〇一〇年六月に発足した菅直人政権は支持率六〇％前後と、二割以下に低落した鳩山政権末期から急回復を果たした。鳩山政権の財務相として財政赤字に深刻な危機感を抱いたという菅首相は、翌月の参議院選挙を前に消費税の引き上げを掲げた。「責任政党」をアピールするねらいもあったのかもしれないが唐突さは否めず、政権支持率は下落して民主党は大敗を喫し、参議院での与党過半数割れに陥った。自民党政権を苦しめた衆参の「ねじれ」が再来し、この後の菅政権の運営は苦しいものとなった。

消費税引き上げに見られるように菅政権は、鳩山首相のような理念先行とは一線を画する現実主義的な路線を志向したといえるが、一方で政策の一貫性と安定性を欠いたその場しのぎの連続という面が否めなかった。それはアジア外交についても同様であった。鳩山首相が掲げた「東アジア共同体」を菅首相が口にすることは少なく、これに代わるようにして提起したのがＴＰＰ（環太平洋経済連携協定）への参加表明であった（二〇一〇年一〇月の所信表明演説で表明）。

ＴＰＰは当初、シンガポール、ブルネイ、チリ、ニュージーランドの四カ国で二〇〇六年に発効した経済連携協定で、これら小国が高いレベルの貿易・投資の自由化によって競争力を高めることを目指したものであった。そこに米国が参加するための交渉を始めると表明（二〇〇八年）したことからＴＰＰはにわかに注目を集めるようになり、その後、オーストラリアやペルーも加盟交渉への参加を表明した。米国は二〇〇九年には日本にもＴＰＰへの参加を呼びかけたが、当時の鳩山政権は、農業団体の反発が予想されることもあって即答を避けた。米国としては経済規模の大きい日本のＴＰＰ参加によって、アジア太平洋における貿易圏形成の主導権争いで中国に対抗し、併せて「東アジア共同体」など独自の動きを見せる日本を牽制する狙いも込められていると見られた。

菅首相がＴＰＰへの参加を表明した背後には、「東アジア共同体」構想や普天間基地移設をめぐって迷走した日米関係を立て直すという意図もあったのであろう。しかしＴＰＰは、自民党も長年手を焼いた農業自由化問題に直結する難題である。ここでも菅首相の提起には、唐突な観が否めなかった。

「政治主導」による「脱官僚」を掲げた民主党政権であったが、外交面においてそれを実践した人事が、大手総合商社・伊藤忠商事の社長や会長を歴任した丹羽宇一郎《にわういちろう》の駐中国大使への起用であった。財界人として中国指導部と太いパイプを持っていたことが日中経済関係強化に資すると期待されたのである。

しかし現実には、沖縄県尖閣諸島をめぐって日中の摩擦が激しさを増し、丹羽が財界出身の大使として腕を振るう場面はほとんどなかった。二〇一〇年九月には尖閣諸島の近海で操業中の中国漁船を日本の海上保安庁が取り締まろうとしたところ、漁船は海保の巡視船に体当たりするなど激しく抵抗し、中国人船長は公務執行妨害の容疑で逮捕、送検された。中国は尖閣は自国領だとして日本の措置に強く抗議したが、日本側は船長を日本の国内法に基づいて起訴する方針を固めた。これに反発した中国側は、レアアースの対日輸出差し止めなど対日報復と見られる措置を次々に打ち出した。結局、那覇地方検察庁が船長を処分保留のまま釈放することを決定し、政府は検察独自の判断だとしたものの、実際には政権の意向が働いたとみられた。対応が一貫性を欠いたことで菅政権に対する批判も出る中、海保による取り締まりの場面を記録した映像がインターネット上に流出し、対応の混乱という印象に拍車をかけることになった。

一方で菅政権は、アジアに対するインフラ輸出を重点政策の一つに掲げた。特に有望と見なされたのが原子力発電所の輸出であり、インドとは原発関連機器の輸出を可能にするため、日印原子力協定の交渉開始に踏み切った。NPT（核不拡散条約）未加盟の核兵器保有国・インドとの原子力協定は、日本の非核外交と相容れないとの批判もあったが、輸出増大を優先する菅政権の「現実主義路線」であった。

しかし原発は思いもかけぬ形で菅政権を窮地に陥れることになった。二〇一一年三月一一日に発生したマグニチュード九・〇という観測史上最大級の地震は東北沿岸を襲う大津波を発生させて多くの犠牲者を出す一方（東日本大震災）、東京電力の福島第一原発は津波で全電源を喪失、メルトダウンが発生し、大量の放射性物質が漏洩する事態となった。野党自民党からの激しい批判と、民主党内からの小沢一郎らによる突き上げの中、菅首相は二〇一一年八月に退陣を余儀なくされた。

「菅おろし」と言われた菅首相の退陣劇の後、民主党代表選を制し、後継首相に選ばれたのは前財務相の野田佳彦であった（二〇一一年九月に政権発足）。理念先行の鳩山首相や唐突さが指摘された菅首相という前任者の後を受けて、野田は手堅い政権運営を心がけたように見える。衆参ねじれの一方で小沢ら反主流派を党内に抱え、苦しい政権運営の続いた野田であったが、その中で政権の主要課題を消費税引き上げに据えていく。

野田佳彦政権と尖閣国有化

野田首相は外交面において、普天間移設などをめぐって揺らいだ対米関係の再構築に力点をおいた。アジア外交としては韓国の李明博大統領と同年一〇月に訪韓して会談を行い、必要時に外貨を融通するスワップ協定の拡充など日韓の経済協力に力点をおき、また、植民地下で日本に流出した「朝鮮王室儀軌《ぎき》」（朝鮮王朝の儀礼を記録した文書）の一部を持参して引き渡した。

経済界出身の李大統領は、政権発足時には日韓未来志向を強調したが、政権末期になると求心力を失う中、二〇一二年八月に韓国大統領として初めて竹島（韓国名：独島）への上陸を敢行した。竹島問題は日本から見れば領土問題だが、韓国では日本による植民地化の一部と捉えられている。実務関係の緊密さと歴史問題の桎梏が絡む日韓関係の難しさである。

またインドへの原発輸出の気運は福島第一原発の事故で一旦鈍ったものの、野田首相は原発輸出の前提となる日印原子力協定交渉を進める姿勢をとった。インフラ輸出に加え、中国台頭を睨んだ日印提携の気運がその背景にあった。

日中関係では尖閣諸島をめぐって新たな事態が浮上した。東京都の石原慎太郎知事が、尖閣諸島を地権者から都が買い上げる方針であること、全国から購入のための寄付金を募ることを二〇一二年四月に表明したのである。これには石原知事の国政復帰を睨んだ新党結成の布石という見方もされたが、寄付金は順調に集まり、地権者との交渉も進められた。この動きに「待った」をかけたのが野田政権であった。対中強硬論を唱える石原知事の東京都が尖閣を購入すれば恒久的な施設を建設し、これに反発する中国と衝突が起きかねないと懸念し、都に代わって国が地権者から買い上げる方針を固めたのである。野田政権は九月に尖閣国有化を決定したが、その背後には尖閣の安定的管理とともに、民主党代表選挙を前に、首相の「毅然たる外交」をアピールしておきたいという思惑も指摘された。

これに対して中国政府は、日本側で国による購入計画が表面化した段階から強く反発した。日本政府は中国側に対して、政府としては石原知事の求める尖閣での港湾整備にも応じるつもりはなく、島の安定的管理のための国有化であることを繰り返し強調して理解を求めたが、国有化に再三警告を発していた中国側の反発は収まることがなかった。そもそも日本政府が、尖閣をめぐる領土問題自体が存在しないという立場であるのに対し、中国側は一九七〇年代に「棚上げ」することで合意があったと主張している。同年九月、野田政権は国有化を決定し、翌日には手続きを完了した。

中国は以前から尖閣周辺に監視船など公船を派遣していたが、菅政権下での漁船衝突事件以降は、より頻繁になっていた。そして尖閣国有化の決定以降は、多くの中国公船が連日のように尖閣周辺の日本領海や接続水域に侵入するようになり、対応にあたる海上保安庁の巡視船との緊張状態が日常化することになった。

一方、野田首相は内政では消費税引き上げに注力し、二〇一二年六月には自民、公明と消費税引き上げに向けた三党合意に達した。しかし民主党内では小沢らがこれに強く反発して増税法案の採決では造反者が続出し、七月には小沢らが離党した。三党合意の際に、近い時期の解散・総選挙という自民からの要求に応じていた野田首相は、同年一一月に衆議院を解散した。翌月の総選挙で民主党は議席を四分の一に激減させる大敗を喫し、野田首相は退陣を表明した。

こうしてみれば民主党政権は、鳩山首相の「東アジア共同体」に始まり、菅政権のTPP、そして野田政権下の尖閣国有化に終わった。従来の自民党路線を否定することに傾いた鳩山政権から、現実主義路線を志向したものの場当たり的な対応が目立った菅政権を経て、野田政権では消費税増税と尖閣国有化という、歴代の自民党政権も躊躇した課題に突き進んで政権を失った。

しかし民主党政権の軌跡を冷笑するばかりでは非生産的というものであろう。冷戦後という新たな国際環境において、自民党とは異なる形でいかなる選択肢を政策として提供するのか。アジア外交においてもそのような模索は、今後もなされてしかるべきであろう。その種の模索と現実との均衡点を探り当てる努力の必要性ということが、民主党政権が残した教訓であるように思われる。

4　二一世紀の日本とアジア

第二次安倍政権の登場

民主党政権瓦解のあと、首相の座に就いたのは自民党総裁に復帰していた安倍晋三であった。戦後長らく見られなかった二度目の首相登板である。安倍首相は金融緩和などを柱とする経済政策、「アベノミクス」を打ち出して長らく続いたデフレからの脱却を掲げた。民主党政権への失望感も追い風に安倍政権は高支持率を獲得し、二〇一二年七月の参議院選挙でも勝利を収め、自民、民主両政権を苦しめた衆参の「ねじれ」解消にも成功して安定した政権基盤を築くことに成功した。

一方、第一次政権で志向した「戦後レジームからの脱却」をはじめとする「安倍カラー」も健在であった。安倍首相は第一次政権で靖国神社を参拝しなかったことを「痛恨の極み」と述べ、首相就任から一年を迎えた二〇一三年一二月に靖国を参拝した。安倍首相は中韓からの批判に対して「理解していただくための努力を続ける」と述べたが、米国からも参拝に懸念が伝えられた。

安倍首相は就任以降、「地球儀を俯瞰する外交」を掲げてエネルギッシュな外遊を敢行し、二〇一四年九月には訪問国は四九カ国に達し、歴代首相で最多となった。参議院選挙で「ねじれ」が解消されて政権基盤が安定したことが、首相の旺盛な外交活動を可能にした面もある。

他方で領土問題や歴史認識をめぐる中国、韓国との軋轢は緩和する兆しが見えない状況が続いた。また中国は二〇一三年一一月にはそれまで設けていなかった防空識別圏を（日本側は設定済み）、尖閣上空を含む東シナ海上に設定した。これに対して日本側は、中国当局への飛行計画提出を義務づけるなど、中国が識別圏を自国領空であるかのように位置づけていると抗議して、日中間の新たな火種となった。

また韓国の朴槿恵《パククネ》大統領も、慰安婦問題など歴史問題で日本側の対応を批判して安倍首相との会談に応じない姿勢をとった。朴大統領は対日批判の一方で中国との関係緊密化を志向し、この状況に米国は、日韓の不和が北東アジアの安全保障や北朝鮮をめぐる日米韓の結束に綻びをもたらしかねないと懸念を強めた。二〇一四年三月にオバマ米大統領が仲介する形で日米韓首脳会談が実現したものの、安倍、朴の二者会談は実現しないままであった。世界大での熱心な外遊と、中韓との距離というコントラストが、安倍外交の特徴となっている。

一方で中国台頭を睨んだインドとの関係緊密化や、ASEAN諸国の一部と対中牽制で連携しようという試み、原発を含むインフラ輸出計画などでは、民主党政権時代から継続している面もある。いずれにせよ小泉政権以降、衆参の「ねじれ」などによって短期間の首相交代が続いた中で、第二次安倍政権は久々に長期政権となる気配であり、安定した基盤の上に立って、どのような外交を展開していくかが注目されよう。

地域秩序の行方と日本の選択

第二世界大戦後のアジアを振り返ってみたとき、戦乱と貧困に喘いだ戦後初期のアジアは二一世紀の今日、世界随一の経済成長センターに変貌した。その変貌は、日本が経済大国へと登り詰める軌跡と重なるものでもあった。

しかし一九九〇年代以降の日本経済は、「失われた一〇年」を経て人口の減少傾向などを背景とする慢性的な低成長時代に入り、一方でアジアは中国を筆頭に急成長を続けた。中国は二〇一〇年にはGDPで日本を抜き、日本は「世界第二の経済大国」という慣れ親しんだ地位を手放すことになった。しかし一方でそれは日本に隣接して中国という巨大市場が出現するというチャンスでもあり、ひととき語られた経済的な「中国脅威論」は影を潜めた。アジア一円の経済成長は、アジアを世界的な成長センターに押し上げるとともに、アジア域内の実質的な経済統合も進んだ。これに対応する形で、ＡＳＥＡＮ＋３を基盤とする経済や金融をめぐる各種の経済協力枠組みの整備も進んでいる。

その一方で急速な経済成長は中国の「力」の増大をもたらし、二一世紀の今日、東シナ海や南シナ海をめぐる中国の対外膨張的な行動は、日本や多くの東南アジア諸国の目には強圧的なものと映っている。経済成長が地域の繁栄と統合をもたらすという趨勢は二一世紀においても続く一方で、「富」が「力」に変換されることによって、中国台頭がアジアに地政学的な緊張をもたらしつつあるのが昨今の趨勢であろう。

別の視角からこの二一世紀アジアの様相を見れば、日本を含めアジア諸国の大半にとって中国は最大の貿易相手であるが、安全保障面では米国と同盟を結ぶ日韓などを筆頭に、米国を頼りとする国は多い。中国を主柱の一つとし、一体化傾向を強める「経済のアジア」と、米国中心の同盟網とこれに含まれない中国という構図からなる「安全保障のアジア」という二つのアジアの姿が併存しているのである。この二つのアジアの間の潜在的な緊張関係を適切に管理し、いかに安定した地域秩序を維持するかが二一世紀アジアの未来を占う焦点となるであろう。日本のアジア外交の方向性と選択も、そのようなアジア地域秩序の将来展望の中に位置づけて構想すべきであろう。

参考文献

青山瑠妙『中国のアジア外交』東京大学出版会、二〇一三年。

柿﨑明二・久江雅彦『空白の宰相』講談社、二〇〇七年。

倉重篤郎『小泉政権一九八〇日』上・下、行研、二〇一三年。

後藤謙次『ドキュメント平成政治史　1〜3』岩波書店、二〇一四年。

春原剛『暗闘　尖閣国有化』新潮社、二〇一三年。

高原明生・服部龍二編『日中関係史　一九七二―二〇一二　I政治』東京大学出版会、二〇一二年。

田中明彦『アジアのなかの日本』NTT出版、二〇〇七年。

田中均『外交の力』日本経済新聞出版社、二〇〇九年。

日本再建イニシアティブ『民主党政権　失敗の検証』中公新書、二〇一三年。

久江雅彦『九・一一と日本外交』講談社現代新書、二〇〇二年。

久江雅彦『米軍再編』講談社現代新書、二〇〇五年。
船橋洋一『ザ・ペニンシュラ・クエスチョン』上・下、朝日文庫、二〇一一年。
毎日新聞政治部『琉球の星条旗』講談社、二〇一〇年。
森本敏『普天間の謎』海竜社、二〇一〇年。
薬師寺克行『現代日本政治史』有斐閣、二〇一四年。
山口二郎・中北浩爾編『民主党政権とは何だったのか』岩波書店、二〇一四年。
読売新聞政治部編『外交を喧嘩にした男』新潮社、二〇〇五年。
読売新聞政治部編『真空国会』新潮社、二〇〇八年。
読売新聞政治部編『自民崩壊の三〇〇日』二〇〇九年。
読売新聞政治部編『亡国の宰相』二〇一一年。
読売新聞政治部編『安倍晋三　逆転復活の三〇〇日』新潮社、二〇一三年。

関連年表

西暦	和暦	日本の動向	アジア・世界の動向
一八四〇	天保一一		6月アヘン戦争勃発。
一八五三	嘉永　六	7月ペリー艦隊が浦賀に来航。	
一八五四	安政　元	3月日米和親条約調印。12月日露和親条約調印。	
一八五六	安政　三		10月アロー戦争（第二次アヘン戦争）勃発。
一八六八	明治　元	1月王政復古の大号令（明治政府成立）。	
一八七一	明治　四	7月廃藩置県。11月琉球島民殺害事件（台湾事件）。	
一八七二	明治　五	9月日清修好条規調印。琉球藩設置。	
一八七四	明治　七	5月台湾出兵。	
一八七五	明治　八	5月樺太・千島交換条約調印。9月江華島事件。	
一八七六	明治　九	2月日朝修好条規調印。10月小笠原諸島の領土編入。	
一八七九	明治一二	4月琉球藩廃止、沖縄県設置。	
一八八二	明治一五		7月壬午事変。
一八八五	明治一八	4月天津条約調印。12月伊藤博文内閣成立。	
一八八九	明治二二	2月大日本帝国憲法発布。	
一八九二	明治二五	8月伊藤博文内閣（第二次）成立。	

一八九四	明治二七	8月日清戦争勃発。	3月甲午農民戦争（東学党の乱）。
一八九五	明治二八	1月尖閣諸島の領土編入。4月下関講和条約調印。6月台湾総督府設置。	
一八九八	明治三一	1月伊藤博文内閣（第三次）成立。6月大隈重信内閣成立。	
一九〇〇	明治三三	10月伊藤博文内閣（第四次）成立。	6月義和団事件（北清事変）。
一九〇二	明治三五	1月日英同盟調印。	
一九〇四	明治三七	2月日露戦争勃発。	
一九〇五	明治三八	1月竹島の領土編入。9月ポーツマス条約調印。12月韓国統監府設置。	
一九一〇	明治四三	8月韓国併合。	
一九一一	明治四四		10月辛亥革命。
一九一二	明治四五	12月第一次護憲運動。	1月中華民国樹立。
一九一四	大正　三	4月大隈重信内閣（第二次）成立。	7月第一次世界大戦勃発。
一九一五	大正　四	1月中国に二一カ条要求提出。	
一九一七	大正　六		3月ロシア二月革命。11月ロシア十月革命。
一九一八	大正　七	8月シベリア出兵。9月原敬内閣成立。	1月ウィルソン米大統領、十四カ条の平和原則発表。
一九一九	大正　八		1〜6月パリ講和会議開催。10月中国国民党結成。
一九二〇	大正　九		1月国際連盟発足。

一九二一	大正一〇	12月日英米仏四カ国条約調印。	7月中国共産党結成。
一九二二	大正一一	2月ワシントン海軍軍縮条約、中国に関する九カ国条約調印。	
一九二三	大正一二	9月関東大震災発生。	
一九二五	大正一四	4月普通選挙法公布。	
一九二八	昭和　三	6月張作霖爆殺事件。	
一九二九	昭和　四		10月世界大恐慌発生。
一九三一	昭和　六	9月満洲事変。	
一九三二	昭和　七	5月五・一五事件。	3月満洲国建国。
一九三三	昭和　八	3月国際連盟を脱退。	
一九三六	昭和一一	2月二・二六事件。	
一九三七	昭和一二	6月近衛文麿内閣成立。7月盧溝橋事件、日中戦争勃発。	
一九三九	昭和一四		9月第二次世界大戦勃発。
一九四〇	昭和一五	7月近衛文麿内閣（第二次）成立。9月日独伊三国軍事同盟。10月大政翼賛会発足。	
一九四一	昭和一六	7月近衛文麿内閣（第三次）成立。	12月真珠湾攻撃、太平洋戦争勃発。
一九四三	昭和一八		11月カイロ宣言。
一九四五	昭和二〇	8月ポツダム宣言受諾。東久邇宮稔彦内閣成立。9月降伏文書調印。10月幣原喜重郎内閣成立。11月外	2月ヤルタ会談。10月国際連合発足。

		務省、「平和条約問題研究幹事会」を設置。	
一九四六	昭和二一	3月憲法改正草案要項を発表。5月吉田茂内閣成立。	3月チャーチル、「鉄のカーテン」演説。
一九四七	昭和二二	5月日本国憲法施行。片山哲内閣成立。	3月トルーマン・ドクトリン発表。6月マーシャル・プラン発表。10月コミンフォルム結成。
一九四八	昭和二三	3月芦田均内閣成立。10月吉田茂内閣（第二次）成立。	4月ベルリン封鎖開始。8月大韓民国成立。9月朝鮮民主主義人民共和国成立。
一九四九	昭和二四	3月ドッジ公使、緊縮財政による日本経済再建の決意表明を要求（ドッジ・ライン）。4月ＧＨＱ、一ドル＝三六〇円の単一為替レートを設定。	4月北大西洋条約（ＮＡＴＯ）調印。8月ソ連核実験成功。10月中華人民共和国成立。
一九五〇	昭和二五	8月警察予備隊令公布、施行。	2月中ソ友好同盟相互援助条約調印。6月朝鮮戦争勃発。11月米政府、対日講和七原則発表。中国人民義勇軍、朝鮮戦争参加。
一九五一	昭和二六	9月サンフランシスコ講和条約、日米安全保障条約調印。	7月コロンボ・プラン発足。9月サンフランシスコ講和会議。
一九五二	昭和二七	2月日米行政協定調印。4月サンフランシスコ講和条約、日米安全保障条約発効。日華平和条約調印。6月日印平和条約調印。8月国際通貨基金（ＩＭＦ）加盟。10月保安隊発足。11月対共産圏輸出統制委員会（ＣＯＣＯＭ）加盟。	1月韓国、李承晩ラインを設定。
一九五三	昭和二八	12月奄美群島返還。	3月スターリン死去。7月朝鮮休戦協定調印。
一九五四	昭和二九	3月第五福竜丸、ビキニ沖で被爆。日米相互防衛援助協定（ＭＳＡ協定）調印。6月防衛庁、陸海空三自衛隊発足。10月コロンボ・プラン加盟。11月ビルマと平和条約、賠償・経済協力協定調印。12月鳩山	7月ジュネーブ協定調印。9月東南アジア条約機構（ＳＥＡＴＯ）発足。

		一郎内閣成立。	
一九五五	昭和三〇	6月関税及び貿易に関する一般協定（GATT）に加入。10月左右社会党統一。11月保守合同、自由民主党発足。	4月第一回アジア・アフリカ会議（バンドン会議）開催。
一九五六	昭和三一	5月フィリピンと賠償協定調印。10月日ソ共同宣言調印。12月国際連合に加盟。石橋湛山内閣成立。	10月スエズ戦争勃発。
一九五七	昭和三二	2月岸信介内閣成立。	10月ソ連、人工衛星打ち上げに成功。
一九五八	昭和三三	1月インドネシアと平和条約、賠償協定調印。5月長崎国旗事件。	
一九五九	昭和三四	5月南ベトナムと賠償、借款協定調印。	
一九六〇	昭和三五	1月新日米安全保障条約締結。7月池田勇人内閣成立。	
一九六一	昭和三六		8月ベルリンの壁建設。
一九六二	昭和三七	11月「日中総合貿易に関する覚書」調印（LT貿易開始）。	10月キューバ・ミサイル危機。
一九六三	昭和三八	2月GATT十一条国に移行。	11月ケネディ米大統領暗殺。
一九六四	昭和三九	4月IMF八条国に移行。経済協力開発機構（OECD）加盟。10月東京オリンピック開幕。11月佐藤栄作内閣成立。	8月北ベトナムの魚雷艇が米駆逐艦を攻撃（トンキン湾事件）。10月中国、原爆開発成功。
一九六五	昭和四〇	6月日韓基本条約調印。	2月米国の北爆開始。
一九六六	昭和四一		11月アジア開発銀行（ADB）発足。
一九六七	昭和四二		6月中国、水爆実験成功。8月東南アジア諸国連

			合（ＡＳＥＡＮ）発足。
一九六八	昭和四三	1月佐藤首相、施政方針演説で非核三原則を明言。6月小笠原返還。7月核拡散防止条約（ＮＰＴ）調印。	
一九六九	昭和四四	7月日米共同声明（安保条約堅持、「韓国条項」「台湾条項」、七二年沖縄返還）。	3月珍宝島（ダマンスキー島）で中ソ武力衝突。7月ニクソン米大統領、グアム・ドクトリン（後のニクソン・ドクトリン）発表。
一九七〇	昭和四五	3月日航機「よど」号ハイジャック事件。	
一九七一	昭和四六	6月沖縄返還協定調印。	7月ニクソン米大統領、翌年の訪中発表。8月ニクソン米大統領、金・ドルの交換停止発表。10月中国の国連加盟決定、国民政府、国連脱退を表明。
一九七二	昭和四七	5月沖縄返還。7月田中角栄内閣成立。9月日中国交正常化。	2月ニクソン米大統領、中国訪問・米中共同声明発表。9月台湾、日本との国交断絶宣言。
一九七三	昭和四八	9月ベトナム民主共和国（北ベトナム）と国交樹立。	1月パリでベトナム和平協定調印。8月韓国の政治家金大中、東京で誘拐される（金大中事件）。10月第一次石油危機。
一九七四	昭和四九	1月田中首相、東南アジア歴訪、バンコクで反日デモ、ジャカルタで反日暴動発生。12月三木武夫内閣成立。	8月朴正熙韓国大統領狙撃、同夫人死亡（文世光事件）。
一九七五	昭和五〇		4月サイゴン陥落、ベトナム戦争終結。
一九七六	昭和五一	2月ロッキード事件表面化。7月田中角栄元首相逮捕。10月「防衛計画の大綱」を決定。12月福田赳夫内閣成立。	
一九七七	昭和五二	8月福田首相、東南アジア外交三原則（福田ドクト	

		リン）を発表。	
一九七八	昭和五三	8月日中平和友好条約調印。12月大平正芳内閣成立。	11月ソ越友好協力条約調印。12月ベトナム、カンボジアに侵攻。
一九七九	昭和五四	11月「日米防衛協力のための指針（旧ガイドライン）」発表。	1月米中国交正常化。2月第二次石油危機。中越戦争勃発。10月朴正煕韓国大統領暗殺。12月ソ連、アフガニスタンに侵攻。
一九八〇	昭和五五	7月鈴木善幸内閣成立。	9月イラン・イラク戦争勃発。
一九八二	昭和五七	6月第一次教科書問題。11月中曽根康弘内閣成立。	
一九八三	昭和五八		9月大韓航空機撃墜事件。
一九八五	昭和六〇	8月日航機墜落事故。	9月プラザ合意。10月ゴルバチョフ書記長、ペレストロイカ路線を発表。
一九八六	昭和六一	7月第二次教科書問題。	
一九八七	昭和六二	4月国鉄民営化。11月竹下登内閣成立。	
一九八八	昭和六三	6月リクルート事件発覚。	
一九八九	平成　元	4月消費税導入。6月宇野宗佑内閣成立。8月海部俊樹内閣成立。	6月天安門事件。7月カンボジア和平パリ国際会議開催。11月アジア太平洋経済協力会議（ＡＰＥＣ）発足。ベルリンの壁崩壊。12月マルタ会談、冷戦終結。
一九九〇	平成　二		8月イラクがクウェートに侵攻。10月東西ドイツ統一。
一九九一	平成　三	4月掃海艇、ペルシャ湾派遣。11月宮澤喜一内閣成立。	1月湾岸戦争勃発。9月韓国と北朝鮮、国連同時加盟。10月パリ和平協定調印。12月ソ連崩壊。

一九九二	平成　四	6月国際平和協力法（PKO協力法）成立。9月自衛隊カンボジアPKO第一陣出発。	1月ASEAN自由貿易地域（AFTA）発足。3月国際連合カンボジア暫定統治機構（UNTAC）発足。8月中韓国交樹立。
一九九三	平成　五	8月河野談話発表。細川護熙内閣成立、非自民連立政権誕生（五五年体制崩壊）。	11月欧州連合（EU）条約発効。
一九九四	平成　六	4月羽田孜内閣成立。6月村山富市内閣成立。11月公職選挙法改正、衆議院選挙に小選挙区比例代表並立制導入。	3月北朝鮮、核不拡散条約（NPT）脱退表明。6月北朝鮮、国際原子力機関（IAEA）脱退表明。7月ASEAN地域フォーラム（ARF）発足。金日成主席死去。
一九九五	平成　七	1月阪神・淡路大震災発生。3月地下鉄サリン事件。8月村山談話発表。9月沖縄米兵少女暴行事件。11月新「防衛計画の大綱」閣議決定。	1月世界貿易機構（WTO）発足。5月アジア欧州会合（ASEM）設立合意。6月女性のためのアジア平和国民基金（アジア女性基金）発足。7月米国、ベトナムと国交正常化。
一九九六	平成　八	1月橋本龍太郎内閣成立、自民党政権復活。4月日米両政府、普天間基地の返還合意発表。日米安全保障共同宣言。10月小選挙区比例代表並立制での初の衆議院選挙。	3月ASEM発足。
一九九七	平成　九	9月「日米防衛協力のための指針（新ガイドライン）」発表。	7月アジア通貨危機。香港返還。
一九九八	平成一〇	4月民主党発足。7月小渕恵三内閣成立。	
一九九九	平成一一	5月周辺事態法成立。	11月ASEAN＋3（日中韓）首脳会議の定例化を決定。
二〇〇〇	平成一二	4月森喜朗内閣成立。	6月初の南北朝鮮首脳会議。
二〇〇一	平成一三	1月中央省庁再編。4月小泉純一郎内閣成立。9月	9月九・一一米同時多発テロ事件。10月米英軍、

		初の日朝首脳会談。11月テロ対策特別措置法成立。	アフガニスタンへの武力攻撃開始。11月中国、WTOに正式加盟。12月アフガニスタンのタリバン政権崩壊。
二〇〇二	平成一四	9月日朝平壌宣言署名。	1月欧州一二カ国でユーロ通貨流通開始。
二〇〇三	平成一五	7月イラク復興支援特別措置法成立。	1月北朝鮮、NPT脱退を宣言。3月イラク戦争。4月バグダッド陥落、フセイン政権崩壊。北朝鮮、核兵器保有を表明。
二〇〇四	平成一六		3月EU憲法採択。
二〇〇五	平成一七	10月郵政民営化法成立。	
二〇〇六	平成一八	9月安倍晋三内閣（第一次）成立。	
二〇〇七	平成一九	1月防衛庁、省へ移行。9月福田康夫内閣成立。	
二〇〇八	平成二〇	6月東シナ海ガス田開発をめぐる日中政府間合意。9月麻生太郎内閣成立。	9月リーマン・ショック。
二〇〇九	平成二一	7月鳩山由起夫民主党代表、普天間基地の移設先につき「最低でも県外」と表明。9月鳩山由起夫内閣成立、非自民連立政権誕生。	
二〇一〇	平成二二	3月核密約問題の調査結果公表。5月日米両政府、普天間基地の移設先を辺野古周辺とする共同声明発表。6月菅直人内閣成立。9月尖閣諸島沖中国漁船衝突事件。12月新「防衛計画の大綱」決定。	7月ASEAN＋8体制発足。11月メドベージェフ露大統領、国後島訪問。
二〇一一	平成二三	3月東日本大震災発生。9月野田佳彦内閣成立。	5月米軍、ウサマ・ビンラディン殺害。12月イラク戦争終結。金正日総書記死去。
二〇一二	平成二四	9月尖閣諸島の国有化。12月安倍晋三内閣（第二	8月李明博韓国大統領、竹島（韓国名：独島）上

		次）成立、自公連立政権復活。	陸。
二〇一三	平成二五	3月安倍首相、環太平洋経済連携協定（TPP）交渉への参加表明。12月特定秘密保護法制定。	
二〇一四	平成二六	4月防衛装備移転三原則策定。7月集団的自衛権の行使を容認する閣議決定。日豪経済連携協定（EPA）、防衛装備品及び技術の移転に関する協定署名。	3月ロシア、クリミア編入条約署名。6月イスラム過激派組織イスラム国（ISIS）国家樹立宣言。
二〇一五	平成二七	4月「日米防衛協力のための指針（新ガイドライン）」改定。6月防衛省設置法改正。8月安倍談話発表。9月安全保障関連法成立。10月防衛装備庁設置。12月慰安婦問題について日韓合意。	6月アジアインフラ投資銀行（AIIB）設立。7月米国とキューバ、国交回復。11月中台首脳、初会談。パリ同時多発テロ。12月パリ協定採択。
二〇一六	平成二八	2月環太平洋経済連携協定（TPP）署名。8月安倍晋三内閣（第三次）成立。11月南スーダンPKOに派遣する陸上自衛隊部隊に駆けつけ警護の新任務付与。	1月蔡英文台湾総統、誕生。6月英国、EU離脱決定。10月タイ、プミポン国王死去。
二〇一七	平成二九	5月南スーダンPKOから陸上自衛隊部隊撤収。6月天皇退位特例法成立。11月安倍晋三内閣（第四次）成立。12月日EU経済連携協定（EPA）妥結。	3月朴槿恵韓国大統領、弾劾訴追、失職。英国、EU離脱を正式通告。12月米国政府、イスラエルの首都をエルサレムに認定。

（池宮城陽子作成）

ハンドブック戦後日本外交史　宮下明聡 著　A5判三四六頁 本体三五〇〇円

ハンドブック近代日本外交史　簑原俊洋・奈良岡聰智 編著　A5判三五六頁 本体三〇〇〇円

環日本海国際政治経済論　猪口・袴田・鈴木・浅羽 編著　A5判三三六頁 本体三五〇〇円

日本の歴史　近世・近現代編　藤井讓治・伊藤之雄 編著　A5判四三四頁 本体二八〇〇円

欧米政治外交史　益田実・小川浩之 編著　A5判三五六頁 本体三二〇〇円

戦後日本首相の外交思想　増田弘 編著　A5判四八八頁 本体四五〇〇円

池田・佐藤政権期の日本外交　波多野澄雄 編著　A5判二五六頁 本体三五〇〇円

冷戦変容期の日本外交　波多野澄雄 編著　A5判三四四頁 本体六〇〇〇円

アジア太平洋地域形成への道程　大庭三枝 著　A5判四五二頁 本体六〇〇〇円

国際政治・日本外交叢書

吉田茂と安全保障政策の形成　楠綾子 著　A5判三八八頁 本体五五〇〇円

日本再軍備への道　柴山太 著　A5判七九二頁 本体九〇〇〇円

冷戦後の日本外交　信田智人 著　A5判二四八頁 本体三五〇〇円

日本の対外行動　小野直樹 著　A5判三二二頁 本体六〇〇〇円

ミネルヴァ書房

http://www.minervashobo.co.jp/

《編著者紹介》

宮城大蔵（みやぎ・たいぞう）

1968年　東京都生まれ。
2001年　一橋大学大学院法学研究科博士後期課程修了。博士（法学）。
現　在　上智大学総合グローバル学部教授。
著　作　『バンドン会議と日本のアジア復帰――アメリカとアジアの狭間で』草思社，2001年。
『戦後アジア秩序の模索と日本――「海のアジア」の戦後史 1957-1966』創文社，2004年〈第27回サントリー学芸賞受賞，第1回中曽根康弘賞奨励賞受賞〉。
『増補　海洋国家日本の戦後史――アジア変貌の軌跡を読み解く』ちくま学芸文庫，2017年。
『戦後アジアの形成と日本』編著，中央公論新社，2014年。
『現代日本外交史――冷戦後の模索，首相たちの決断』中公新書，2016年。
『普天間・辺野古　歪められた20年』共著，集英社新書，2016年。
Japan' s Quest for Stability in Southeast Asia: Navigating the Turning Points in Postwar Asia, Routledge, 2018.

戦後日本のアジア外交

2015年6月10日　初版第1刷発行　〈検印省略〉
2018年4月20日　初版第3刷発行

定価はカバーに
表示しています

編著者　宮　城　大　蔵
発行者　杉　田　啓　三
印刷者　坂　本　喜　杏

発行所　株式会社　ミネルヴァ書房
607-8494　京都市山科区日ノ岡堤谷町1
電話代表　(075) 581-5191
振替口座　01020-0-8076

冨山房インターナショナル・清水製本

ISBN 978-4-623-07216-3

Printed in Japan

執筆者紹介（執筆順，＊は編者）

＊宮城大蔵（みやぎ・たいぞう）　はじめに・序章・第３章・終章

編著者紹介欄参照。

加藤聖文（かとう・きよふみ）　第１章

1966年　愛知県生まれ。
2001年　早稲田大学大学院文学研究科博士後期課程史学（日本史）専攻修了。
現　在　人間文化研究機構国文学研究資料館准教授。
著　作　『満鉄全史――「国策会社」の全貌』講談社選書メチエ，2006年。
『「大日本帝国」崩壊――東アジアの1945年』中公新書，2009年。

楠　綾子（くすのき・あやこ）　第２章

1973年　兵庫県生まれ。
2004年　神戸大学大学院法学研究科博士後期課程修了。博士（政治学）。
現　在　国際日本文化研究センター准教授。
著　作　『吉田茂と安全保障政策の形成――日米の構想とその相互作用　1945～1952年』ミネルヴァ書房，2008年〈第３回国際安全保障学会佐伯喜一賞受賞〉。
『現代日本政治史①　占領から独立へ』吉川弘文館，2013年。

井上正也（いのうえ・まさや）　第４章

1979年　大阪府生まれ。
2009年　神戸大学大学院法学研究科博士後期課程修了。博士（政治学）。
現　在　成蹊大学法学部教授。
著　作　『日中国交正常化の政治史』名古屋大学出版会，2010年〈第40回吉田茂賞，第33回サントリー学芸賞受賞〉。
『外交証言録　日米安保・沖縄返還・天安門事件』共編者，岩波書店，2012年。
『戦後日中関係と廖承志――中国の知日派と対日政策』共著，慶應義塾大学出版会，2013年。

若月秀和（わかつき・ひでかず）　第５章

1970年　大阪府生まれ。
2002年　立教大学大学院法学研究科博士後期課程修了。博士（政治学）。
現　在　北海学園大学法学部教授。
著　作　『「全方位外交」の時代――冷戦変容期の日本とアジア・1971～80年』日本経済評論社，2006年。
『大国日本の政治指導――1972～89』吉川弘文館，2012年。
『冷戦の終焉と日本外交――鈴木・中曽根・竹下政権の外政　1980～1989年』千倉書房，2017年。

佐藤　晋（さとう・すすむ）　**第６章**

1967年　愛媛県生まれ。

2000年　慶應義塾大学大学院法学研究科博士後期課程修了。博士（法学）。

現　在　二松学舎大学国際政治経済学部教授。

著　作　『現代日本の東南アジア政策――1950～2005』共著，早稲田大学出版部，2007年。
『大日本帝国の崩壊――引揚・復員』共著，慶應義塾大学出版会，2012年。
『冷戦変容期の日本外交――「ひよわな大国」の危機と模索』共著，ミネルヴァ書房，2013年。

大庭三枝（おおば・みえ）　**第７章**

1968年　東京都生まれ。

1998年　東京大学大学院総合文化研究科後期博士課程単位取得退学。博士（学術）。

現　在　東京理科大学工学部教授。

著　作　『重層的地域としてのアジア――対立と共存の構図』有斐閣，2014年。
『アジア太平洋地域形成への道程――境界国家日豪のアイデンティティ模索と地域主義』ミネルヴァ書房，2004年〈第21回大平正芳記念賞，第６回 NIRA 大来政策研究賞受賞〉。

池宮城陽子（いけみやぎ・ようこ）　**関連年表**

1983年　沖縄県生まれ。

2016年　慶應義塾大学大学院法学研究科博士後期課程単位取得満期退学。博士（法学）。

現　在　成蹊大学アジア太平洋研究センター ポスト・ドクター。

著　作　「沖縄をめぐる日米関係と日本再軍備問題，1950～1953」『防衛学研究』第57号（2017年）。
『沖縄米軍基地と日米安保――基地固定化の起源 1945-1953』東京大学出版会，2018年。

人名索引

あ　行

か　行

さ　行

た　行

な　行

は　行

ま　行

や　行

ら・わ　行

事項索引

あ　行

か　行

さ　行

な　行

は　行

ま　行

や　行

ら　行

わ　行

欧　文